혜초의 기행문과 철학

Hyecho's travel writings and Philosophy

지은이

윤병렬 尹炳熱, Yun Byeong-yeol

독일의 본(Bonn)대학교 철학과에서 박사학위를 취득하였다. 한국하이데거학회 회장을 지냈으며, 홍익대학교 교양과 교수 역임. 주요 저서로는 『철학의 센세이션』(2002년 문화 관광부 우수도서), 『정보해석학의 전망』, 『고구려의 고분벽화에 그려진 한국의 고대철학』, 『노자에서 데리다까지』(공저), 『감동철학 우리 이야기 속에 숨다』, 『산책로에서 만난 철학』, 『한국 해학의 예술과 철학』(2014년 대한민국학술원 우수도서), 『철학적 인문학의 길』, 『배낭 속에 담아온 철학자의 사유 여행』, 『선사시대 고인돌의 성좌에 새겨진 한국의 고대철학-한국고대철학의 재발견』(2019년 대한민국학술원 우수도서), 『고구려의 고분벽화에 담긴 철학적 세계관』, 『하이데거와 도가의 철학』(2022년 대한민국학술원 우수도서) 등이 있다.

논문으로는 「플라톤 철학과 형이상학 논쟁」, 「존재에서 존재자로?-E. 레비나스의 존재 이해와 존재오해」, 「하이데거의 존재사유에서 고향상실과 귀향의 의미」, 「하이데거와 도가철학의 근친적 사유세계」(한국학중앙연구원), 「수막새에 새겨진 선악의 철학」(『文化財』), 「'말하는 돌'과 '돌의 세계' 및 고인돌에 새겨진 성좌」(한국학중앙연구원), 「장자와 플라톤의 위상학적 인식론을 통한 근대 인식론의 딜레마 극복」(한국학중앙연구원), "Rediscovery of Ancient Korean Philosophy : Focusing on Star Hole Dolmens, Bronze Mirrors, and Star Charts Carved in Tomb Murals"(*INTERNATIONAL JOURNAL OF SOCIAL SCIENCE HUMANITY & MANAGEMENT RESEARCH*, 2023.1), 「하이데거와 도가(道家)의 해체적 사유」(한국학중앙연구원) 등 총 60여 편이 있다.

혜초의 기행문과 철학

초판발행 2024년 10월 20일

지은이 윤병렬

펴낸이 박성모
펴낸곳 소명출판
출판등록 제1998-000017호
주소 서울시 서초구 사임당로14길 15 서광빌딩 2층
전화 02-585-7840
팩스 02-585-7848
이메일 somyungbooks@daum.net
홈페이지 www.somyong.co.kr

ISBN 979-11-5905-967-4 93100
정가 19,000원

ⓒ 윤병렬, 2024

혜초의 기행문과 철학

Hyecho's travel writings and Philosophy

윤병렬 지음

머리말

혜초의 『왕오천축국전』은 인도의 옛 이름인 다섯 천축국^{동서남북과} ^{중앙}을 여행한 기록이란 뜻이지만, 혜초는 이 천축국뿐만 아니라 히 말라야산맥의 나라들과 아랍과 파키스탄, 카자흐스탄, 우즈베키스 탄, 아프가니스탄에서 페르시아에 이르는, 넓은 의미의 서역에 관 한 여행을 다 포함한다. 그는 두 발로 40여 개국의 나라들을 여행 하면서, 그가 여행한 곳의 지리, 정치, 종교, 경제적 상황, 생활^{식생활,} ^{복식 등}, 문화, 언어 등 다양한 정보를 기록하고 있으며, 혜초 당대의 역사뿐만 아니라 동서양의 교역로에 관한 귀중한 정보를 전하고 있다.

혜초는 열다섯의 어린 나이에 신라를 떠나 당나라의 광저우로 들어간 뒤에 열아홉의 나이에 인도^{오천축국}를 거쳐 중앙아시아와 아 랍 및 페르시아와 히말라야산맥의 나라들을, 장장 2만 킬로미터를 넘는 노정을 두 발로 여행한 문명탐험가였다. 세계를 누비고 다닌 그의 세계 정신과 도전 정신은 오늘을 살아가는 젊은이들에게 큰 귀감이 되지 않을 수 없다.

혹자는 혜초가 신라인이 아닐 수도 있지 않을까 하는 의혹을 제 기한다. 저자가 「혜초의 오언시와 하이데거의 시작^{詩作} 해석」이라 는 논문을 어떤 학회지에 투고했을 때 제기한 의혹이다. 혜초가 신 라인이라는 것을 확실하게 알 수 있는 단서가 있다. 우선 그의 여 행기에 포함된 한 편의 오언시^{五言詩}에서 발견할 수 있는데, 그가 남천축국의 달 밝은 밤에 고향이 그리워 읊은 시에 드러난다.

> 달 밝은 밤에 고향 길을 바라보니
>
> 뜬 구름은 너울너울 고향으로 돌아가네.
>
> 나는 편지를 봉하여 구름 편에 보내려 하나
>
> 바람은 빨라 내 말을 들으려고 돌아보지도 않네.
>
> 내 나라는 하늘 끝 북쪽에 있고
>
> 다른 나라는 땅 끝 서쪽에 있네.
>
> 해가 뜨거운 남쪽에는 기러기가 없으니
>
> 누가 내 고향 계림신라의 아칭(雅稱)으로 나를 위하여 소식을 전할까?[1]

위 시의 마지막 연에는 "누가 내 고향 계림으로 나를 위하여 소식을 전할까?"라며 자신의 고향을 하늘 끝 북쪽에 있는 계림이라고 칭하면서, 그가 다름 아닌 계림인鷄林人, 즉 신라인이라는 사실을 밝힌 데 기인하는 것이다.

또 하나의 확실한 단서는 혜초의 두 번째 스승, 즉 불공不空, Amogh-avajra, 705~774의 유서에 드러난다. 불공은 그가 입적할 때 유서를 남겼는데, 그의 법을 전승할 뛰어난 제자 6명을 임명하는 가운데 '신라혜초新羅慧超'를 명시했기 때문이다. 혜초는 산스크리트어와 한문 등 탁월한 언어학과 문장력의 실력을 갖추었을 뿐만 아니라 스승

---

1   혜초, 이석호 역, 『왕오천축국전(往五天竺國傳)』, 을유문화사, 1984, 44쪽.

불공과도 밀교 연구에 긴밀히 관여했기에, 충분히 6명의 제자에 들어갔을 것으로 보인다.

그런데 우리가 혜초의 위대성을 들여다보려면, 그의 발걸음에 대한 실천적 의미에 관심을 기울여야 한다. 우리가 만약 그의 여로에서 지리적 이동 거리, 시간과 거리에 대한 통계 파악에 멈춰있거나, 그의 여행기에서 문장 파악과 서지학의 차원에 머물러 있다면, 우리는 결코 그의 진면목을 이해하지 못한다. 혜초를 읽으려면 텍스트 밖으로 나가야 한다!

데리다는 "텍스트 밖에는 아무것도 없다"고 하였지만, 혜초의 진면목은 텍스트 밖에 있다! 보통 사람이 결코 따라할 수 없는, 수고와 고통이 동반된 피안 여행은 텍스트 밖에 있는 것이다. 텍스트 밖에서 인간의 한계와 시공의 한계를 초월한 피안 여행을 읽지 못하면, 결코 혜초를 읽지 못한다. 피안 여행이 텍스트 밖에서 이루어지는 것처럼, 해탈의 자유도 텍스트 밖에 있다. 수고와 고통으로 한계를 체험해보지 못한 이는 이런 해탈의 자유를 읽을 수 없다. 혜초처럼 3개월 걸리는 거리나 2개월 걸리는 거리가 아니라도, 단 1주일이라도 무거운 짐을 지고 걸으면서 — "아, 이것 범부로서는 할 수 없네"라는 — 한계체험을 해야 피안 여행을 이해할 수 있다.

인도의 열대와 히말라야산맥에서의 추위, 사막에서의 목마름을 비롯한 온갖 위험을 감내하면서 40여 개국과 2만여 킬로미터를 넘는 거리를 두 발로 옮긴 것에는 우리가 세상에서 결코 흔히 볼 수 없는 그 무엇이 있다. 그것은 수고와 고통을 감내하며 이 모든 시간과 공간의 장벽과 경계를 허물었을 뿐만 아니라, 그 경계를 허문 만큼의 해탈과 자유를 쟁취한 것이다.

혜초의 여행은 그러기에 시간과 공간의 경계와 장벽을 허물고 해탈의 자유와 기쁨을 구체적으로 체험한 사건이며, 이는 또한 우리에게 펼쳐 보여진 하나의 거대한 사건이기도 한 것이다. 혜초의 여행을 흔히 '구법求法 여행'이라고 하는데, 그렇다면 그 깨달음에는 바로 이 경계를 허물면서 쟁취한 해탈과 자유도 포함될 것이다. 이 해탈과 자유야말로 모든 고등종교의 본질일 뿐만 아니라 지혜를 추구하며 살아가는 사람들의 삶의 목적이라고도 할 수 있다. 그런데 혜초가 이룩한 해탈은 그 어떤 정적인 것에서가 아니라, 온몸이 투입된 피안 여행으로 쟁취된 것이기에, 이를 우리는 동적인 해탈이라고 규명할 수 있다.

이토록 혜초에게서 온갖 고행을 기꺼이 감내하면서 경계를 허물고 쟁취하는 해탈과 자유가 개시되기에, 저자는 이 책의 제목에 '철학'이란 용어를 덧붙인 것이다. 경계를 넘는 것은 철학적 용어로 초월이며, 혜초는 이 초월을 여행을 통해 몸소 펼쳐 보인 것이다. 이것이 혜초의 범상치 않는, 그리고 우리가 흉내내기 조차 어려운 여행인 것이다.

우리는 보통 눈앞에 전개되는 일상세계에서 이리저리 바둥거리다가, 혹은 다람쥐 쳇바퀴 돌리듯 무의미한 짓거리를 반복하다가, 안목의 세계에 사로잡혀 정처 없는 이승에서 왔다 갔다 하다가 삶을 청산하지만, 혜초는 수평선 저쪽에까지, 가시적 세계의 피안에서 시간과 공간의 모든 경계를 허물어뜨리고 깨달음의 여행을 감행했던 것이다. 그는 두 발로 걸어서 국경의 경계도 허물고, 배고픔과 위험, 야수와 도적떼의 위협, 더위와 (파미르고원의) 추위, 타클라마칸사막의 가혹함 등등 온갖 장애를 비웃으며 깨달음의 여행을 감행했다.

혜초의『왕오천축국전』은 1908년 프랑스의 동양학자 폴 펠리오가 이를 발견하기까지 약 1200년 동안 중국 돈황의 천불동에 잠자고 있었는데, 현재 프랑스국립도서관에 소장되어 있다. 이 책은 그러나 결코 단순한 기행문에 그치는 것이 아니다. 거기에는 그의 인생과 철학, 역사와 지리, 문화와 문학 등도 들어 있다. 그가 감행했던 순례 여행은 깨달음이 주목적이었기에 철학사유와 인식과 존재론과 결부된다. 더욱이 낯선 세계와 낯선 문화 및 낯선 자연에 대해 온몸으로 감행한 여행엔 사유의 샘이 깊숙이 연관된다. 그의『왕오천축국전』에는 우리에게 알려진 그 어떤 여행기 못지않게 문학적이고 철학적인 사유거리가 많다. 그의 순례 여행은 현대인이 갖는 관광이나 레저 여행과는 차원이 다르다.

2010년 12월 18일부터 2011년 4월 3일까지 국립중앙박물관에서는 '실크로드와 둔황'이란 타이틀을 걸고 혜초의『왕오천축국전』의 원본을 세계 최초 공개 전시하였다. 당시 많은 시민들과 각계의 명사들이 관람을 했으며, 저자도 여기서 잔간 혹은 필사본으로 알려진 원본을 보았다.『왕오천축국전』은 한 권의 두루마리로 된 필사본으로 총 227행 5,893자, 총 길이 358센티미터로 알려져 있는데, 양쪽 모서리가 떨어져 나갔다. 당시『동아일보』는 12쪽에 달하는 특별호『1300년만의 귀향 아, 왕오천축국전』를 발간하여 관람자들에게 무료로 배포하였는데, 이 특별호에도『왕오천축국전』에 관한 정보와 혜초의 행적이 소상하게 밝혀져 있다.

우리에게 알려진 혜초의『왕오천축국전』은 — 우리가 본문에서 자세히 언급하겠지만 — 앞부분과 뒷부분 및 중간에 몇 곳이 결락되어 불완전한 데다, 본래 세 권으로 된 큰 분량의 책에 대한 절략본 내지는 잔간으로 필사된 것이기에, 그의 사상세계와 기행 노정의 전모를 알 수는 없다는 것을 염두에 두어야 한다. 더욱이 이 필사본은 여행기의 핵심적인 사항만 뽑아내어 간단명료하게 처리했다. 그러니까 우리에게 알려져 있는 저『왕오천축국전』은 혜초에 의해 친필로 작성된 것이 아니라, "9세기경 누군가에 의해 베껴진 것"[2]이라고 대부분의 전문가들이 진단하고 있다. 돈황문서를 약탈해간 이들에게서 찾아내든지 혹은 제3의 장소에서 발견해내어야 하는데, 이거야말로 미완의 숙제로 남아 있다. 혹시나 세상에서 저세 권의 원본이 사라져버렸는지 염려되지 않을 수 없다.

『왕오천축국전』에 대한 이때까지의 연구는 주로 원본에 대한 고증과 교감 및 주석과 번역작업, 나아가 혜초의 전기와 그가 여행한 나라들, 특히 8세기의 인도와 중앙아시아에 관련된 기행에

---

2   전인초,『돈황 실크로드의 관문』, 살림출판사 2010, 85쪽.『왕오천축국전』의 필사본(잔간 사본)의 발견자인 P. 펠리오도 9세기에 필사된 것으로 보고 있다. 여기선 정수일,『혜초의 왕오천축국전』, 학고재, 2004, 44~47쪽 참조.

관한 연구이다. 『왕오천축국전』은 8세기 인도와 중앙아시아의 정치·국제정세·지리적 상황·사회·문화·종교·경제적 상황 등을 담고 있는 유일한 자료로 알려져 있다. 이 책은 기존의 연구를 바탕으로 — 제목이 시사하듯 — 다소 낯선 영역으로 방향을 돌린다. 원본에 대한 고증과 주석 및 번역작업은 해박한 전문가들에 의해 훌륭하게 수행된 것으로 보이기에, 이를 바탕으로 한 걸음 더 나아가 철학적 세계로 안내하고자 한다.

차례

제1장

여행과 철학

1. 『왕오천축국전』과 여행의 철학

철학과 인생을 여행과 결부시키는 이들도 있다. 실존철학자 마르셀Gabriel Marcel은 인간의 본질을 '순례하는 존재Homo viator'로 규명하고 있는데, 그만큼 여행이 인간의 실존 문제와 깊이 연관되어 있음을 천명한 것이다. 그에 의하면 인간(의 영혼)은 유리하는 자, 즉 도상에 존재하는 것유리하는 것을 결코 멈추지 않지만, 그런 순례가 아무런 목적도 없이 떠도는 무모한 배회인 것이 아니라, 실존적 상승 충동을 느끼는 그런 나그네의 여정인 것이다. 마르셀 외에도 최근에 알랭 드 보통Alain de Botton의 『여행의 기술』이라든가 클라우스 헬트K. Held의 『지중해 철학기행』 등은 철학이 여행과 긴밀하게 연관되어 있음을 잘 드러내고 있다.

철학 자체가 여행과 긴밀한 관계를 보이고 있음을 철학사적으로도 확인할 수 있다. 고대 그리스철학의 태동기에 파르메니데스Parmenides는 자신의 철학을 여행의 형식으로 기술하고 있다. 이를테면 '어둠의 집domata nyktos'을 떠나 가파르고 험난한 길을 거쳐 '빛의 왕국eis phaos'으로 나아가여행하여! '태고의 문'에 이르러 여신 디케Dike

를 만나 존재와 진리의 문제를 해결하는 것으로 되어 있다.[1] 또 소크라테스의 사형선고를 목격한 플라톤은 거의 10년 동안이나 국외를 떠돌며 유랑한 것은 잘 알려져 있다.

생각해보면 엄청나게 의미심장한 대장정의 여행을 감행한 이는 많다. 마르코 폴로Marco Polo의 몽골 제국 여행, 알렉산더 폰 훔볼트Alexander von Humboldt의 남미대륙 여행 등은 그야말로 온 인생을 쏟아붓는 그런 대단한 여행일 것이다. 또 자신의 '제2의 탄생'을 일구어낸 괴테의 이탈리아 여행도 대단한 것이라고 하지 않을 수 없다. 혜초의 『왕오천축국전』을 마르코 폴로의 『동방견문록』, 이븐 바투타의 『이븐 바투타 여행기』, 오도릭의 『동유기』와 함께 세계 4대 여행기로 꼽는 이도 있는데,[2] 결코 무리가 아닌 것으로 여겨진다. 혜초의 여행기는 그러나 시대만 계산해도 저들 여행기보다 500~600년이나 앞선다.

그런데 혜초의 여행은 이들과는 또 다른 측면이 있다. 그것은 그가 오랜 기간 동안[4년]과 두발로 오지 여행을 감행한 것에만 있는 것이 아니다. 그의 여행은 어떤 각별한 사물이나 존재자를 찾아 헤맨 것이 아니라 이런 존재자의 세계를 넘어 깨달음을 향한 구법 여행을 감행한 것이다. 존재자의 차원에만 머물지 않고 오히려 온갖 존재자의 장벽을 넘어 깨달음으로의 행보는 — 그러기에 '피안 여행'이라고도 한다 — 혜초의 여행이 갖는 독특함이다.

말하자면 혜초는 그 어떤 지역이나 사물 및 존재자를 갈망하기 위해, 혹은 관광하기 위해 발걸음을 옮긴 것은 아니기에, 그는 이미 존재자의 영역에서 초월한, 어쩌면 하이데거가 그토록 강조하는 "존재자와의 작별Abschied vom Seienden"을 두 발로 펼쳐 보였던 것으로 보인다. "존재자와의 작별"은 출가出家하는 발걸음에 이미 깔려 있는 것이다. 이 "존재자와의 작별"에서도 그의 구법 여행이 피안 여행에 가까운 것임을 여실히 드러낸다. 그런 측면에서 혜초는 이미 탈–형이상학의 영역에서 존재 사유의 발걸음을 옮긴 것으로 보인다.

둘째로, 혜초의 여행이 갖는 시간의 길이와 공간의 크기다. 혜초가 두 발로 걸어서 4년에 걸친 오랜 기간 동안 천축국과 서역 및 중앙아시아에서 중국의 장안지금의 시안에 돌아온 순례거리는 약 2만 킬로미터의 대장정이라고 한다. 『동아일보』는 2010년 국립중앙박물관에 의해 기획특별전 '실크로드와 둔황'이 열렸을 때, 특별호 2010.12.10를 발간했는데, 여기서 혜초의 행로에 대해 자세히 보고하고 있다. 그런데 대부분의 『왕오천축국전』에 대한 해설서에는 혜초의 행로에 대한 정보를 제공하고 있다. 대부분의 전문가들은 실제로 여행을 답습하면서 "혜초의 여행 경로는 5만 리에 달하고 방문한 나라의 수만 해도 40개국에 이른다"고 한다.[3]

그런데 중요한 것은 이러한 여행 경로에 대한 통계에만 머물러서는 결코 혜초를 이해할 수 없을 뿐만 아니라, 중요한 사항을 놓칠 수 있다는 것이다. 이 통계의 수치를 넘어 수고와 고통이 따르는 그 실천의 발걸음을 우리가 느낄 수 있어야 하는 것이다. 그의 두 발로 걸으면서 열대와 사막이며 히말라야산맥이라는 오지奧地

여행은 오히려 이승과 저승의 시공을 초탈하는 순례라고 하는 것이 더 적합하지 않을까.

혜초704~780는 719년신라 성덕왕 18년 그의 나이가 15세 때에 흑산도에서 당나라의 광저우廣州로 배편을 이용하여 이동하였다. 거기서 그는 스승 금강지金剛智, Vajrabodihi의 권유로 723년 인도로 구법순례 여행을 떠나게 된다. 거의 4년 동안의 오천축국印도과 서역 및 중앙아시아를 여행하고 727년 11월 상순 당나라의 안서도호부安西都護府가 있는 쿠차龜玆, Kucha를 거쳐 장안시안에 도착하였다. 혜초의『왕오천축국전』에 대한 해설서나 논문에는 대체로 이러한 여행 경로에 대해 자세한 설명이 덧붙여져 있고 지도와 도표에 의한 보완설명도 주어져 있다.[4]

셋째로, 혜초의 여행이 갖는 규모이다. 혜초는 걸어서 열대와 사막, 정글과 야생, 설산雪山을 헤쳐 가며 40여 개의 나라들을 여행했다고 한다. 그러나 깨달음이라는 항성을 찾아가는 여행이었기에, 그는 끝없는 사막의 한가운데서도 용기를 잃지 않았다. 아무런 교통의 도움도 없이 두 발로 지구의 절반 이상을 걸어서 이 대륙에서 저 대륙으로, 중국과 인도의 군소 나라들과 인더스강과 갠지스강, 카슈미르, 간다라, 바미얀, 카불, 파미르고원, 힌두쿠시산맥, 쿠차, 타클라마칸사막,[5] 둔황, 장안, 히말라야산맥의 크고 작은 나라들, 티벳과 네팔, 아프가니스탄과 중앙아시아, 대식국아랍, 페르시아에까지 닿았던 그의 순례는 차라리 시간과 공간을 초월한 피안 여행이라고 하는 것이 더 적합한 표현일 것 같다.

넷째로, 혜초의 순례 여행을 추적해볼 수 있는 『왕오천축국전』에는 사실에 입각한 기행문을 읽을 수 있지만, 동시에 (독특하게도) 문학적 시적 향취도 읽을 수 있다. 그는 불교승려의 관점에만 머문 것이 아니라 문명탐험가의 모습으로 세상을 관찰하고 여러 가지 정치, 경제, 역사, 지리, 국민들의 처한 상황을 기록했으며, 나아가 감정을 절제하는 종교적 관점을 벗어나 서정적인 5편의 오언시를 남겼다. 이 소고小考에서는 문학적이고 철학적인 향취가 그윽한 그의 오언시를 철학자 하이데거의 시작詩作 해석에 입각해 이해해볼 것이다.

그런데 이 소고에서는 혜초의 『왕오천축국전』을 문헌학이나 서지학의 차원에서 논의할 의향이 없으며 또 그러한 범주에서 평가할 의향도 없다. 그 대신 혜초의 깨달음을 향한 여로 그 자체에, 구도자의 행보 그 자체에 의미를 둘 것이다. 그의 여행이 '피안 여행'이라고 할 만큼 이 세상의 경계를 허물고, 모든 악조건과 (존재자들의 세계로부터의) 걸림돌들을 극복해가면서 귀로歸路에 오른 것 그 자체에 큰 의미를 부여할 것이다. 그의 여행의 목적은 세상의 그 어떤 존재자에 얽매인 것도 아니며, 그런 존재자가 목적도 아닌 것이다.

혜초의 여로는 깨달음이 여행의 목적과 긴밀하게 연계되어 있는 한, 어떤 측면에서는 파르메니데스가 '어둠의 집'에서 나와 험난한 길을 거쳐 '빛의 왕국'으로 여행하여 '태고의 문'에 이르는 행보와 유사한 측면이 있고, 또한 플라톤의 '동굴의 비유'에서 목숨이 걸린 험난한 길동굴의 계단들을 벗어나는 것과도 유사한 양상을 갖고 있다. 혜초의 여행은 — 천축국들과 서역 및 중앙아시아를 두 발로 여행한 것만 참조해도 — 괴테의 이탈리아 여행보다 훨씬 더 힘겨운 여정으로 보인다. 그러나 괴테가 그의 여행을 통해 '제2의 탄생'을 일구어낸 것과 유사한 순례의 여행을 혜초가 감행한 것도 분명한 것으로 보인다.

무엇보다도 순례 여행은 말할 것도 없거니와 대부분의 여행은 실제로 온몸을 세상과 부딪치며 감행하는 것이기에, 거기엔 — 하이데거의 현사실성의 해석학Hermeneutik der Faktizität 측면에서 — 관념론이나 형이상학이 끼어들 틈이 없다. 그러기에 온 몸으로 세계와 맞부딪친 혜초의 깨달음을 향한 행보는 — 하이데거의 존재 사유의 용어로 옮긴다면 — 그 자체로 현사실성에 입각한, 두 발로 일구어낸 탈-형이상학적 여행이라고 해도 온당할 것이다.

참고로 여기서 관념론이나 형이상학은 현대철학자들특히 하이데거에게서 상당히 부정적인 의미를 갖고 있음을 인지해야 한다. 관념론은 구체성이 결핍된, 그야말로 하이데거의 '현사실성'과는 대조적인 영역이다. 현대철학자들은 관념론을 "구름 잡는 얘기"나 "공중누각"이라고 비꼬기도 한다. 또한 하이데거가 그토록 비판한 '형이상학'이란 존재가 망각된 영역, 굵직한 존재자의 세계에 빠져 존재를 이해하지 못한 영역이다. 철학사특히 근대에서 존재와 존재자의 차이도 이해하지 못한 것을 하이데거는 개탄하고 있다. 물론 원래의 형이상학이란 개념은 meta-ta-physika로서 자연학의 범주를 초월한 것이지만, 철학사에서 형이상학은 오히려 자연학의 영역으로 전락되었다.

물론 오늘날 형이하학적인 여행도 성행하고 있다. 배부른 현대인의 즐기기 위한 관광 여행이나 겉핥기식의 여행, 나아가 사치성의 레저 여행은 우리가 이야기하고자 하는 여행 논의에서 제외된다. 물론 이런 여행 또한 작고 큰 보람과 힐링을 제공한다면, 나름대로 의미 있을 것이다. 그러나 우리가 말하고자 하는 여행은 최소한 여행 자체에 의미를 둘 수 있는, 말하자면 여로에서 의미 있는 그무엇을 찾고자 하는 열망이 전제되어 있어야 한다. 여행을 빌미로 엉뚱한 데 관심을 갖는 것보다는 여행 자체에 목적을 두어야 한다.

혜초는 현대인이 상상하기조차 힘든 여행을 두 발로 4년에 걸쳐 40여 개국을 여행했다. 혜초의 『왕오천축국전』에서 "왕오천축국往五天竺國"은 인도의 옛 이름인 "다섯 천축국을 가다"라고 직역할수 있지만, 오늘날의 현대적 언어로는 "인도를 여행하다"라고 하면 퍽 자연스런 번역이다. 물론 혜초의 『왕오천축국전』에는 저 다섯 천축국뿐만 아니라 중앙아시아와 서역, 페르시아와 아라비아, 히말라야의 나라들 등 수십개국을 두 발로 여행한, 그야말로 상상을 초월하는 여로가 고스란히 등장한다. 『왕오천축국전』은 4년 동안의 긴 여행의 산물로서 기행문 형식으로 기록되어 있다.

혜초가 감행한 여행 경로를 압축해보면, 그는 719년신라 성덕왕 18년 그의 나이가 15세 때에 흑산도에서 당나라의 광저우廣州로 배편을 이용하여 이동하였다. 광저우에서 그는 남인도 출신의 스승 금강지金剛智, Vajrabodihi, 671~741와 그의 제자인 불공不空, 705~774을 만났다. 당시 당나라에는 불교를 전하기 위해 인도에서 온 승려들이 많이 머물고 있었는데, 이들은 주로 산스크리트어로 기록된 경전을 한문으로 번역하거나 인도의 불교와 철학, 의학과 천문학 등의 지식도 가르쳤다.

특히 금강지는 인도의 경전을 한문으로 번역하는 데 열중하였고—나중에 혜초도 이 작업에 가담하였다—밀교를 선교하는 데 주력하였다. 금강지는 혜초의 총명함을 알아보고서, 우선 혜초가 본격적인 불법을 배우기에 앞서 불교 탄생지인 인도로 여행할 것을 권했다. 부처의 역사적 흔적과 발자취를 직접 체험하는 것이 더욱 훌륭한 수행으로 여긴 것으로 보인다.

그리하여 혜초는 밀교⁶를 공부하던 중, 스승의 권유를 받아들여 723년 부처와 스승의 나라인 인도로 여행길에 오르게 되었다. 거의 4년 동안의 오천축국^{인도}과 서역 및 중앙아시아를 여행하고 727년 11월 상순 당나라의 안서도호부^{安西都護府}가 있는 쿠차^{龜玆, Kucha}를 거쳐 장안^{시안}에 도착하였다. 그 후 혜초는 741년 금강지가 입적할 때까지 약 8년간 장안의 천복사^{薦福寺}에서 금강지와 함께 밀교를 연구하고 산스크리트어의 한역^{漢譯} 작업에 몰두하였다. 금강지의 입적 후에는 금강지의 제자였던 불공^{不空}과 함께 밀교 연구를 이어갔는데, 혜초는 780년 불교의 4대 성산으로 꼽히는 오대산^{五臺山} 건원보리사^{乾元菩提寺}에서 입적하였다.

물론 혜초가 어린 나이에 당나라로 유학을 떠났지만, 신라의 당대에는 신학문을 배우려는 사람들과 구법^{求法}을 갈망하는 승려들이 많이 당나라로 떠났다. 당시 당나라는 서역의 각종 문물과 종교_{경교, 조로아스터교, 마니교, 이슬람교 등}뿐만 아니라 외국인들까지 적극적으로 받아들였다. 그리하여 장안에는 수많은 외국인들이 거주하고 있었고, 신라 사람들도 많이 거주하여 '신라방'도 있었다.

8세기 중엽부터 신라와 당나라의 관계가 활발해지고 양국간의 인적·물적 교류가 활발해짐에 따라 많은 신라인들이 당나라에 건너가 거주하였다. 그 중 화이허淮河와 양쯔강 하류지역의 신라인들은 추저우楚州·롄수이漣水 등의 도회지에 모여 살았고, 도시의 한 구역에 집중적으로 거주해 자치구역을 형성하였다. 이 구역을 신라방이라 하며, 이를 중심으로 인근의 신라인들을 통할하였다.

신라는 통일 이전부터 당나라와 교류를 해왔으며, 특히 불법을 구하러 가는 승려들이 많았는데, 6세기 중반인 진흥왕 10년549에 승려 각덕이 중국 양나라에 가서 유학을 하고 부처의 사리를 가지고 신라로 돌아오면서부터 승려들 사이에 구법 여행이 성행하게 되었다. 7세기 중엽 원효와 의상이 당나라로 유학을 떠났는데, 원효는 도중에 해골바가지에 담긴 물을 마신 경험_{같은 물이지만 밤에는 갈증을 해소하는 달콤한 생수로, 낮에는 오장육부를 뒤틀리게 하는 오물로}을 통해, 불법이 결국 마음속에 있는 것이라고 깨닫고 신라로 발걸음을 되돌렸던 것이다.

우리에게 잘 알려진 최치원도 — 혜초보다 더 늦은 시기지만 — 868년 당시 12살의 나이로 당나라 유학길에 올랐었다. 그는 당나라에 유학하여 18세의 약관의 나이에 장원 급제했다. 그러기에 혜초가 불법을 찾아 당나라 유학길에 올랐던 것은 그리 낯선 일이 아니었을 것이다. 당대의 신라인들은 신학문과 불법을 공부하기 위해 세계로 눈을 돌리고서 당나라로 유학길에 오른 것으로 보인다.

천재성을 가진 최치원은 당나라에서도 문인들과 교류하면서 문장가로서의 명성을 떨쳤고, 귀국한 후에는 헌강왕에게 발탁돼 외교문서 등을 작성하며 당대의 문장가로 인정받았다. 894년 진성왕에게 집권체제와 골품제 사회의 모순에 따른 문제를 해결하기 위한 시무책 10여 조를 올리기도 했다. 유교와 불교, 도교에도 깊은 학식과 이해가 있어 많은 글을 남겼는데, 그는 이들 3교를 융합한 형태로서의 풍유도가 우리나라의 고유한 것으로서 오래전부터 전승되어 온 것이라고 하여 후학들에게 큰 영향력은 물론 더 밝혀져야 할 과제를 남겼다.

최치원은 신라 승려들의 구법 열기로 인해 유학을 떠나는 경우를 다음과 같이 설명하고 있다.

무릇 길이 멀다 해도 사람이 못 가는 곳이 없고, 사람에게는 못 갈 나라가 없다. 그렇기 때문에 동쪽 나라_{신라} 사람들은 승려이건 유자^{儒子}이건 간에 반드시 서쪽으로 대양을 건너서 몇 겹의 통역을 거쳐 말을 통하면서 공부하러 간다.[7]

여기서 유자^{儒子}는 어린 아이이기 때문에, 혜초와 최치원을 비롯한 많은 소년들도 유학에 나선 것으로 보인다.

그런데 혜초는 스승 금강지의 권유로 인한 인도로의 여행을 감행했지만, 그러나 그는 인도의 범위를 넘어 그토록 시간과 공간을 확장하여 두 발로 중앙아시아와 서역이며 페르시아와 아라비아 및 히말라야의 나라들에까지 여행을 감행했던 것이다. 그를 그토록 여행의 도상에 머물게 한 내적인 힘은 무엇이었는지 새삼 미스터리로 다가온다.

더욱이 어린 나이에 신라를 떠나 중국과 인도며 중앙아시아와 서역, 페르시아와 아라비아 및 히말라야의 나라들에까지 순례 여행을 감행하면서 그토록 애절한 향수 시를 『왕오천축국전』에 쏟아 부었지만, 타국에서 생을 마감한 것을 생각하면, 우리로서는 그의 내적인 사유세계를 감지하기 어렵다. 그는 영원한 "도상에 있는 존재Unterwegs-sein"하이데거였고 나그네였지만, 그러나 그의 행보는 결코 단순한 유랑이 아니었다.

어쩌면 혜초는 스스로 인생이 "도상에 있는 존재"임을 드러내 보인 것은 아닐까. 그는 나그네로 살다가 나그네로 생을 마감하였다. 인생은 총체적으로 여행하는 존재이고 미완성의 존재이다. 인생은 자신의 여로를 가야 한다. 그대가 여행을 받아들이지 않고 꽁꽁 묶여 있어도 시간은 그대의 의지를 비웃고는 그대를 컨베이어시스템 위에 올려놓는다. 인생이 흐르는 구름의 한 조각이라는 것을 안다면, 그대의 영적 시각이 성숙되었다는 뜻이다. 인생 자체가 하나의 여로로 여긴다면 오히려 죽음도 가볍게 받아들일 수 있을 것이다. 왜냐하면 죽음도 여행의 한 단계에 불과하기 때문이다. 그것은 항해의 끝으로 보이지만, 동시에 불확실한 피안彼岸으로 향하는 여행의 시작이기 때문이다.

그런데 여로의 도상에서 작든 크든 만지작거린 (혹은 획득한) 깨달음이 있다면, 그것이야말로 그대의 존재의미를 밝혀주는 등불인 것이다. 그러나 그러한 깨달음이 안겨지지 않는다고 하더라도 그대의 여로 자체가 그대의 존재의미를 밝혀주는 태양인 것이다. 인생의 총체적인 것이 나그네–존재이기 때문이다. 그러기에 혜초가 우리에게 이런저런 깨달음의 조각을 던져주지 않는다고 해도, 두발로 열대와 사막이며 히말라야산맥을 걸은 그 걸음만으로도 우리에게 큼직한 진리의 등불을 선사한 것으로 여겨진다. 그러나 자세히 들여다보면 엄청난 규모의 깨달음의 여행을 혜초에게서 목격할 수 있다.

물론 그가 고국을 떠나 이역만리 온 세상을 떠돌아다녔지만, 한 번도 고향에 돌아오지 못한 그 내적 이유가 무엇이었는지 — 혜초가 스스로 밝히지 않았기에 그 정확한 이유는 알 수 없지만, 모진 향수의 고통을 감내했을 것으로 보인다 — 상상해보는 것이야말로 혜초를 읽는 모든 독자들의 관심거리가 될 것임에 틀림없다. 물론 섣부른 결론을 내려서는 안 된다. 아울러 그의 긴긴 순례 여행구법여행에서의 깨달음이 무엇이었는지 추적해보는 것 또한 독자들로서는 놓칠 수 없는 미스터리이다.

『왕오천축국전』은 기행문학과 철학으로 접근하는 것도 자연스런 것으로 보인다. 물론 이 책에는 당대의 역사와 지리 및 종교적 상황, 정치 경제적 사항 등도 파악할 수 있다. 비록 그는 신라의 승려였지만, 정작『왕오천축국전』에는 어떤 불교의 교리 문제나 심오한 종교 문제를 다루지는 않은 것으로 보인다. 또한 당대의 불교도 그 어떤 종교 이데올로기나 교리주의에 치우친 것이 아니라 보편적인 학문이었고 철학적인 차원이었다고 보는 것이 더 온당할 것이다. 모리야스 다카오森安孝夫도 "당시 불교는 단순한 종교라기보다 어떤 의미에서는 학문 체계였으며, 불교 문헌은 최첨단 지식의 보고이기도 했다".[8]

주지하다시피 당대唐代는 그 이전과는 큰 차이를 드러낼 정도로 중국 불교의 황금기였다. 그래서 신라의 승려들도 당나라로 유학을 많이 떠났던 것이다. 그런데 이토록 당나라가 불교의 황금기를 맞이할 수 있었던 것은 개방적인 정책도 있었겠지만, 무엇보다도 현장玄奘과 의정義淨이라는 두 걸출한 삼장법사의 영향이 큰데, 이들은 모두 인도로의 여행을 통해 전자는 잘 알려진『대당서역기大唐西域記』를, 후자는『남해귀기내법전南海歸奇內法傳』이라는 여행기를 남겼는데, 그 파급효과가 인도의 불교를 받아들이는데 결정적인 영향을 미친 것으로 보인다. 이 여행기들은 동양사와 불교학 및 언어학 분야에서 아직도 귀중한 자료로 손꼽히는 것들이다. "현장이 인도로 구법 여행을 한 초당初唐 이후 인도와 중국의 문화적 교류는 비약적으로 증대했다"[9]는 모리야스 다카오의 지적은 온당한 것으로 보인다.

현장과 의정의 여행과 여행기가 불교는 물론 문화교류를 야기하는데 획기적 계기였음을 우리는 실감하지 않을 수 없다. 비록 원본이 아닌 필사본과 잔간본이지만, 혜초의『왕오천축국전』이 당대에 신라에 전해질 수 있었다면, 엄청난 폭발력을 가졌을 것임에 틀림 없을 것이다. 그러나 당대에 국제우편의 제도가 없었기에 전달될 수 없었을 것이다. 그러기에 돈황의 천불동에서 잠자고 있었던 혜초의 여행기가 못내 아쉬움을 더하고 있다.

우리의 상식과는 달리 철학은 여행과 잘 결부된다. 온몸과 마음으로 감행하는 여행은 사유의 샘이 되기 때문이다. 바로 혜초의『왕오천축국전』도 두 발로 일구어낸 4년 동안의 긴 여행의 산물로서 기행문 형식으로 기록되어 있다. 불교에서의 만행萬行이란 개념은 결코 단순한 관광이나 배회가 아니라, "여러 곳을 두루 돌아다니면서 닦는 온갖 수행"국립국어원 표준국어대사전을 말한다. 그러기에 혜초의 여행 자체만으로도 그 철학적 의미가 큰 것이다.

M. 베테니티와 S. 포지는 철학과 여행과의 관계를 묻고서 다음과 같이 답한다.

철학과 가장 긴밀히 연결되어 있는 활동이 무엇일까? 독서나 사색, 대화처럼 정적인 것을 떠올리는 경우가 많겠지만, 놀랍게도 철학과 가장 닮아 있는 활동은 여행이다. 새로운 세계와 만나고 자신을 발견하는 데 여행 만한 것이 없기 때문이다.[10]

이런 측면에서 우리는 박이문 교수의 사유 여행과 에릭 호퍼의『길 위의 철학자』를 깊이 있게 논의하고자 한다.

2. 철학자 박이문의 사유 여행

철학을 찾아 모험을 감수하면서 길고 먼 유랑길에 오른 박이문 선생의 『철학의 눈』도 온몸으로 체득한 철학적 사유들을 펼쳐 보이고 있다. 진리를 찾고자 길을 떠났던 그의 젊은 날의 고독과 절규에서부터 노년의 순례 여행까지 이 책은 아우르고 있다. 그의 표현대로 "고독하고 험난한 여정의 닻" 『철학의 눈』, 미다스북스, 2007, 14쪽을 올려 한국에서 홍콩까지 비행기로, 홍콩에서 프랑스의 마르세이유까지 여객선으로 한 달이 넘는 기간 동안 여행하면서 그는 고독한 상념들과 사유의 단편들을 미농지에 일기형식으로 적었다.

물론 박이문 선생의 시대는 교통이 발달한 편이어서 혜초처럼 두 발로 40여 개국을 넘나든 것과는 다를 것이다. 그러나 그럼에도 불구하고 그는 비장한 유랑자의 태도로 발걸음을 옮긴 것으로 보인다.

> 나는 또 떠나야 한다. 또 다른 곳으로 가야만 한다. 그곳이 어디인지는
> 정확히 모른다. 하지만 나의 작고 연약한 촛불은 지치고 미숙한 내 발
> 걸음을 인도할 수 있을 것이다.129쪽

이런 마음가짐은 혜초의 여로와도 유사하지 않을까. 물론 혜초와는 달리 박이문 선생은 프랑스에서의 입학허가서 정도는 들고 갔기에, 다소 덜 위험했던 것처럼 보이나, 그래도 또 다른 측면에

서 아픈 모험이었음을 다음의 대목으로 읽을 수 있다.

> 나는 언제 다시 되돌아온다는 기약이나, 계획하는 공부를 할 수 있는
> 경제적 및 지적 보장도 없이 무모한 나의 삶에 대한 불안과 공포를 떨
> 칠 수 없었다. 공항 내에서 손을 젓고 전송하는 어머니, 아버지, 세 형들
> 을 뒤로 하고 마침내 손님들의 탑승을 기다리고 있던 홍콩행 여객기 캐
> 세이 패시픽의 트랩에 올라 그들에게 손을 젓고 기내로 들어가는 순간
> 나의 마음은 한없이 착잡했고 흘러나오는 눈물을 억제할 수 없었다. 나
> 는 무엇을 하겠다고 고독하고 험난한 길을 택했는가? 어쨌든 나는 하
> 나의 선택을 한 것이다. 그리고 나는 비행기로 홍콩까지 가서 그곳에서
> 여객선을 타고 약 한 달 걸려 프랑스의 마르세이유로 향하는 도정에 올
> 랐다.14~15쪽

박이문 교수가 모험을 걸고 유학을 떠나던 1961년도는 오늘날
의 유학 개념과는 전혀 다르다. 요즘의 유학은 저런 비장한 각오가
필요로 하지 않는, 상황에 따라 여의치 않으면 곧장 되돌아온다.
박이문 선생의 당대에 유학은 그야말로 인생사에서 중대한 결단
이 전제되었던 것이다. 부모형제와 생이별을 하고 경제적 지적 보
장도 없이 이역만리로 떠나는 것은 오히려 불교의 출가出家와도 유
사할 것이다. 그것은 모험이 따르는 결단이었고 그야말로 불안과
공포가 늘 도사리고 있는 불편한 상태였을 것이다. 더욱이 그의 결
단이 그 어떤 높은 지위나 신분상승과 같은 것을 전혀 전제로 하지

않으면서 곤혹스런 어려움도 각오한 그런 행보였다면, 그야말로 철학에 대한 열정 때문이었다면, 혜초의 여행과도 유사한 측면을 갖는 것으로 보인다.

매몰차게 출가를 하고서 이역만리 떨어진 곳에서 유랑하다 어머니의 사랑에 그리워 절규하는 아들박이문 선생의 모습이 우리에게 애처롭게 다가온다.

어머니, 지금 이 순간 당신을 생각합니다. 어머니를 내 마음의 무덤 속에 산 채로 묻어버렸던 것을 용서해주세요. 하지만 난 여전히 어머니를 사랑합니다. 당신의 사랑을 목이 메도록 부르짖습니다. 어리석게도 어머니와 어머니의 따스한 품을 멀리 떠나온 아들은 수많은 의미들로 이루어진 사막 속에서 오아시스를 찾고 있습니다. 결코 오아시스를 찾지 못할 거라는 걸 뻔히 알면서도…… 난 침묵 속에서 부르짖는다. 무엇을? 왜? 어떻게 해야 하는가?라고…….102쪽

그런데 이러한 아픔과 절규는 위대한 정신의 여로를 걸어간 이들에게 나타난다. 그것은 "알을 깨는 아픔"H. 헤세이 아닐까. 그렇게 혜초도 이 아픔을 딛고 출가했을 것으로 보이며, 석가모니 또한 마찬가지이다. 그가 담을 뛰어넘지 않았다면 유복한 왕으로 살았겠지만, 인류의 위대한 스승은 되지 못했을 것이다. 서구에서는 아우구스티누스가 어머니에게 눈물을 안기고 출가를 하였지. 그렇게 박이문 선생도 출가를 하여 위대한 사유의 여로를 걸어간 것으로

보인다. 밋밋한 정신으로 혹은 잘 먹고 잘 살겠다는 생각으로는 철학을 할 수 없다. 아니, 그런 태도로는 철학의 여로를 걸어가지 못할 것이다. 오히려 '알을 깨는 아픔'의 체험이 그 여로를 걸어가게 하는 원동력일지 모른다.

이국땅으로 떠나는 철학도의 불안과 불확실성, 그 절박한 심경은 프랑스의 마르세이유로 떠나는 여객선의 갑판 위에서 다음과 같은 질문에서도 드러나고 있다.

> 정말 나는 무엇 때문에 어머니를 버리고 떠나왔던가? 솔직히 나는 잘 알 수 없다. 잠재적인 어떤 꿈에 끌려가는 것인지, 나는 정말 무슨 꿈을 꾸고 있는지. 나는 프랑스로 가는 해상, 여객선 갑판에 서서 눈 위로는 끝없이 퍼진 하늘과 눈 아래로는 끝없이 넓은 바다를 번갈아 권태로이 보면서 대답 없는 물음을 계속 던지고 있다.28~29쪽

그런데 "대답 없는 물음을 계속 던지는" 것이야 말로 철학의 숙명이고 또한 우리 인생의 숙명이 아니던가. 비록 이런 물음이야 결코 무의미할 수는 없지만, 결국 이 세상의 모든 것은 ― 우리 스스로가 영원하지 못하기에 ― 무의미와 무無로 연결될 수밖에 없지 않을까. 물론 이런 무의미와 무無를 받아들이는 것도 철학적 용기인 것이다. 낯선 세상에서 무언가 새로운 것을 펼쳐보겠다고 여행길에 오른 박이문 선생도 이런 질문을 던지고 있다.

삶의 고민, 정치적 파동, 무슨 역사, 무슨 주의 ― 몇 천 년 동안 사람들이 떠들어오고 있는 소동, 절망, 희망 따위의 언어, 그리고 모든 것이 궁극적으로는 아무런 의미도 없어 보인다. 바다는, 이 넓고 깊고 신비스러운 남양대해가 그것을 말해주는 것 같다. 칠백 명이나 되는 사람들이 이 배에 실려 물 위에 떠간다. (…중략…) 그러나 이 대양의 무無의 가르침 속에 그들의 목적이 있는 것일까? 사람이나, 배나 바다는 그저 흔들리고 움직일 뿐이다. 영원히 그냥 떠돌 뿐이다. 사멸할 때까지, 무로 돌아갈 때까지.40쪽

그런데 놀라운 것은 위의 두 인용문들을 들여다보면, 이미 심오한 철학적 물음이 여객선 갑판 위에서 던져지고 있는 것이다. 혜초에게도 또한 고단한 발걸음을 옮기는 가운데 이런 심오한 철학적 물음들이 던져졌을 것으로 보인다. 철학은 결코 철학자의 전유물도 아니고 무슨 학위를 가진 자를 중심으로 펼쳐지는 어떤 학문도 아니다. 삶 가운데서 자연스레 던져지는 것이고, 누구나 주의 깊게 인생을 살아가는 이라면 철학을 만나게 되는 것이다. 박이문 선생은 갑판위에서 자연스럽게 이런 질문을 접했다.

중국인 라우 군이 인생이 무엇이냐고 묻는다. 평소에는 명랑하기만 하고 돈을 벌어야겠다고 하던 그가 무심코 묻는 이 말은 평소 그의 마음 깊은 곳에 깔려 있던 물음이었을 것이다.28쪽

그렇다. 철학은 여행 중에도 이루어지는 것이고, 누구나 마음 깊은 곳에 — 위의 라우 군과도 같이 — 철학적 물음을 갖고 있을 것이다. 철학적 문제의식을 갖고 여행하는 이도 있을 것이며, 또한 여행하는 가운데 혹은 삶의 현장에서도 철학적 문제의식에 사로잡힐 수도 있을 것이다. 여행은 그 행보에 사유가 동반된다면 철학과 친근한 것이다. 철학은 도서관이나 연구실에서만 펼쳐지는 것이 아니라 여행 중에도, 삶의 현장에서도 펼쳐진다.

박이문 선생은 여행 중에, 마르세이유로 향하는 깊은 밤의 여객선 갑판에서 심오한 사유의 세계에 침잠해 있음을 다음의 항목에서 목격할 수 있다

오늘 달은 거의 반달에 가까워졌다. 책장 글씨를 읽어볼 수 있을 만큼 달빛이 밝다. 이러한 분위기 속에서 나는 무한한 시적 정감을 느끼고 철학적 사색에 말려들어간다. 우주의 본질, 생명의 실체가 금방 손안에 잡힐 것 같으면서도 그러한 것들은 너무나 크고 깊은 문제라서 그런지 머릿속에서만 그저 아물아물할 뿐이다.[42쪽]

글쎄다. 우주의 본질이나 생명의 실체는 손에 잡히는 문제가 아닐 것이다. 그래서 오히려 이러한 질문을 던지는 것 자체에 큰 의미를 두어야 할 것이다. 깊은 사유의 세계에 머물거나 산책하는 것은 철학함의 기본적인 사항이다. 로댕의 〈생각하는 사람〉이나 〈반가사유상〉은 철학함의 진면목을 잘 보여준다.

철학은 여행과 긴밀한 관계를 갖고 있는데, 여행에서 사유의 샘을 길러내고 번쩍이는 지혜를 찾으며, 작고 큰 변화를 가져오기 때문이다. 박이문 선생도 이 길을 걸어간 것으로 보인다. 부모형제와 눈물로 기약 없는 작별을 하고 또 탄탄한 교수직^{이화여자대학교 교수}까지 그만둔 채 유랑의 길에 올랐던 그의 모험은 결코 헛된 유랑이 아니었다. 그가 나그네로서 뿌렸던 눈물과 고독은 한편으로는 아픔이었지만, 이를 극복하는 과정에서 이런 눈물과 고독은 학문의 밑거름^{문학과 철학의 씨앗}으로 된 것으로 보인다.

〈그림 1〉 로댕의 〈생각하는 사람〉.

그의 유랑은 학업만을 위한 것이 아니었다. 그는 세계의 나그네답게 — 이 점에서는 혜초와도 유사한 측면을 갖는다 — 세계의

〈그림 2〉 〈반가사유상〉.

곳곳을 돌아다녔다. 선박으로 프랑스의 마르세유로 향하면서 중간에 들렀던 남아시아의 나라들은 말할 것도 없고, 프랑스 전역과

독일, 폴란드, 이탈리아, 오스트리아, 러시아, 서구의 문명과 철학이 태동되고 꽃을 피웠던 그리스의 여러 지역과 튀르키예 서부 및 마케도니아, 베트남과 캄보디아의 동남아시아의 나라들, 오랜 기간 교수로 재직하며 체류했던 미국 등등, 그야말로 세계를 무대로 편력을 펼쳤던 것이다.

이러한 지역들을 여행하면서 젊은 날에 외쳤던 그의 치열한 절규와 고독은 순례로 승화되어갔다. 튀르키예 서부와 그리스에서 호메로스, 핀다Pindar, 피타고라스, 데모크리토스, 아낙사고라스 등의 위대한 철학자와 시인을 배출한 이오니아지방의 높고 맑은 하늘을 바라보며 투명한 이성적 사유로 철학을 건축한 공로를 치하하며, 에페소스의 폐허에서 그 폐허가 인간에게 던지는 본질적인 아름다움에 대해 숙고하였다. 그리스를 빼놓고는 철학은 물론 서양문학과 서양문명을 언급하기조차 어려운 것임을 그는 여행을 통해 확인하였던 것이다.

저기 그리스에서 느꼈던 투명한 이성적 사유는 박이문 선생이 유학하던 곳, 즉 대륙의 합리주의의 꽃을 피운 파리에서도 또렷하게 목격할 수 있었던 것으로 여겨진다. "명백하지 않은 것은 프랑스적인 것이 아니다"는 말은 이를 단적으로 증언해주는데, 그는 학문의 세계뿐만 아니라 파리의 토론문화에서도 그 적나라한 모습을 경험했던 것이다.

우리의 나그네가 젊은 날에 외쳤던 절규와 저항이며 고독의 매듭은 저 투명한 그리스적 이성의 유산에서, 직접적인 서구와의 체험을 통해 풀렸던 것으로 보인다. 이것이 그의 지적 여정에서 그를 깨우고 밝혀준 것이다. 그는 프랑스에서 유학하는 동안 질서와 정확성과 정신의 명료함에 완전히 매료되었다. 이는 헬레니즘문화의 유산이며, 아폴론적 세계관이고, '근대 철학의 아버지'라 칭해지는 데카르트를 비롯한 대륙에서 합리주의의 꽃을 피운 문화이다. 저 아폴론적 문화가 근대에서 '도구적 이성'으로 전락하지 않았다거나 '이성중심주의'로 귀착하지 않았다면, 인류 정신사에 이바지한 바가 큰 것임에 틀림 없다.

그는 파리에서 열심히 치열하게 살아가는 사람들로부터 감동을 받았다. 소르본대학의 강좌라고 해서 다 훌륭하거나 재미 있는 것도 아닌데, 백발의 노인들이 기를 쓰고 와서 열심히 노트하고 배우는 것에 대해, 또 이들이 국립도서관에서 종일토록 열심히 공부하고 연구하는 것에 대해, 처음엔 "내일모레 죽을 사람들이 무엇 때문에 저토록 열심히 배우는가" 하고 의심을 했지만, 다른 한편으로 세상 끝날 때까지 젊음을 잃지 않고 힘껏 열심히 살아가는 그들에게서 큰 감동을 받았으며 자신의 부끄러움으로 그들 앞에 머리가 숙여진다고 하였다. 박이문 선생의 당대만 하더라도 우리나라에서는 50대만 되어도 손자를 보고, 멀쩡한 건강체인데도 곰방대나 물고 사랑방으로 몰려다니며 술잔이나 나누며 '에헴' 하는 문화였지 않은가.

그가 부끄러움을 느낀 곳은 메테오라 수도원에서도 이어진다.198 ~203쪽 평범한 사람들이 도저히 접근하기 어려운 바위 꼭대기에 붙어 있는 수도원으로 처음엔 쇠망치로 파서 하나씩 계단을 만들었다고 한다. 그렇게 올라간 수도승들은 밧줄을 내려 건축재료와 생활기구들을 끌어올려 조금씩 수도원을 지었다고 한다. 고난과 금욕의 생활이 이들 그리스 정교 수도승들의 일상이었다. 이 수도원에 들어가면 평생 기도와 예배, 독서 및 성화 그리기, 수공예품 만들기를 비롯한 일상적인 일들을 하다가 생을 마감하며, 죽어서도 여기에 남는다고 하니, 초월의 세계로 다가가고자 하는 이들의 수행과 고행이 형언할 수 없는 것이다.

이와 반대편에서 현대인들의 삶은 어떤가. 나와 너 할 것 없이 물질적 풍요를 즐기고 육체적 향락에 탐닉하며, 부를 쌓아가거나 속세의 행복을 추구하기에 여념이 없지 않은가.203쪽 현대의 과학기술문명도 결국 인간의 편리와 부를 위한 수완일 것이다. 그런데 이 세상의 부귀와 행복을 모두 버리고 — 여기엔 불가의 출가 개념과도 유사한 측면이 있다 — 저 험악한 바위 꼭대기에서 고행과도 같은 수도생활을 스스로 선택한 이들은 도대체 어떤 인생관을 가졌을까. 그들은 분명 이 세상을 초월한 영역에서 추구하는 숭고한 세계, 참된 삶에 대한 종교적 희구 등을 가지고 있을 것이다. 우리의 나그네는 그가 추구하는 가치와 삶의 속됨이 의식되어 부끄러워진다고 한다.203쪽

그의 지적 유랑은 프랑스에서만 한정되지 않았고, 미국으로 이어졌다. 소르본대학에서 당대 실존주의의 대부였던 사르트르에게서 문학과 철학을 공부하였고, 미국 남캘리포니아대학에서 철학

박사 학위를, 렌슬리어공과대학교 철학과 교수, 시몬스대학교 철학교수1970~1993, 하버드대학교 교육대학원 철학연구소 선임연구원1983~1991 등 30여 년에 걸쳐 지적인 탐구를 위해 방랑을 서슴지 않았으며, 2000년 포항공과대학교 교양학부 교수직을 정년퇴임하였다.

그런데 박이문 선생이 위대한 것은 위에서 나열한 이력 때문이 아니라, 자신의 인생을 쏟아부은 연구업적이 약 100권에 달하는 저작이다. 그는 프랑스철학과 예술철학, 현상학 외에도 영미의 분석철학에까지, 나아가 동서양 사상을 아우른 철학을 펼친 "둥지의 철학자"였다. 곧 "철학은 인간이 쉴 수 있는 둥지"라는 독보적 철학이다. 그런가 하면 그는 철학과 문학의 경계에서 시작詩作에도 몰두한 시인이었다.

독창적인 "둥지의 철학"을 펼친 박이문 선생의 철학과 예술 및 인생관에 대해 소상하게 소개하면서 강학순 교수는 『박이문－둥지를 향한 철학과 예술의 여정』미다스북스, 2014에서 박이문 선생이 "한국 인문학의 사표師表와 같은 인물"이라고 했다.

박이문 교수는 분명 세계적인 석학이었다. 그러나 안타까운 것은 인문학특히 철학의 인프라 구축이 안 되어 있는 한국 사회에서 그의 위상을 읽어주지 못했다는 것이다. 그는 프랑스 정부 문화훈장2010년 교육공로을 수여 받았지만, 정작 그를 배출한 한국 사회는 별반 반응도 보이지 않는 멍텅구리 사회였다. 정치가들특히 교육부나 문화부 장관을 포함은 대체로 법대를 졸업하여 사법고시나 행정고시를 패스한 사람들이어서 그런지 인문학의 세계에 어두울 뿐만 아니라 인문학의 중요성도 비전도 모르는 사람들이다. 만약 백남준 같은 화가나 윤이상 같은 작곡가가 해외에 나가서 빛을 보지 않았다면, 국내에서는 그들의 위대한 위상을 아예 읽을 줄 모르는, 그야말로 죽은 지성인의 사회다.

박이문 선생의 경우도 그 흔한 TV에 모셔 시대진단이라든가 그의 철학사상을 소개하고 안내하는 프로그램도 없었던 것이다. 저자가 독일에 있었을 때 철학자들이 TV에 등장하는 경우가 흔히 있었고, 가다머나 파이어아벤트와 같은 철학자들의 얘기를 자주 들었다. 국내의 TV에는 신물 나는 정치 나부랭이들의 당파싸움이나 흘러넘치고, 연예인들 등장시켜 신변잡기나 늘어놓는가 하면 저질 개그나 (시청자들을 저질로 유혹하는) 막장드라마들로 가득 찼다.

3. '길 위의 철학자' 에릭 호퍼

'길 위의 철학자' 에릭 호퍼는 우리에게 인생살이에 대해 깊이 성찰할 것을 요구한다. 일찍 부모를 잃은 그에게서 이미 고해苦海의 여행이 시작되었는데, 그의 막노동꾼으로서의 떠돌이 삶은 거의 평생 동안 이어졌다. 그는 배를 곯으며 고해와 같은 세상을 떠돌아다녔다. 그에게 세상은 갠지스강변의 푸른 풀밭 같이 평화로운 곳이 아니었다.

그는 고해의 바다에서 허우적거리다 잠깐잠깐 선착장에 도착한 것 외에는 고해를 떠돌다 생을 마감한 것이나 다름없다. 그는 정처 없이 고해를 이리저리 기웃거리고 때론 극단의 악조건에 떨어지기도 했지만, 그러나 자신의 존재 의미를 상실하지 않았다. 그는 결코 자신의 운명을 탓하지도 또 비난하지도 않았을 뿐만 아니라, 어쩌면 고해를 아름다운 정원으로 바꾸었다. 그는 길 위에서 자신의 운명을 디자인한 위대한 '길 위의 철학자'였다.

『길 위의 철학자』에릭 호퍼, 방대수 역, 이다미디어, 2005를 저자는 처음 남태평양의 티니안섬으로 여행을 갔을 때 감동스럽게 읽었는데, 나의 뇌리에서 떠날 수 없었다. 에릭 호퍼1902~1983는 철학사에서 보기 힘든 그런 독특한 인물이다. 그는 어렸을 때부터 부모를 잃은 그런 가혹한 운명의 인물이라 제대로 정상적인 공부를 할 기회가 없었다. 우리가 다음 장章에서 부모를 잃은 어린 루소의 가혹한 운명을 언급하겠지만, 에릭 호퍼의 경우도 마찬가지다.

그는 그러나 사막과 같은 자신의 가혹한 운명을 꽃밭으로 키워낸 위대한 철학자이다. 어린 에릭을 몹시 사랑한 것으로 여겨지는 어머니는 아들과 함께 계단에서 떨어진 사고로 에릭이 5살 때 사망하고 말았다. 에릭 또한 실명하고 말았는데, 마르타라는 가정부에게서 자라다가 그가 15세 되던 때에 시력을 회복하였다. 그런데 에릭이 실명하여 어둠을 헤매고 다녔을 때 아버지는 언젠가 아들을 '백치 자식'으로 불렀다고 한다. 마르타 또한 에릭이 마흔 살밖에 살지 못할 거라고 얘기한 적이 있어, 이런 말들은 에릭에게 하나의 트라우마처럼 굳어진 것으로 보인다.

에릭의 아버지는 가구 제조공으로 일했는데, 불행하게도 마흔 살도 넘기지 못하고 1920년에 돌아갔다. 그런데 에릭을 보살폈던 마르타도전쟁제2차 세계대전이 끝나자 독일로 돌아가고 말았다. 가구 공장의 조합원들은 에릭 아버지의 장례를 치러주고 에릭에게 300달러를 주었다고 한다.

하루 아침에 고아와 알거지로 전락한 에릭 호퍼는 300달러를 갖고 고심 끝에 캘리포니아로 갔다. 그곳은 노숙할 수 있을 정도로 온화한 날씨이고, 길가에는 오렌지와 같은 과일도 열려 있는 곳으로 알려졌기 때문이었다. 호퍼는 로스엔젤레스 시립도서관 근처에 싸구려 방을 빌리고 독서로 나날을 보내며, 처음엔 생계에 대한 걱정도 하지 않았다고 한다.[21쪽] 그가 여기에 정착한 후 제일 먼저 한 일은 어릴적 아버지와 함께 연주회에 갔을 때 들었던 베토벤 9번 교향곡을 듣기 위해 축음기와 레코드 몇 장을 산 것이었다.

그런데 저 300달러가 얼마나 오래 가겠는가. 이내 돈이 다 떨어져 자신이 입고 있던 가죽 재킷을 헐값에 팔았지만, 그는 굶주림이라는 미스터리한 상황에 직면하게 되었다. 그는 빈민가로 떨어졌지만, 두려움은 없었다고 한다.[21쪽] 그러나 그가 굶은 지 사흘째 되던 날에는 마치 누가 손으로 위를 쥐어짜면서 가슴 쪽으로 밀어붙이는 것 같았고, 물을 마셨을 때에는 벌에 쏘인 것처럼 머리가 따끔거렸다고 한다.[22쪽]

그는 계속해서 걸었다고 한다. 그는 "자신의 생각이 두려웠다고 한다".²²쪽 그렇게 그는 걸으면서 한번은 상점의 거울에 얼핏 비친 자신의 불안에 일그러진 모습에 놀랐다. 굶주림의 미스터리에 골몰하여 자신의 모습에 대하여 생각조차 할 겨를이 없었던 것이다. 그렇게 걸어가면서 우연히 비둘기들이 짝짓기하는 모습을 유심히 관찰해보았다. 열정으로 가득 찬 비둘기들의 짝짓기 모습에 대한 관찰에서 그는 배고픈 것을 잊었는데, 주의를 다른 곳으로 돌리면 배고픔도 잊을 수 있다는 사실이 경이로웠다고 한다.

그날 저녁에 호퍼는 한 레스토랑에 들어가 그릇 닦는 일을 자원하여 한 끼니를 때우면서 배고픔이 두려운 것이 아니라고 여겼다. 그릇을 닦으면서 그는 고참에게서 빈민가에 있는 주립무료직업소개소를 통해 일자리의 기회를 얻을 수 있다는 정보를 얻었다. 이리하여 호퍼에게서 막노동으로 점철된 인생역정이 시작되었다.

그는 떠돌이 노동자, 레스토랑 보조 웨이터, 농장의 품삯 일꾼, 사금 채취공, 부두노동자 등을 전전하면서 길 위에서 살면서 독학으로 자신의 철학세계를 구축하였다. 그는 주립무료직업소개소에서 처음으로 잔디 깎는 일자리를 구한 것을 필두로 갖가지 막노동을 하였고, 오렌지 행상을 하면서 틈이 나면 책을 열심히 읽었고, 물리학과 수학, 화학, 지리학 등 대학 교재를 중심으로 독학을 시작했다.

그런데 놀라운 것은 호퍼뿐만 아니라 주립 무료직업소개소를 중심으로 막노동을 펼쳐가는 사람들로부터 꿋꿋한 운명애運命愛의 소리를 듣게 된다. "나와 이야기를 나눈 사람들 가운데 어느 누구도 자신들의 불행을 다른 사람의 탓으로 돌리는 사람이 없었다. 그들은 자신들의 인생살이를 이야기할 때면 거의 예외 없이 '나 외에는 다른 누구도 원망하지 않는다'"27~28쪽고 하였다는 것이다. 과연 미국 개척자의 정신이 그들에게 깊이 녹아 있는 것으로 보인다. 우리는 이럴 경우 너무나 쉽게 '팔자타령'에 익숙해 있지 않는가. 호퍼는 "스스로의 힘으로 건설한 아메리카"66쪽를 자랑스럽게 여기며, 나아가 부당한 평등주의를 외치는 것에도 경고한다.

> 우리는 주로 자신이 우위에 설 희망이 없는 문제에서 평등을 주장한다. 절실히 원하지만 가질 수 없음을 알고 있는 그것을 찾기 위해서는 자신이 절대적 평등을 내세우는 분야를 찾아야 한다. 그런 시험에서 공산주의자란 좌절한 자본주의자라는 것이 드러난다.69쪽

오늘날 전 세계적으로 공산주의가 망한 것은 프롤레타리아 혁명을 부르짖고, 부르주아를 때려잡은데 있을 것이다. 그런데 이런 속임수를 쓴 공산주의 정치가들은 프롤레타리아인가? 그들은 부르주아를 뺨치는 권력자들이 아닌가. 호퍼는 막노동을 하는 자신의 처지에 불평하지 않았으며, 평등을 내세우는 사회운동을 하지 않은 것이다. 오늘날 자본주의에서 공장이나 회사가 망하든 말든 아랑곳하지 않고 '결사항전'을 하겠다는 노조가 얼마나 많은가.

호퍼는 아무런 불평 없이 자신의 운명을 받아들이고 막노동의 현장에서 열심히 일한다. 오렌지 행상에 이어 파이프 야적장에서

성실하게 일하는 호퍼에게 주인인 샤피로는 선불까지 지불하였고, 호퍼는 "안정된 첫 일자리"32쪽로 여기며 틈이 날 때 책 읽고 연구하는 일을 계속했다. 도스토옙스키의 책들을 읽으며 "엄청난 희열"36쪽을 느꼈다고 한다. 그러나 막노동을 통해 승승장구할 수 있겠는가. 호퍼는 언젠가 돈이 떨어졌을 때 깊은 회의에 둘러싸였다.

> 산보와 식사, 독서, 공부, 낙서의 일상생활이 계속되었다. 나는 남은 여생 동안 계속 그렇게 할 수 있을 것 같았다. 돈이 떨어지면 다시 죽을 때까지 매일 일하러 가야 한다는 생각이 나를 피곤하게 했다. 내가 금년 말에 죽건 10년 뒤에 죽건 무슨 상관인가? 다시 일하러 가길 거부한다면 어떤 일이 벌어질까? 거지나 도둑이 될까? 다른 선택은 없을까? 되돌아보면 그 무렵에 자살하겠다는 생각이 이미 내 마음 한 쪽에서 움트고 있었던 것을 알 수 있다. 결심을 할 시간은 충분히 있었다.50쪽

그래서 그는 수산염을 다량 구입하여 물을 반쯤 채운 약병에 수산염 알갱이들을 집어넣고 신문지에 싸서 신음소리도 들리지 않을 정도로 도시 바깥으로 나갔다.

삶과 죽음이 갈리는 갈림길의 탱탱한 긴장 속에서 그는 번민 가운데 이승과 저승의 문턱을 기웃거렸다. 그러나 그는 죽음의 계곡을 건너 이 세상으로 방향을 돌렸다.

나는 약병을 고쳐 들고 열병에 걸린 사람처럼 속으로 되뇌었다. '이 거

리가 끝이 없다면 좋겠다. 영원히 걸을 것이다. 발은 피곤하지 않을 것이다. 초조해하거나 불평하지도 않을 것이다.' 나는 초록빛으로 뒤덮인 들판과 과수원을 굽이굽이 돌며 푸른 바다로 달려가는 길을 생각했다. 배낭을 가볍게 흔들면서 팔다리를 움직여 길을 걷는 것만큼 즐거운 일은 없을 것 같았다. 그때 왜 갑자기 생이 끝없는 길로 느껴지면서 은연중에 자살에 대한 반발이 생겨나게 되었는지 알 수 없었다. 그때까지 나는 흙탕길을 걷고 있었다. 교수대 같은 유정 탑들이 어렴풋이 눈앞에 나타났다. 길의 왼쪽으로 펼쳐진 들판에는 키가 큰 유칼립투스가 한 그루 서 있었다. 나는 울퉁불퉁한 땅바닥 때문에 계속 비틀거리며 그곳으로 향했다. 병을 감싼 신문지를 풀어헤치는 동안 열병에 걸린 것처럼 갖가지 생각들이 이어졌다. 마개를 열고 한 모금을 마셨다. 무수한 바늘들이 입안을 찌르는 것 같았다. 그러나 그때 갑자기 격정이 폭발했다. 나는 수산을 내뱉고 계속 침을 뱉으며 기침을 했다. 그리고 입술을 닦으면서 약병을 멀리 날려 보냈다. 어둠 속에서 약병이 툭 하고 떨어지는 소리가 들렸다.[54쪽]

저승의 문턱 앞에서 기웃거린 호퍼가 이승으로 되돌아온 것은 베토벤의 〈환희의 송가〉와도 같은 것으로 보인다. 그런데 이 넓은 세상이 저 고독한 방랑자를 보살피고 감싸 안을 수 있는 따뜻한 손길이 없는 것에 대해서도 우리의 마음을 아프게 한다. 그냥 어릴 적부터 부모를 잃으면 마냥 나락으로 떨어져야 할 운명인지 참으로 안타까운 일이 아닐 수 없다. 그러나 우리의 호퍼는 마치 자살을 하려고 방황하다 자연에 영감을 얻고 되돌아와 〈전원 교향곡〉을 작곡한 베토벤과 같은 모습을 하고 있다. 자살은 고귀한 인격의 예지적 자아가 고통스런 현상적 자아에 굴복한 것이라는 칸트의 규명을 반영해볼 때, 그는 결코 현상적 자아에 굴복하지 않았던 것이다.

마치 〈환희의 송가〉를 발로 뛰면서 부르는 호퍼의 모습을 우리는 엿볼 수 있다.

나는 계속 침을 뱉고 기침을 하면서 허겁지겁 흙탕길로 올라왔다. 길을 달리자 시멘트 포장도로가 나왔다. 포장도로 위로 퍼지는 내 발자국 소리가 박수 소리 같았다. 나는 흥분에 휩싸여 혼자 중얼거렸다. 나는 붐비는 사람들 사이로 끼어들 때까지 계속 뛰었다. 가로등과 점멸하는 신호등, 벨소리, 전차, 자동차 등 인간이 만든 모든 것이 나의 살과 뼈의 일부인 것 같았다. 나는 탐욕스런 식욕을 느끼며 카페테리아로 걸음을 옮겼다. 음식을 삼키면서 나는 생이 길이라는 비전 — 어디로 가는지, 그 위로 무엇이 가는지 모르는 채 굽이굽이 끝없이 이어지는 길 — 이 다시 머리에 떠올랐다. 도시 노동자의 죽지 못해 사는 일상에 대해 내가 생각해본 적이 없는 대안이 거기에 있었다.[55]쪽

여기서 호퍼는 '인생은 길이라는 비전', 인생은 영락없이 여로라는 진리에 눈을 뜬다. 인생은 나그네이고 잠시 지구에 체류하지만, 이 체류마저도 시간의 컨베어시스템 위에 놓여 있는 것이다. 호퍼는 자신의 거듭난 이 체험을 "노동자는 죽고 방랑자가 태어났다"[55]

쪽고 한다. 그는 길 위의 방랑자이고 그런 철학자이다.

죽음의 문턱에서 되돌아왔지만, 그에게 무슨 특별한 희망이 기다리는 것은 아니었다. 그러나 호퍼는 불안해하지 않았다. 그의 말대로 "나는 1931년부터 제2차 세계대전이 발발할 때까지 10년 동안을 길 위에서 보냈다. 자살에 실패한 뒤 조그만 보따리를 어깨에 메고 로스앤젤레스를 떠날 때 내 마음은 가벼웠다."58쪽

그는 가벼운 마음으로 걷다가 애너하임으로 가는 화물차를 얻어 탈 수 있었다. 운전사는 호퍼가 어디로 가는지 물었다. 그러자 호퍼는 "나는 목적지가 없이 무작정 걸어가고 있다"59쪽고 말했다. 하기야 화물차 운전사가 어찌 호퍼의 상황을 알겠는가. 그러면서 "사람은 목표를 가져야 합니다. 희망 없이 사는 것은 좋지 않아요"라고 응했는데, 이는 호퍼에 의하면 운전사가 괴테의 말을 인용한 것인데, "사람은…… 용기가 없으면……"59쪽이라는 것이다. 그러나 운전사의 이 말도 세상에 통용되는 금언으로 보인다. 희망을 가지면, 그 희망을 실현하기 위해 삶을 불태우기 때문이다.

그런데 호퍼에게는 특별한 희망이라는 게 없다고 보는 게 맞을 것이다. 그는 그러나 희망이 없는 상황에서 용기를 갖는 것이다. 희망이 없는 상황에서도 용기를 갖는 것은 철학자가 할 수 있는 일이다. 마치 P. 틸리히의 '존재에의 용기'와도 같은 것이 아니겠는가. 호퍼는 도서관을 나오면서 레스토랑 창문에서 "접시닦이 구함"이라는 광고를 보고 곧장 거기서 일을 시작했다.

호퍼는 다시 길을 나섰는데, 걸어서 샌디에이고San Diego로 가면

서 갖가지 농사일에 아르바이트를 구하였다. 밭 갈고, 가지 치고, 농약 뿌리고, 건초 쌓고, 물 대고, 묘목농장에서 일하고, 나뭇가지를 접붙이는 방법도 배웠다고 한다.^{63쪽} 그러나 정작 샌디에이고에서는 일자리를 구하기가 어려워 수중에 돈이 떨어지기 전에 이 도시를 떠날 셈이었다. 어느 날 호퍼는 길을 걷다가 도매시장에서 트럭에 가득 실은 양배추를 내리는 일을 도와주었다. 트럭 운전사는 호퍼를 엘센트로^{El Centro}까지 태워주겠다고 약속하여, 새벽녘에 엘센트로의 외곽에 도착하였다. 거기서 걷던 호퍼에게 모터사이클을 탄 경찰관이 그를 붙잡아 역 근처의 수용소로 데려갔는데, 그곳은 시에서 떠돌이 노동자에게 먹을 것과 잠자리를 주는 곳이었다. 호퍼는 회고하기를 "엘센트로의 임시수용소에 머물게 된 것이 나의 모든 사고를 물들이게 된 계기가 되고, 다음 50년 동안 내가 쓰게 될 모든 글의 씨앗을 키우게 하는 계기가 되었다"^{71쪽}고 한다. 말하자면 엘센트로의 임시수용소는 호퍼에게 사상가와 저술가로서의 잠재력을 실현할 수 있는 이상적인 환경이 되었던 것이다.

여기 임시수용소에서는 200여 명의 사람들이 있었는데, 다들 호퍼와 비슷한 떠돌이 노동자들이었고, 이들 중 더러는 농장과 과수원에서 함께 일한 이들도 있었다. 그런데 이들 막노동자들 중에는 장애인들^{심지어 외팔이, 절룩발이, 목발을 한 사람, 손상된 얼굴 등등}이 하나 걸러 한 명씩이나 되는 걸 눈치채고서 호퍼는 자신을 포함한 임시수용소의 사람들을 곧 "인간 쓰레기더미"^{73쪽} 혹은 "질서 잡힌 사회의 하수구 속에 놓여 있는 자"^{74쪽}라고 한탄했다. 그래도 호퍼는 이들보다는 훨씬 건강했기에 자기 비하를 하지 않기로 했다. 이들 막노동자들이 "정상적이고 안정된 것의 반열에 발을 들여놓을 수가 없어, 현재의 생존방식과 같은 수렁으로 빠져든 것이었다".74쪽 그럼에도 불구하고 세상에는 구미가 당길 만한 일거리가 분명히 있을 것이고, 그것을 알면 거기에 매달려 불안정한 생활을 영원히 청산할 수 있을 것이라는 생각이 호퍼에게 들었다.

호퍼의 예리한 시각은 이들이 불편한 신체로도 살려는 의지를 갖고 있다는 것, 사막을 꽃피우게 하는 개척자의 정신이 있다는 것을 알고 적잖은 충격을 받았다. 살려는 의지를 아름답게 봐야 하는 것은 A. 슈바이처의 철학이다. 호퍼는 여기서 한걸음 더 나아가 신체적 약자도 불굴의 개척 정신을 갖고 있다는 것을 체득한 것이다. 인공발목으로 달리기를 하고, 오체 불만족의 신체로도 삶을 불태우며, 발로서 그림을 그리는가 하면 세 손가락으로 피아노를 두들기는 이들도 저들과 비슷한 부류의 사람들일 것이다.

여기 엘센트로의 임시수용소에서 호퍼는 4주 동안 막노동일을 하고 또 깊은 사유의 세계를 거닐었다. 이곳에서 멀리 떨어진 곳에서 건초 쌓는 일을 하다가 갖가지 농장들대추야자 숲, 포도원, 알팔파 농장 등등이 있는 곳을 빠져나와 이들 농장들과 사막의 경계선에 다달았는데, 이 사막을 수용소의 사람들이 달려들어 개척에 돌입하면 좋겠다는 생각을 했었다. 더 이상의 낮은 반열로 내려갈 곳이 없는 사람들이 살려는 의지를 불태우는 곳은 그야말로 무섭기 때문이다.

실로 안락한 집을 떠나 일부러 고난의 황야를 찾아가는 인간은 오히려 드물고, 성공을 거둔 사람은 제자리에 안주하는 것이 통례이기에, 오히려 더 이상의 낮은 처지로 내려갈 수 없는 자들이 개척자로 나설 수 있는 것이다. 영국의 전과자들이 오스트레일리아의 정착 과정에서 선도적 역할을 했고, 러시아의 유배자와 죄수들도 시베리아로 갔다. 미국의 초기 개척시대에도 실패자나 도망자, 심지어 흉악범들도 있었던 것이다.75~76쪽 참조

호퍼는 임시수용소의 사회적 약자, 나아가 신체적 약자들에게서 "약자들에게서 분출되는 강렬함"76쪽을 목격하면서 니체와 로렌스의 사상을 비판한다.

약자의 감화력에서 퇴폐나 퇴행으로 이어지게 될 속성을 보았던 니체와 D.H. 로렌스와 같은 이들은 중요한 핵심을 놓치고 있다. 인간을 유례가 없는 종일 수 있게 해주는 것은 바로 그 약자들의 특이한 역할이다.76쪽

약자들에게서 퇴행이 아니라 '새로운 질서 창조의 산출'을 볼 수 있는 것이다. 니체의 "모든 가치를 뒤엎는 가치"와 "힘에의 의지" 및 "사자의 윤리"로 약자와 "낙타의 윤리"를 비난했던 니체는 "강자의 주먹"을 정의로 규명한 소피스트의 사상과 별반 다를 바가 없다.

호퍼는 엘센트로의 임시수용소에 머물렀던 4주일을 그의 "일생에서 가장 생생하게 기억되는 기간"으로 여기고, 또 그의 인생에서 그토록 "경쾌하고 풍요로웠던" 때였다고 여기며, 중요한 철학적 구상의 대부분은 "군중 속에 휩쓸려 있을 때" 태어났다고 한

다.77쪽 사회적-신체적 약자들, 심지어 사회적 적응 불능자들로부터 분출되는 강렬함을 발견하고 이를 글로 옮긴 것만으로도 호퍼는 스스로 '행복한 사람'으로 여겼으며, "인생이 아름답게 느껴졌다"고 한다.81쪽

또한 호퍼는 임시수용소의 노동자들과 친근한 우의를 나누었으며, 선원으로 일하면서 세계 곳곳을 누빈 오브라이언O'Brien이라는 자가 여성 편력을 자랑하며 허풍을 떨어대는 데에서 「오브라이언이라는 이름은 대단해」라는 제목의 작시作詩를 했는데, 이 시는 캘리포니아 민요의 일부가 되었다고 한다.78~80쪽

호퍼는 임페리얼 계곡에 머물며 채광업자에게 투자할 충분한 돈을 모을 때까지 사탕무를 솎아내는 일을 비롯해 각종 과일과 채소를 수확하는 일을 계속했다. 이어서 그는 넉 달 동안 사금을 씻어내는 고된 노동을 하였는데, 새크라멘토에서 한 주머니의 사금과 바꾼 돈으로 넉 달 동안 독서와 저술 등 연구에 전념하였다. 이어서 그는 인근의 배밭에서 노동을, 힐즈버그Healsburg에서는 이탈리아인들이 경영하는 자두농장에서 호의와 우정을 나누며 노동을 계속하였다.

그 이후 호퍼는 닐스Niles의 묘포장에서 일하면서 모종의 뿌리가 왜 아래로 자라고 줄기는 위로 자라는가에 대한 — 어쩌면 지극히 당연한 이치이지만 — 의문을 곱씹기 시작했다. 그는 한편으로 이런 의문을 누군가 품은 이가 있을 것이고, 또 어떤 이는 그 해답을 찾은 이도 있을 것이라고 생각했다. 호퍼는 이 의문을 자세히 해결

하기 위해 곧장 품삯을 챙겨 산호세San Jose 근처로 가는 화물열차를 탔다. 그는 도서관에 들러 식물학에 관련된 서적들을 읽고 또 몇 권을 빌려서 배낭 속에 넣어 다니며 틈틈이 읽었다.

그러던 중에 호퍼는 우연하게 스틸턴Stilton 교수를 만나 대학의 연구소로 들어가는 기회를 얻었다. 호퍼는 버클리에서 겨울을 보내며 파트타임으로 웨이터 보조로 일하고 있었다. 그는 테이블 위의 빈 접시들을 치우다가 어떤 나이 든 남자가 두꺼운 책을 펼쳐놓고 분통을 터뜨리는 어투로 중얼거리는 소리를 들었다. 이때 호퍼는 "재미 삼아 내가 도울 일이 없느냐"94쪽고 물었는데, (아마도 손님은 웨이터 보조의 이러한 제안에 어이가 없는 듯) 손님은 놀란 눈으로 호퍼를 올려다보며 싱긋 웃었다고 한다.94쪽

이 손님은 식물의 백화 현상에 관한 독일어 서적을 읽고 있었고, 곁에는 독영사전을 두고서, 독일어의 어려움에 대해 애를 먹고 있었던 것이다. 호퍼는 독일어를 잘 알고 있었기에, 실로 이 손님에게 도움을 줄 수 있었던 것이다. 손님은 웃으며 자신은 캘리포니아대학교 감귤연구소의 소장이라고 소개하고, 이 지방 남부의 레몬재배지역에 출현한 백화 현상에 관해 연구한다고 했다. 이 분야에 관한 연구가 독일어로 쓰져 있었기에, 노 교수는 호퍼에게 자신의 연구소에서 일할 생각이 없는지에 대해 물었는데, 호퍼는 이 제안을 받아들여 연구소의 일원이 되기로 하였다.

호퍼는 독일어를 번역하는 일뿐만 아니라 독자적으로 저 백화 현상을 연구해 볼 셈이었다. 그때까지 레몬의 백화 현상은 수분의

부족 때문에, 혹은 어떤 화학비료의 유독성 불순물이 뿌리에 작용해 해를 끼친다고 추정되었다. 그러나 이러한 방식, 즉 흙을 정화하는 것이 적절한 치유책이 아니었다. 호퍼는 뮤헤Muehe의 책 속에서 그 해결책을 발견했는데, 그것은 "흙 속에 극소량의 붕소도 백화 현상을 일으킬 수 있다"95쪽는 지적이었다. "그래서 나는 질산염 비료를 나트륨 질산염이 아니라 칼슘 질산염 형태로 해서 주면 칼슘이 붕소와 결합하여 불용성 화합물이 되고, 따라서 뿌리에 해를 끼치는 성분들을 중화시킬 수 있다는 결론을 얻게 되었다."95쪽

호퍼는 백화 현상 때문에 걱정하는 레몬농장에 칼슘 질산염을 써보라고 했고, 스틸턴 교수에게는 이 농장에 확인전화를 해보라고 말했다. 결과가 나오기까지 며칠을 기다렸다가 스틸턴 교수는 백화 현상이 해결되었다는 사실을 알고 호퍼에게 달려와 활짝 웃으며 두 팔로 껴안고는 "됐어! 우리가 백화를 잡았어!"96쪽라고 고함을 질렀던 것이다.

그런데 호퍼는 이렇게 훌륭한 성취를 이룩했고, 스틸턴 교수는 그에게 훌륭한 새 제안을 했지만, 수정 같이 맑은 호퍼의 양심은 이 제안을 받아들이는 게 자신의 분수에 맞지 않다는 것을 알고 또다시 길 위로 나선다.

그는 연구소라도 나에게 넘길 태세였다. 그러나 나는 본능적으로 아직 내가 정착할 때가 아니라는 것을 알고 있었다. 나는 다시 길 위로 돌아갔다.96쪽

언젠가 호퍼는 산 위에서 일을 했던 때가 있었는데, 눈에 쌓인 산 위에서 발이 묶였을 때 미리 준비해 간 몽테뉴의 에세이들을 읽고 많은 감동을 받았다고 회상했다. 그는 샌호아킨 계곡에서 목화 따는 일을 했을 때 동료들에게 몽테뉴의 수상록에 관한 얘기를 많이 했었고, 동료들은 많은 관심을 보였다고 한다. 특히 젊은 이탈리아 청년 마리오와는 우정을 깊이 쌓는 계기가 되었다.

그때 노동자들은 노천생활을 했는데, 끼니를 해결하기 위해서는 식료품 가게에서 사 오곤 했다. 그런데 한 번은 마리오가 요리를 잘 한다고 호퍼에게 식료품 가게에 가지 말 것을 제안했다. 마리오는 훌륭한 요리를 하여 호퍼와 함께 식사를 하고, 와인과 브랜디를 마셨으며, 시가를 즐기는 등 그야말로 저녁식사를 축제로 만들었다. 그렇게 몇 주일이나 보냈는데, 어느 날 저녁에 호퍼가 독재자 무솔리니Mussolini에 대한 이야기를 하면서 "왜 고상한 이탈리아 민족이 천박하고 골 빈 돌팔이가 자신들을 학대하게 놔두는지 이해할 수 없다"101쪽고 했는데, 마리오의 얼굴은 딱딱하게 굳어졌고 벌떡 일어나 자기 짐을 들고 가버렸다고 한다.

그 이후 호퍼는 산타로사Santa Rosa의 근처에 있는 트랜턴Trenton 가족의 농장에서 홉을 따는 일을 했다. 부인과 남편 및 세 아들들은 호퍼와 일군들을 다정하게 맞아주었으며, 함께 노천에서 생활하고 별이 빛나는 밤에 함께 요리하고 노래하며 춤추는 등 축제와 같은 나날을 보냈다.

호퍼가 버클리에서 겨울을 보낸 기간에는 수확철이나 사금을 채취할 때보다 인간적인 만남의 기회가 — 앞에서 스틸턴 교수와의 만남도 있었지만 — 더 많았다. 호퍼가 한번은 어느 카페테리아에서 웨이터 보조로 일하고 있었을 때, 어떤 모임에 가는 신사의 양말에 구멍이 난 것을 목격하고서 바늘과 양말에 맞는 색의 실을 가져와 그 구멍을 꿰매어주었다. 그 신사는 껄껄 웃으며 지갑에서 20달러를 꺼내어 호퍼에게 건네었다. 호퍼는 그러나 이를 거부하며 "내 마음의 평화를 유지하기 위해 그렇게 했을 뿐이라고"¹¹¹쪽 했다.

이 신사는 자기가 에드워드 몰Edward Mohl이라고 소개하고 서로 인사를 나누고는 헤어졌다. 그런데 이 신사는 다음 날 같은 시간에 이 카페테리아로 찾아와 멋진 금시계를 호퍼에게 선물로 건네었다. 이 시계엔 "에릭 호퍼에게, 그의 배려에 감사하며. E. M.으로부터"라는 글귀가 새겨져 있었다. 호퍼는 그에게 따뜻한 감사의 말을 전했고, 둘은 몇 시간 동안이나 이야기를 나누었다고 한다. 우리는 여기서 타자를 배려하는 호퍼의 인격을 들여다 볼 수 있고, 나아가 두 사람 모두 타자를 위한 따뜻한 호의의 싸움을 하고 있다는 것을 목격한다.

버클리에서 그야말로 호퍼의 인생을 뒤흔든 운명적 사건이라고 할 수 있는 것은 헬렌Hellen과의 만남이었다. 호퍼가 어느 여름날 아침에 카페테리아의 야간근무를 마치고 나오면서 새터크 가에 기차가 멈추는 것을 보았는데, 이 이른 아침에 두 여성이 가방을 들고 내리는 것이었다. 타자에게 친절을 베푸는 것이 호퍼의 천성이기에, 그는 다가가 "제가 도와 드릴 일이 없을까요?"라고 물었다. 그녀들은 어리둥절하였으나, 밤새 기차를 타고 온 외지인으로서 배가 고팠던 모양이었다. 호퍼는 그녀들의 짐을 메고 카페테리아로 들어와, 그녀들에게 식탁을 잡아주고 오렌지 주스와 과일, 햄과 계란으로 식사를 했는데, 호기심 어린 눈으로 호퍼를 쳐다보았다.

그녀들은 캘리포니아대학교의 여름학기에 등록하여 버클리에 머물 셈이었고, 방을 구해야 하는 처지에 있었다. 호퍼는 밤에 일하지만, 낮에는 시간이 있다는 것, 그녀들이 방을 빌릴 만한 곳을 알고 있다고 하고서, 이미 알고 있는 유클리드 가Euclid Avenue의 언덕 위에 있는 파크Park 씨를 찾아갔다. 그녀들은 방세도 적당하고 해변이 훤히 내려다보이는 그 집이 마음에 든다고 하였다. 호퍼는 그녀들에게 수화물 표를 달라고 하여, 짐을 찾아다 주면서 한 아름의 꽃도 건네었다고 한다. 그가 작별인사를 할 때 그녀들은 입을 다물지 못하고 서 있었다고 한다.113쪽

호퍼는 버클리에서 대단히 중요한 인사들을 만났다고 했는데, 이제 그의 평생 동안 잊혀지지 않은 아리따운 여성 헬렌과의 만남을 — 운명이 건네는 선물을 그러나 그는 덥석 받지 않았다 — 들여다보자. 너무나 아름다운 문학적 얘기를 손상시키지 않기 위해 호퍼의 말을 그대로 인용해보기로 하자.

그 처녀들을 만난 지 일주일쯤 뒤에 헬렌이 카페테리아로 들어오는 모습을 본 것은 자정이 지난 무렵이었다. 나는 그녀를 맞으러 달려나갔

다. 그녀는 두 팔로 나를 껴안고 키스를 했다. 손을 잡고 우리는 식탁으로 갔다. 우리는 말없이 서로를 쳐다보았다. 그녀의 갈색 눈이 너무 그윽해 서서히 두려움이 일기 시작했고 그 때문에 심장이 뛰었다. 운명이 나를 휩쓸고 지나가는 것을 느꼈다. 운명은 나에게 무엇과도 견줄 수 없는 선물을 안겨주었다. 내가 그 선물을 받을 만한 자격이 있을까? 나는 그 순간부터 내가 전혀 다른 사람이 되었다는 것을 알았다. 내가 어디로 가건, 내가 어디서 끝이 나건, 그 믿을 수 없이 다정한 얼굴은 나와 함께 있을 것이다. 50년이 지난 지금도 나는 손을 뻗어 만져 보고 싶을 정도로 생생한 그녀를 눈앞에 보고 있다. 그녀가 물었다. '왜 집에 한 번 오지 않았죠?' 나는 말했다. '주제넘은 웨이터 보조로 보일 게 싫어서……' 그녀는 머리를 저었다. '당신이 뭘 하건 그게 무슨 상관이죠? 당신은 보기 드물게 고귀한 사람이에요. 우린 누구에게든 당신 이야기를 하고 다녔어요. 부디 우리 친구가 되어 주세요. 저녁에 오세요. 프레드Fred가 멋진 저녁상을 차릴 거예요. 우리 함께 식사해요. 그 애는 뛰어난 요리사예요.117쪽

카페테리아는 늦은 밤이라 거의 비어 있었고 둘은 서로 손을 잡고 경이로운 눈으로 마주보며 앉아 있었다. 그러다가 헬렌은 호퍼가 틈틈이 읽고 있는, 팔꿈치 아래에 둔 책이 무엇인지 물었는데, 도스토옙스키의 『백치』라고 답하고, 해마다 이 책을 읽는 이유를 말하자 "그녀의 눈은 환희로 반짝였다".117쪽 헬렌이 집으로 돌아갈 시간에 호퍼는 택시를 잡아 주었는데, 차가 떠날 때 헬렌은 또다시

호퍼에게 키스를 했다. 호퍼는 깊은 기쁨에 휩싸였다.

> 나는 그 자리에 서서 깊은 감동에 휩싸였다. 이게 현실일까? 세상에서
> 가장 아름답고 소중한 처녀가 자정이 지난 시간에 찾아와 나에게 사랑
> 한다고 했다. 열등감은 없었지만 나는 아름다운 처녀가 내 어깨를 끌어
> 안고 키스를 하면서 날 사랑한다고 할 줄은 꿈에도 상상하지 못했다.
> 내가 예외적인 인간이라는 것을 믿을 수 없었다.118쪽

　다음 날 저녁에 호퍼는 두 처녀들이 사는 파크 씨의 집으로 갔
다. 프레드가 요리하러 부엌으로 갔을 때 헬렌은 호퍼의 허리를 팔
로 감싸 안은 채 둘은 희미하게 빛나는 해변을 내려다보았다. 프레
드가 미트로프와 부르군디 와인, 갓 구운 이탈리아 빵으로 식탁을
차려 모두 훌륭한 식사를 했다. 두 여성들은 호퍼의 생활을 자상하
게 알고 싶어 계속 질문을 던졌다. 호퍼는 사실대로 여러 농장에서
농산물을 수확하고 사금을 채취하며 버클리에서 겨울을 보내는
일 년 동안의 여정을 얘기해주었다.
　그녀들은 호퍼가 사금을 채취하고 있다는 사실에 무척 놀라워
했는데, 마침 사금가루를 담은 작은 병을 호퍼로부터 건네받았다.
밤 10시가 되었을 때 호퍼는 집으로 돌아왔으며, 그 이후 저녁마다
그들은 함께 식사를 하고 차를 마시며 얘기를 나누었다. 그런데 호
퍼는 그들이 호퍼의 재능에 대해 과대평가를 하는 것에 큰 부담을
가진 것으로 보인다. 호퍼는 ― 지난번에 스틸턴 교수의 제안에 오

히려 연구소를 떠났듯 — 자신의 분수에 맞지 않는 사랑을 받아들이지 않기로 하고 아픈 마음을 끌어안은 채 길 위로 돌아가기로 결심했다.

개학이 되었을 때 호퍼는 헬렌과 가끔 캠퍼스에서 만나 학생식당에서 점심을 같이 먹기도 했다. 헬렌은 호퍼가 대학에서 고등수학과 현대물리학 과목을 청강하는 것이 가능할 것 같다고 하면서 버클리에서 함께 일 년을 보낸다면 좋겠다고 하고, 프레드는 호퍼의 "대단한 재능을 허비하는 것은 죄악"121쪽이라고까지 했다. 또한 헬렌은 호퍼가 이론화하는 재능으로 놀라운 일을 할 수 있다고 하며, "물리학 분야에서 어느 누구보다도 잘 할 수 있다고 확신했다".121쪽 심지어 수학에 대한 호퍼의 비범한 능력으로 "또 다른 아인슈타인이 될 수 있다"121쪽는 것이었다.

물론 우리는 호퍼의 훌륭한 인품을 알고 있다. 그러나 호퍼는 적어도 당시에는 자신에 대한 과대평가에 큰 부담을 느꼈던 것이다. 그래서 호퍼는 아픈 마음을 끌어안고 — 마치 소크라테스의 다이몬의 목소리를 들은 것처럼 — 길 위로 돌아가기로 결심했다.

별 의미가 없는 일이었다. 그녀들은 나를 원더맨으로 만드는 것이 자신들의 의무라고 작심하고 나섰다. 그러나 그건 순전히 미친 짓이었다. 나는 헬렌을 깊이 사랑했다. 그러나 그녀들의 기대를 정당화하는 데 얼마 남지 않은 내 인생을 소비하는 것은 불행한 일이라는 생각이 들었다. 물리학 분야의 사람들은 곧 나를 협잡꾼으로 여길 것이다. 내 재능이 뛰어나다는 말을 나는 믿지 않았다. 그녀들과 함께 살면 나는 한순간의 평화도 갖지 못할 것이라는 생각이 들자 즉각 행동으로 옮겨야 했다. 나는 길로 돌아가기로 결심했다. 수확철이 다가오자 나는 그녀들에게 작별 인사도 하지 않고 버클리를 떠났다.121쪽

비록 사랑에 대한 아픔이 밀어닥치더라도 양심의 명령에 따르는 호퍼의 결단에 우리는 놀라워하지 않을 수 없다. 세상에는 자기의 분수에 넘치는지 저울질도 하지 않고 덥석 물고 늘어나는 경우가 얼마나 많은가! 심지어 자신의 약점이나 부족함 내지는 부족한 인격이나 치부를 몽땅 숨기고 상대방을 소유하려는 것은 세상에 얼마나 흔히 일어나는 일인가. 그래서 세상은 불행한 경우가 더 많을 것이다.

진실로 헬렌을 사랑했지만, 과분한 사랑으로 여겨진, 말하자면 자신의 분수에 넘치는 사랑을 받아들일 수 없는 고통을 감수하며 길 위로 떠난 호퍼는 엄청난 후유증에 시달린 것으로 보인다.

그녀들과의 이별로부터 회복되는 데에는 몇 년이 걸렸다. 실제로 완전히 회복된 적은 없었다. 마음이 찢어지는 것 같았을 뿐 아니라 내 몸도 균형을 잃었다. 부스럼이 나고 눈이 침침해졌다. 안경을 사야 했다. 나는 버클리를 피해 새크라멘토에서 겨울을 보냈다. 내 생애에 처음으로 외로움을 느꼈다. 모든 것을 잃고 포기한 사람은 자신이 오고 간 궤적을 잃어버리게 된다.122쪽

아마 ― 호퍼는 『길 위의 철학자』에는 쓰지 않았지만 ― 헬렌 또한 호퍼 못지 않게 홍역 같은 사랑의 아픔을 앓았을 것으로 보인다. 불면의 밤도 보냈으리라. 그러나 호퍼가 평소 자신에 대한 과대평가에 부담을 갖고 있었다는 것, 웨이터 보조라는 신분으로 적극적으로 헬렌에게 다가가지 못한 사실을 이해했기에, 사랑의 아픔을 극복했으리라고 여겨진다. 과분한 사랑으로 부자유스러움을 느낀 호퍼는 마음의 평화와 자유를 찾아 떠난 것이다.

이루어지지 않는 사랑에 대해서는 상대방의 아픔을 읽을 수 있어야 한다. 말하자면 상대방이 극도의 고통에 처하게 해서는 안 되는 것이다. 이를테면 신라의 3대 고승이자 화엄종의 기초를 세운 의상대사의 경우이다. 그가 당나라에서 유학할 때 하숙집의 선묘라는 처녀가 의상을 깊이 사모하게 되었다. 그가 사찰에 들어가 공부를 마치고 하숙했던 집에서 짐을 챙겨 선묘에게 알리지도 않고 신라로 돌아갔다. 뒤늦게 이 사실을 안 선묘는 부둣가로 가서 용이 되어 신라로 가겠다고 물에 빠져 죽은 것이다. 『삼국유사』에는 선묘가 용이 되어 신라로 따라왔다고 하지만, 이는 안타깝게도 단지 신화적 표현일 것으로 보인다.[11]

물론 의상은 승려의 신분인데다 자신의 의지가 확고하다면 선묘의 청을 거부할 수 있다. 그러나 그가 선묘의 죽음에 대한 원인 제공자이기에, 도덕적 책임이 없을 수 없다. 그래서 어떻게든 자신의 승려 신분을 감안하여 선묘를 설득하고 절제하도록 해야지 ― 어떤 경우이던 선묘에게 사랑의 고통이야 없앨 수 없겠지만 ― 죽음에 이르게 해서는 안 되는 것이다.

또 하나의 사례는 석가모니의 사촌이자 그의 10대 제자 중에 한 사람인 아난의 경우이다. 아난은 산 위의 사찰에 거처하면서 하루에 한 번씩 정해진 시간에 아랫마을로 탁발을 나갔다. 그런데 동네 처녀 가운데 한 사람이 아난에 반하여 이 탁발승을 보기 위해 문틈으로 내다보며 기다리는 일이 잦아졌다. 그런데 한 번은 아난의 매력에 혹하여 부끄러움도 잊고 아난의 얼굴을 빤히 쳐다보았다. 그러자 아난은 "제 얼굴에 뭐라도 묻었는지요?"라고 물었는데, 이 처녀는 수줍어하면서 "아닙니다. 스님 눈이 너무도 예뻐서요"라고 답했던 것이다. 그러나 아난은 주저없이 자신의 손가락으로 눈알을 후벼내어 이 처녀에게 주었던 것이다.[12]

아난의 신앙의 절개야 높이 살 수 있지만, 과연 마을 처녀가 두 눈알을 받기 원했을 것이며, 또한 아난이 소경이 되기를 원했을까? 물론 아난의 경우는 그 아름답게 여겨진 눈이 동시에 징그럽기도 하고, 사랑과 미움도 하나라는 것을 깨달아 중도의 진리를 보이려고 했는지 모른다. 그러나 저 마을 처녀가 얼마나 고통에 시달렸는지도 헤아릴 수 있어야 한다. 아난은 다른 마을로 탁발을 나갈 수도 있었고, 다른 이들을 내보낼 수도 있었지 않은가. 마을 처녀가 아난에게 매혹 당하는 것도 자연 현상인 것이다. 그래서 승려의 신분으로 그 사랑에 응하지 않기 위해 다른 방도를 찾아야지 타자를 도탄에 빠뜨리면 안 되는 것이다.

이제 다시 호퍼에게로 돌아가자. 그는 길 위에서 떠돌다가 목화

밭과 철도에서 일을 했다. 목화밭에서는 앤슬리George Ansely라는 훌륭한 인격자를 만났는데, 점차 가까운 친구관계로 발전되어갔다. 호퍼는 그에게서 참신한 인상을 받았고, 헬렌과도 유사하게 "가장 고상한 인간 유형"126쪽으로 여겼다. 그러나 화물열차를 타고 갈 때 앤슬리가 호퍼가 있던 화물칸으로 이동시 잘 못하여 철로로 빨려 들어가 엄청난 비극적 사건이 벌어졌고, 앤슬리는 죽고 말았다. 병원에서 친구의 죽음을 목격하고서 한동안 절망 속에 살았었다.

> 나는 지치고 멍한 상태로 병원에서 나왔다. 몹시 위축된 기분이었고, 수확과 사금 채취의 여정을 다시 시작할 의욕이 없었다. 전형적인 떠돌이 노동자의 수동적이고 떠도는 일상을 따라다닐 힘이 거의 없었다. 새크라멘토로 돌아갈 생각도 없었다.130쪽

이렇게 끙끙 앓다가 호퍼는 스톡턴Stockton으로 가서 수확철의 농장 일을 하였고, 트레이시Tracy에서는 술고래 양치기 애브너와 함께 3주일 동안 양치는 일을 했었다. 애브너는 그러나 지극히 양들을 사랑하여, 이 양들을 가축 수송차에 싣는 것을 방해하다가 경찰에 진압되고 정신병원으로 끌려 갔다고 한다.142~143쪽

그 이후 호퍼는 프레스노의 '독특한' 농장주 쿤제Arthur Kunze에게서 2달 동안 건초 일을 하였다. 쿤제는 노동자들을 잘 대우하였다. 그의 농장에서 제공하는 음식은 훌륭했고 풍성했으며, 쿤제는 노동자들과 함께 식사를 하고 대화하기를 좋아했다. 호퍼의 재능을

알아본 쿤제는 어느 날 저녁에 호퍼를 자신의 저택으로 초청하였다. 호퍼의 떠돌이 노동자생활에 대한 호기심이 많았던 모양이다. 그는 18세가 되면서 샌프란시스코의 벌목장에서 노동을 시작하였다고 했다. 그러나 젊은 벌목장 감독이 늙은 노동자를 (일 못한다고) 멸시하고 구박하는 것을 보면서 벌목 일을 그만 두었다고 한다. 그는 철물상의 서기로 일하다가 25세 때에 이 철물상의 지배인이 되었고, 40세 때에는 큰 철물회사의 사장이 되었다고 한다. 그러나 노후엔 이런 농장을 갖게 된 모양이었다.

이렇게 쿤제는 자신의 살아온 이야기를 하고서는 호퍼에게 노후를 대비할 것을 권고한 것이다.

왜 자네만한 지성인이 인생을 허비하는가? 지금은 모르겠지만 자넨 무일푼의 어찌할 수 없는 노인이 되고 말 걸세. 안정된 노후를 염두에 두지 않고 어떻게 그냥 살아갈 수 있는가?147쪽

오늘날의 용어로 쿤제는 호퍼에게 노후대책을 철저히 할 것을 종용했는데, 미래를 잘 대비해야 한다는 것을 몇 번이나 강조하였다. 그러나 호퍼는 길 위의 떠돌이를 운명으로 받아들였기에, "걱정하지 않는다"고 대답하여 서로 웃었다고 한다.

호퍼에게 보여진 쿤제는 미래에 대한 병적인 두려움을 가졌다고 한다. 그 후 10년이 지난 어느 날 호퍼는『프레스노 비*Fresno Bee*』지의 앞면에 실린 쿤제의 부음 기사를 읽었다. 쿤제의 유언에는

"음악을 비롯한 각 예술 분야에서 창조적인 작업을 육성하기 위해 50만 달러를 프레스노 카운티에 기증한다는 것"과 "프레스노 정거장으로부터 걸어올 수 있는 거리에 위치한 대지 약 6만 705제곱미터에 떠돌이들의 '정글'을 세울 수 있도록 4만 달러를 기부한다는 것"이었다.[151~153쪽] 돈을 벌어 이토록 사회에 환원하는 쿤제의 아름다운 마음이 우리에게 큰 파동을 일으킨다.

한번은 호퍼가 북부 캘리포니아의 한 농가에서 건초 일을 했을 때인데, 아주 고약한 농장주였다. 자신의 말은 자주 쉬게 하면서 노동자들이 한숨을 돌리려고 일손을 멈추면, 이를 못 마땅하게 여겨 심하게 노동을 재촉하고 볶아대었던 것이다. 하루에 10시간씩이나 일을 계속했어야 했다. 힘든 하루 일을 끝낸 어느 날 저녁에 누군가 수조 벽에 걸어놓은 거울조각을 들여다보고 호퍼는 자신의 거칠고 수척한 모습에 깜짝 놀랐다. 호퍼는 즉각 농장주에게 달려가 품삯을 챙겨 새크라멘토로 떠났다.

'영원한 이방인'으로, 떠돌이 노동자로 살아가다가 호퍼는 일본의 진주만 공습사건으로 말미암아 떠돌이를 끝내고 부두노동자로서의 전환을 이룬다. 그는 1941년에 태평양전쟁이 발발하자 군대를 지원했으나 신체상의 이유로 뜻을 이루지 못했지만, "전쟁의 승리에 한 몫을 하기 위해 샌프란시스코로 달려갔다".[162쪽] 운 좋게도 그는 주립 무료직업소개소를 통해 부두노동자 노동조합으로 갈 수 있었다. 호퍼는 부두노동자로서의 25년은 "내 인생에서 결실이 많은 시기였다"[164쪽]고 회상하고 있다. 그는 틈새를 이용해 글쓰기를 계속하였고, 여러 권의 책을 출판했다.

　노년에 들어 호퍼는 자신의 인생사를 돌이켜 보면서 "내게 행복한 순간이 있었던가?"를 묻고 있다. 앞에서도 밝혔지만, 헬렌과의 짧은 순간은 행복했지만, 그러나 그것은 그의 양심이 허용하지 않는 행복이었다.

　내가 정말 행복했던 순간이 있었던가? 헬렌과 함께 한 생활은 진정 행복했다. 그녀가 자정이 지난 밤에 카페테리아에 나타나 두 팔로 나를 껴안고 키스했을 때 무엇과도 비교할 수 없는 드문 행복의 순간을 맛보았다. 그럼에도 그런 드문 순간의 행복은 참된 것이 아니었다. 내가 그럴 만한 가치가 있는가 하는 끊임없는 자격지심과 의혹으로 가득 찬 행복이었다.165쪽

　아픔으로 이어진 그 짧은 행복 때문에 호퍼는 수년 동안 불행에서 벗어날 수 없었다. 그러나 그의 양심은 헬렌을 놓아두는 쪽으로 방향을 잡았었다.

　그러나 호퍼도 — 비록 순간적인 행복이었겠지만 — "하퍼Harper 출판사로부터 『맹신자들The True Believer』을 출판하겠다는 전화를 받았을 때, 나는 오직 한번 참된 행복의 순간을 맛보았다. 운명의 사랑을 받는 불멸의 존재가 평범한 인간 여정 위로 솟아오르는 것 같았다. 내가 그만한 가치가 있는가 하는 의문도, 미래에 대한 두려움도 없었다"165쪽고 한다.

따지고 보면 세상에서 얻는 행복은 다 순간적인 것일 뿐이다. 인생 자체가 순간을 살아가는 존재인데, 그 인생이 여로에서 획득한 행복이야 더 순간적인 것일 따름이다. 그러나 그렇다고 인생이 불행으로만 점철된 것은 아닐 것이다. 호퍼도 "나는 불만을 품었던 적이 없다. 그리고 항상 그렇다고 생각했지만 되돌아보면 세상이 나를 실제보다 더 잘 대해준 것 같다"167쪽고 한다. 어떤 경우이든 자신의 운명을 받아들이는 — 호퍼도 그랬듯이 — 태도가 중요하고, 그 바탕 위에서 미래를 개척하는 자세가 바람직할 것이다.

주지하다시피 노동은 호퍼의 철학과 생애에서 중심축을 이룬다. 그런데 그는 평생 일하면서 사색에 몰두한 것이다. 번쩍이는 사유는 일을 하던 중에 떠오른 것이었다고 한다. 그런데 더욱 의미심장한 것은 호퍼가 어떤 영원한 이방인의 형태로 길 위의 떠돌이 철학자로 살았다는 것이 철학사에서 보기 드문 경우로 여겨진다.

나는 언제나 길을 떠난다. 그곳에 인간의 삶이 있기 때문이다.[13]

이제 글을 맺으면서 몇 가지만 더 언급해보기로 하자. 호퍼는 고된 막노동을 하면서도 읽고 연구하고 배우는 일을 포기하지 않던 것이다. 보통 사람은 고된 노동에 대한 피로를 잊기 위해 술이나 쾌락에 탐닉하는 경우도 허다하지만, 호퍼는 배우는 것을 큰 기쁨으로 여겼다. 그런데 더 나아가 호퍼는 누구나 배우기를 원하는 사회가 '진정으로 인간적인 사회'라고 규명한다.

교육의 주요 역할은 배우려는 의욕과 능력을 몸에 심어주는 데 있다. '배운 인간'이 아닌 계속 배워 나가는 인간을 배출해야 하는 것이다. 진정으로 인간적인 사회란 조부모도, 부모도, 아이도 모두 배우는 사회이다.25쪽

이런 호퍼의 규명은 우리에게 시사해주는 바가 크다. 진정으로 배우려는 태도는 타자와 세상에 대해 겸손한 자세이다. 그러나 우리 사회는 배웠다고, 알량한 지식으로 오만에 젖어 있는 사람이 많은 것으로 보인다. 심지어 아이들과 학생들조차도 입시를 위한 수단으로 억지로 배우는 편이고, 대학생들조차 입신출세를 위한 수단으로 공부를 하는 경향이 강하므로, 이러한 것들은 진정으로 배우려는 자세가 아니다. 더욱이 현대인은 배우는 것보다는 더 부와 재미추구에 탐닉한다.

호퍼는 "독학한 부두노동자–철학자, 사회철학자, 프롤레타리아 철학자 등으로 일컬어진다"고 하지만, 후자의 두 규명인 '사회철학자'나 '프롤레타리아철학자' 등은 별로 온당한 규명이 아닌 것으로 보인다. 그는 인생과 철학 전반에 걸친 학문을 펼쳤고, 무슨 부르주아 계층에 갈등한 그런 노동자 계급의 철학을 하지 않았기 때문이다. 그런데 그는 막노동자–철학자이고 또한 성자–철학자이다. 그는 언제나 자신의 과업에 충실했을 뿐만 아니라 힘든 여건 속에서도 주변의 모든 동료노동자에게 친근한 이웃으로 다가갔다. 그는 따뜻한 인간애를 갖고 살았다.

그런데 '성자-철학자'라는 규명이 다소 낯설게 여겨지는가? 성
직자들이라고 칭해지는 이들은 대체로 그들의 끼니 문제를 타자
에 의존해 해결한다. 신부나 사제, 신교의 목사, 불교의 승려 등 대
체로 그렇다. 그러나 호퍼는 힘들고 구차한 막노동을 하면서 스스
로 해결하였고, 타자에게 손을 내밀지 않았다. 『길가메시 서사시』
에는 신들이 노동을 인간에게 부과하기 위해 인간을 창조했다고
하며, 아리안족들 또한 카스트제도를 꾸며내어 타자에게 노동을
부과하였다. 그래도 호퍼를 '성자-철학자'라고 규명하는 것이 어
색한가?

4. 길 위의 철학자들

M. 베테니티와 S. 포지의 『여행, 길 위의 철학』천지은 역, 책세상, 2017은
철학이 여행과 긴밀하게 연관되어 있음을 잘 드러내고 있다. 이들
은 서문에서 철학과 여행이 긴밀하게 연관되어 있는 것을 다음과
같이 표현하고 있다.

철학과 가장 긴밀히 연결되어 있는 활동이 무엇일까? 독서나 사색, 대
화처럼 정적인 것을 떠올리는 경우가 많겠지만, 놀랍게도 철학과 가장
닮아 있는 활동은 여행이다. 새로운 세계와 만나고 자신을 발견하는 데
여행만한 것이 없기 때문이다.출판사의 「책소개」

철학과 가장 닮아 있는 활동이 여행이라니, 이는 우리의 상식을 뒤엎는 발상으로 보인다. 그러나 M. 베테니티와 S. 포지의 『여행, 길 위의 철학』을 따라가 보면 지극히 자명한 것으로 와 닿는다. 여행은 사유에 침잠할 수 있는 적절한 기회를 안긴다. 위의 저자들은 좀 더 극단적인 언어로 "거의 모든 철학자가 은둔생활과는 거리가 멀었다"[8쪽]고 할 정도로 많은 철학자들은 여행이나 산책을 통해 사유의 샘을 길었던 것이다.

물론 나그네의 여정에는 무슨 번쩍이는 지혜를 획득하지 않더라도 ― 혹은 뚜렷한 여행에 대한 이유가 손에 잡히지 않아도 ― 작고 큰 치유가 필요한 '유랑의 아들'이나 '겨울 나그네'도 있다는 사실을 무시하지 말아야 한다. 그런가 하면 여행에 대한 황당하고 생뚱맞는 이유를 들이대는 ― 마치 마르세이유로 향하는 여객선의 갑판 위에서 이런 질문을 중얼거렸던 철학자 박이문 선생처럼 ― 이들도 있다.

> 또 배 위에서 자신이 여기에 왜 있는지 모르겠다고 말하는 사람을 만난다면, 혹시 솔론처럼 '지혜를 사랑하여' 여행을 하는 철학자가 아닌지 꼭 물어보길 바란다. 그러면 당신도 '철학하기'를 시작한 것이다.[17쪽]

많은 철학자들이 여로에서 철학적 사유[지혜, 깨달음, 영감, 문제해결 등]를 획득했다고 한다. 헤로도투스는 그의 『역사*Historia*』에서 그리스의 '입법자'인 솔론이 '지혜에 대한 사랑'을 위해,[14] 말하자면 철학을 위해 여행했다고 말한다. 그는 지혜를 터득하고자 지중해를 건너 밀레토스의 탈레스를 방문하여 3개월간이나 머물렀고, 지중해의 여러 나라들을 10년간이나 돌아다녔으며, 이집트를 여행하고, 소아시아의 리디아에서 크로이소스왕도 만났다.

앞에서도 밝혔듯 파르메니데스는 존재와 진리의 문제를 해결하는 것을 여행의 형식'어둠의 집'에서 "빛의 왕국"으로 나아가 태고의 문에 이르러 여신 디케를 만나서 존재와 진리의 문제를 해결으로 기술하였다. 그에 의하면 철학함이란 '어둠의 집'에서 나와 험난한 과정을 헤쳐가며 '빛의 왕국'으로 나아가는 것이다. 이러한 철학하는 자세는 오늘날에도 설득력이 있으며, 우리가 관심을 기울이는 혜초의 행보도 이와 유사한 것으로 보인다.

소크라테스는 아고라를 오가며 철학을 하였고, 플라톤은 스승의 사후에 그리스를 떠나 십여 년 동안이나 유랑하였고, 단단한 정신적 무장을 하여 돌아와 세계 대학의 모체인 아카데메이아를 창설했던 것이다. 비록 성공하지 못했지만, 이상국가를 만들기 위해 세 번이나 지중해를 건너 시라쿠사시칠리아를 들락거렸다. 아리스토텔레스는 뤼케이온Lykeion이란 학교를 세웠으나, 잘 알려져 있듯 '소요학파페리파토스학파'라고 할 만큼 걸어다니며 철학을 하였던 것이다.

아우구스티누스는 훌륭한 미래를 위해 고향 타가스테오늘날 알제리의 수크아라스를 떠나 카르타고로 유학을 갔는데, 거기서 다시 돈과 영광을 위해 이탈리아로 갔으나 마니교에서 그리스도교로 개종하여 아프리카로 돌아왔다. 그는 위대한 신학자가 되어 약 40년 동안 누미디아와 모리타니를 여행하며 그리스도교를 전파하였다. 성자의 반열에 오른 아우구스티누스에게 어머니의 기도, 키케로의 『호르텐지우스』, 플라톤의 철학, 밀라노 주교 암브로시우스의 구약성서 해석이 기적적인 도움이었다.

스콜라철학의 전성기인 13세기 중반 알베르투스 마그누스는 물론 수도원에서의 예배와 수도 및 명상을 이어갔겠지만, 쉴새 없이 여행하였다. 그는 남부 독일 슈바벤에서 태어났지만1193, 이탈리아의 파도바대학교에서 공부하고 졸업하였다. 그는 베네치아와 롬바르디아 등에서 체류했던 적도 있는데, 그 이후에 도미니코 수도회에 들어가 견습 수사로 독일 쾰른의 수도원으로 갔다. 그 이후엔 힐데스하임 수도원에서 수사들을 가르치는 강사로 일하다가 레겐스부르크, 프랑스의 스트라스부르 등지로 옮겨 다니며 이 일을 계속하였다.

그러나 그는 신학을 본격적으로 연구하기 위해 파리로 갔다. 여기서 그는 두각을 드러내어 잠시 교수로 활동을 하다가 다시 쾰른으로 돌아가 도미니코수도회의 연구 단체인 스투디움studium을 창립하였다. 이어서 그는 1254년 튜튼족의 관구장독일, 플랑드르, 보헤미아, 오스트리아를 포함하는 도미니코수도회의 관할 지역으로 선출되어 파리를 비롯한 이탈리아의 여러 지역로마와 밀라노 등을 여행하였다. 그러다가 알베르투스 마그누스는 1257년 피렌체의 사제회에서 모든 보직을 내려놓고 다시 독일의 쾰른으로 돌아가 수사들을 가르치는 일에 전념한다.

1259년에는 다시 발랑시엔의 사제회에 참여하여 도미니코수도회의 미래를 위한 신학연구에 착수하였다. 그 다음해엔 레겐스부르크의 주교로 임명되었으나, 2년 후에 이를 내려놓고 이탈리아 비테르보의 교황청에 들어갔다가 1263년에는 교황의 사절로 독일의 주요 도시들을 방문하였다. 그러다가 그는 독일 뷔르츠부르크대학교의 교수직을 잠시 맡고 쾰른으로 돌아갔다가 스트라스부르로 옮겨 2년 동안 머문다. 그러다가 그는 마지막으로 쾰른으로 옮겨 살다가 1280년 죽음에 이른다. 그야말로 "말하기도 숨 가쁜 여정이 아닐 수 없다".104쪽 그런데 이런 숨 가쁜 여로였지만, 그는 토마스 아퀴나스와 같은 뛰어난 제자를 키워내었다.

토마스 아퀴나스 또한 스승 알베르투스 마그누스 못지않게 도상에서 수도하는 성직자였다. 그는 이탈리아 남부의 로카세카에서 1224년에서 1225년경 태어나 캄파니아와 라치오주에서 어린 시절을 보냈다고 한다.104쪽 그는 부모의 뜻에 따라 어렸을 때부터 몬테카시노의 수도원으로 보내졌다고 한다. 그는 1239년경 나폴리대학에 입학하였고, 1244년에는 도미니코회의 수도사가 되어 스승 요하네스 폰 빌데스하우젠과 함께 로마와 볼로냐 등지를 여행하였다.

1245년 토마스는 파리로 가서 당시 파리대학교에서 교수로 활동하던 알베르투스 마그누스에게서 대학의 공부를 마친다. 그는 스승 마그누스가 1248년 쾰른에서 새로운 스투디움을 창립할 때 함께 참여했다. 1252년에 그는 파리로 돌아가 교수 후보자의 신분인 수습생의 과정을 거쳐 1256년에 신학교수가 되었다. 1259년에는 도미니코 총회에 참석하기 위해 발랑시엔으로 갔다가 이탈리아로 돌아가 나폴리에 머문다.

1261년부터는 오르비에토의 수도원에서 신학강의를 맡으면서 교황청에서도 일을 하였다. 1265년에는 신학문을 창시하라는 임무를 안고 로마로 간다. 1268년에는 강의의 직무기간을 수행하기 위해 파리로 가서 1272년에 이 직무를 마친다. 그런데 신학문의 연구는 파리와 나폴리 등의 수도회에서 계속 이어졌는데, 1273년 교황 그레고리우스 10세가 그리스교회와의 타협을 위해 리옹에 소집한 공의회에 참석하기 위해 다시 여행길에 올랐다.

그는 도중에 잠시 들러 성 그레고리오에 대한 강연을 해달라는 몬테가시노 수도사들의 요청을 받아들여 그리로 가던 중 조카딸 프란체스카가 있는 마엔차의 성에서 여행을 멈추고 만다. 병세가 악화되어 죽음을 직감한 토마스는 자신을 포사노수도원으로 옮겨 줄 것을 부탁하는데, 여기서 그는 숨을 거두고 만다. 그는 약 30년 동안 1만 5,000킬로미터 이상을 돌아다녔다고 한다.107쪽

근대의 라이프니츠는 특이한 삶을 살았는데, 여행으로 점철된 인생이었다. 그는 미분적분학의 창시자라고 할 만큼 천재수학자였지만, 동시에 철학자였고 또한 외교관이었다. 외교관이었던 만큼 그는 고향 라이프치히를 떠나 프랑스, 네델란드, 독일, 이탈리아 등을 쉴새 없이 돌아다녔다. 그는 루이 14세로 하여금 네델란드와의 전쟁을 멈추고 차라리 이집트와 튀르키예에 기독교 세력 확대를 위한 외교적 노력에 치중할 것을 권고하는 임무를 띠고 프랑스

를 방문하였으나, 그를 후원하는 후원자가 갑자기 죽음으로 말미암아 이 계획을 포기하고 그냥 자유롭게 파리에 남아 연구에 몰두하였다.

이때 그는 4칙연산이 가능한 계산기를 왕립협회에 소개하기 위해 영국을 여행하고는 다시 독일의 하노버로 갔다. 그는 네델란드를 지나면서 이곳의 과학계 인사들과 만나고, 스피노자를 만나기 위해 머물렀다. 1676년 11월 18~21일경 그는 여기서 스피노자를 만났다. 그 이후 그는 하노버에서 도서관 사서와 왕정 일에 전념하며 체류하였다. 그러나 얼마 후 그는 공공문서보관소 방문과 공식 외교관의 임무를 가지고 1687년 독일 남부를 여행하고, 이듬해 봄에는 오스트리아의 빈으로 간다.

거기서 그는 신교와 구교의 동맹을 위해 여러 번 황제를 만나기도 하였다. 1689년부터 다음 해 3월까지 그는 브라운슈바이크의 계보조사를 위해 이탈리아까지 여행하였는데, 거기서 자료를 수집하는 한편 문학가들의 모임에도 참여하고 트리에스테, 베네치아, 페라라, 볼로냐, 로레토, 로마를 여행했으며, 솔파타라와 베수비오의 화산을 보기 위해 나폴리에 머물고는 로마로 이동하여 바티칸도서관을 살펴본다. 이어서 피렌체로 가서 정치가들과 지식인들을 만난다.

그 이후 베네치아로 갔다가 다시 볼로냐, 모데나, 파르마, 브레셀로, 페라라, 로비고를 여행한다. 그 이후 그는 다시 베네치아로 갔다가 1696년 3월에 오스트리아의 빈과 아우크스부르크, 프라

하, 드레스덴 등을 방문하기 위해 알프스를 넘는다. 그리고 6월20일 2년 7개월 만에 하노버로 돌아와 몇 년 동안 볼펜뷔텔을 오가며 지냈다. 다시 그는 1698년 이후 베를린으로 갔다가 오스트리아의 황제 레오폴트 1세와의 친분으로 1700년 빈을 방문하고, 1708년에도 방문하고는 1709년까지 독일 전역을 여행하였다.149~154쪽

라이프니츠는 물론 그 발자취를 추적하기도 힘들 정도로 쉴새 없이 이곳저곳을 돌아다녔지만, 어떤 외교적 목적이나 자료수집 및 연구를 위한 여행이 대부분이었던 것으로 보인다. 말하자면 어떤 힐링이나 낯선 세계에 대한 새로운 경험, 나아가 낭만적인 여행이나 깨달음을 위한 여행과는 다소 거리가 멀었지만, 그래도 나름대로 큰 의미가 있는 것으로 보인다. 그는 과학과 수학 및 철학에 두각을 드러내었으나 방랑벽이 심하여 한 장소에 머물러 있지 못한 성격이었던 것으로 보인다.

방랑벽이 아주 심한 사람은 루소였다. 그는 질병에 가까울 정도로, 단 며칠 동안도 한곳에 머물러 있지 못한 경우가 많았다. '방랑하는 인간', '영원한 여행자'203쪽라는 칭호는 그에게 붙여진 이름인데, 오히려 여행중독증후군의 질병을 가진 자라고 하는 것이 더 온당한 것으로 보인다. 루소는 언제든 떠날 수 있도록 여행가방을 항상 준비된 상태로 두었다.

물론 방랑벽에서가 아닌, 말하자면 당대의 종교계가톨릭과 칼뱅교로부터 여러 차례 처벌받을 위기로부터 도피 여행을 떠나야만 했던 경우도 있었다. 1762년부터 3년 동안 루소는 스위스의 개신교 목

사들이 그를 재판으로 몰아가기 위해 체포하려 했을 때, 그는 프랑스를 떠나 이베르동으로 도망갔다가 또다시 모티에를 거쳐 빈으로 갔다가 생피에르섬에 도착한 적도 있었다.²²⁵쪽 참조 심지어 "그의 작품들 때문에 체포령이 내려진 직후, 그는 다급하게 몽모랑시의 은둔처를 떠나야 한다. 이렇게 해서 시작된 유배생활은 거의 8년이나 이어진다"²²⁵쪽고 루소의 전기작자는 지적한다. 루소는 유럽의 여러 나라들을 떠돌아다니면서 생계를 위해 잡다한 일들리옹에서의 개인교사, 비서, 노무자, 파리에서의 재무국장 등을 하였다.

그는 그의 『고백』에서 젊은 날 여행의 즐거움을 떠올리며 "유랑하는 삶은 나 자신을 위한 것이다"라고 고백하고 있는데, 첫 여행으로 알프스를 넘어 토리노로 갔던 것을 두고 "위대한 여행이라는 이상이 내가 유랑적인 삶에 집착하도록 만들었다"고 떠올렸다.²⁰⁵~²⁰⁶쪽 그는 친구뒤 페이루에게 보낸 편지에서 자신의 여행은 습관 때문이라고 말하고 "화창한 계절에는 떠나고 싶은 욕망과 괴로움 때문에 한 곳에서 이삼 일도 머무르기가 힘들었네"라고 술회하고 있는데, 이런 고백은 그의 『고독한 산보자의 몽상』에서 도처에 나타난다.

어쩌면 그는 태생적으로 유랑을 할 운명을 가진 것으로 보인다. 루소의 어머니는 루소를 낳다가 세상을 떠났고, 어린 시절 아버지마저 집을 나가버리자, 어린 루소는 숙부의 가족과 함께 제네바에 살면서 인쇄공 견습생으로 일했다. 부모의 보살핌을 못 받는다는 것은 그 자체로 파란만장한 인생살이의 서곡인 것이다. 그런데 어느 3월의 일요일에 루소는 친구와 함께 종일 밖에서 놀다가 돌아오는 길에 도시로 들어가는 성문이 닫힌 것을 목격하게 되었다. 물론 이것은 당대 제네바에서 단순한 통행금지를 뜻하는 것이었지만, 루소는 그러나 순간적으로 영원히 이 도시를 떠나야겠다는 결심을 하게 되었다고 한다. 그는 며칠 동안 제네바 근처를 떠돌아다니다가 어느 가톨릭 사제의 도움을 받게 되었다.

이 사제는 루소를 당시 사르데냐 왕의 연금을 받고 있던 부유한 바랑부인Madame de Warens에게 부탁하였는데, 이 '대모'의 역할을 했던 바랑부인과의 만남은 루소의 인생에서 가장 중요한 사건이었다. 가톨릭의 세례를 받으라는 바랑부인의 요청에 응하여 루소는 곧장 걸어서 이탈리아의 토리노를 향해 길을 떠났다. 여기 토리노에서의 체류 기간에 그는 "내 인생에서 당시 7, 8일간의 여행길처럼 고통과 근심으로부터 벗어나 완벽한 휴식을 누린 때는 기억나지 않는다"212쪽고 회상하고 있다.

토리노에서 세례 지원자와 합숙에 들어간 루소는 며칠 만에 가톨릭으로 개종함과 동시에 세례를 받는다. 그런데 그는 도시를 여행하다가 여관주인과 사랑에 빠지기도 했지만, 우여곡절 끝에 피에몬테주의 어떤 귀족 가문에 하인으로 고용되었다. 성실과 성과로 인해 그는 곧 비서로 승진하면서 하층민의 굴레에서 벗어난다. 그런데 그는 길에서 우연히 알게 된 제네바 출신의 방랑자에게 현혹되어 하던 일을 단념하고 그를 따라 나선다.

나는 진정한 방랑자의 삶을 시작하기 위해 나의 후원자, 가정교사라는 직업과 학업, 뻔히 보이는 성공에 대한 희망과 기대를 포기하고 주저 없이 떠나기로 결심했다.[212쪽]

이러한 루소의 진술에서 우리는 그의 방랑벽, 영원한 여행자, 여행중독증후군을 앓는 자의 모습을 여실히 본다. 그는 당당하게 자신의 방랑벽을 변호한다.

잘 있거라, 도시여, 왕궁이여, 야망, 허영, 사랑 그리고 1년 전 나를 이곳으로 이끌었던 온갖 야심찬 모험에 대한 희망이여 잘 있거라. 이제 나는 탈출구를 찾아 나의 친구 바클과 함께, 짐은 가볍지만 환희로 충만한 가슴을 안고 떠나노라. 화려한 계획을 포기한 채 오로지 여행의 행복만을 만끽하기 위해 길을 떠나노라.[212~213쪽]

그런가 하면 베네치아에서 루소는 무식하고 오만하기까지 한 몽테규 백작과의 갈등으로 인해 갑자기 거처를 버리고 떠난 적도 있다.

작은 간단한 문서도 읽고 해석할 능력이 없어 이를 도와줄 비서가 필요했음에도 사람들 앞에서 계속해서 그를 하인처럼 부렸다. 이에 무시당했다고 느낀 루소는 어느 날 갑자기 베네치아를 떠나기로 결심한다. 그리고는 젊은 시절 정처 없는 여행으로 이끌었던 것처럼, 갑작스럽게 모

든 것을 놓고 떠나버린다.^{220쪽}

이토록 루소는 자유와 해방을, '환희'와 '행복'을 구가하면서 길을 나서지만, 그래서 우리는 어떤 목표나 목적지도 없이 떠나는 루소의 순수한 노마디즘을 엿보지만, 이 환희와 행복 못지않은 불행도 늘 그림자처럼 따라다녔다. 그러나 여행 자체가 목적인 만큼, 말하자면 여행을 위한 여행이 목적인 만큼 자자한 불행 정도야 루소는 얼마든지 감내하는 것으로 보인다. "루소주의 상징체계 내에서 여행은 사실 '자유'와 동의어이다"^{213쪽}는 『여행, 길 위의 철학』의 저자의 규명 또한 온당한 것으로 보인다.

여행은 — 여행하며 철학하는 모든 이의 근원적 특징이겠지만 — "사고의 단련이 육체의 단련과 조화롭게 작동하는 일종의 확장된 영적 훈련으로서 영감과 성찰의 원천일 뿐만 아니라 철학적 탐구의 수단이 된다. 루소는 『고백』에서 '나는 걷지 않고는 사색할 수 없다'고 단언한다. (…중략…) '나는 멈춰 있을 때에는 거의 아무것도 생각할 수 없다. 내 육체는 나의 정신에 힘을 주기 위해 작동할 필요가 있다'".^{216쪽}

실제로 루소는 그의 『인간 불평등 기원론』을 집필하는 동안에는 "생제르맹의 숲속 오솔길을 일주일 동안 걸으면서 자연이 주는 암시를 찾아내려 노력한다"^{217쪽}고 루소의 전기작가는 지적한다. 루소는 철저하게 방랑의 삶을 살았다. 거의 모든 루소의 저작들은 여행과 산책의 산물이라고 하는 것이 더 온당할 것으로 보인다. 루소의 작품 덕분에 교육 여행이라는 것이 1800년대 독일을 중심으로 문화의 중심 테마로 자리잡고, 그의 작품들로 인해 인류 정신사에서 자유와 평등의 사상이 더 깊어졌으며, 괴테의『빌헬름 마이스터』가 루소의『에밀』의 영향으로 탄생되었다면, 루소의 방랑은 후세에 많은 영향력을 미친 것으로 보인다.

이제 고독했던 철학자 니체에게로 방향을 돌려보자.[15] 문헌학에 두각을 드러내었던 니체는 20대 초반에 바젤대학교의 문헌학 교수로 초빙을 받았다. 그러나 그는 건강에 문제가 많아 힐링을 위해 자주 여행길에 올랐다. 그는 이미 쇼펜하우어의 염세주의에 영향을 많이 받아 철학에 발을 들여놓았다. 쇼펜하우어의 염세적인 분위기가 니체에게서도 발견된다. 그는 그러나 루 살로메에게 버림을 받아 고통과 외로움에 몸부림치며 영혼의 안식을 찾아 떠돌아다녔다.

그는 고향인 작센주의 뢰켄에서부터 이탈리아의 토리노까지, 그리고 다시 반대로 거슬러 올라와 알프스의 질스마리아에 오래 머물기도 하였다. 그는 스위스와 이탈리아의 아름다운 지역을 여행했지만, 리구리아지방을 산책하고 소렌토해변을 거닐었지만, 그의 병세는 깊어져 갔다. 1889년 초에 그는 과대망상증과 정신착란에 빠져 자신을 디오니소스와 알렉산드로스 3세라고 주장했는데, 스스로 한 말이 맞는지도 분간 못하는 상태가 되었다. 어쩌면 그가 말한 '초인Übermensch'이나 "힘에의 의지Wille zur Macht" 사상은 질병의 굴레에서 벗어나고자 하는 몸부림으로 여겨져 연민의 정을 사기도 한다.

니체는 — 오늘날 젊은이들의 우상이 된 것과는 달리 — 당대엔 별로 환영받지 못한 것으로 보인다. 고전어에 능통한 니체를 바젤 대학교의 교단에 설 수 있게 도와준 알브레히트 리츨A. Ritschl조차도 일기에서 니체를 비꼬는 말로 "니체의 책이야말로 비극의 탄생천재의 망언이다"346쪽고 하였다. 그런데 리츨보다는 더 세게 니체를 비난한 이는 당대의 고전학계에 저명한 빌라모비츠 묄렌도르프였다.

그는 니체더러 "태양그에게 태양은 그리스였다을 향해 진흙을 던지고 싶어 안달이 난 사람"이라고 비꼬았다.346쪽 그런데 니체의 전기작가 마우리치오 페라리스는 괄호에서 태양을 그리스라고 했는데, 태양을 아폴론이라고 하면 더 이해가 잘 될 것으로 보인다. 니체는 디오니소스–전체주의를 지향했기에, 아폴론적 세계관은 점차 그의 사유세계에서 달갑지 않았다.

니체의 철학엔 "모든 가치를 뒤집어라Umwetung aller Werte"는 지나치게 과격한 모습이 드러난다. 과연 니체의 말대로 소크라테스는 디오니소스를 장사지내는 인부에 불과한가? 결코 그렇지 않다. 소크라테스와 플라톤에게도 디오니소스적인 모습은 다분히 있다. 그런가 하면 니체는 소피스트의 '강자의 이익'을 대변하고 약자를 옹호하는 기독교의 '낙타의 윤리'를 조소하고 있다. 그러나 이러한 니체의 모습도 허약한 환자에서 벗어나고자 하는 발버둥으로 여기면, 우리는 달리 평가해야 할 것으로 보인다.

"나약한 인간, 초인의 신화를 쓰다"315쪽는 니체를 대변하는 용어로 보아도 무리가 아닐 것으로 보인다. 그는 어릴 적에는 천재적 재능을 바탕으로 대체로 일취월장하는 성장을 했으나, 건강이 뒷받침되지 못해 고생을 많이 했다. 질병 속에서 허우적거리면서 세상을 읽은 것이 니체의 철학이라고 해도 무리가 아닐 것이다. 그야말로 건강과 질병은 니체가 세상과 인간을 읽는 범주이기에, 그의 심층에는 병자의 콤플렉스가 깔려 있는 것으로 보인다. 서른여섯이 되자 그는 자신이 곧 죽을 것으로 여겼는데, 그의 부친이 세상을 떠난 나이인 데다 자신의 건강도 퍽 악화되어 있었기 때문이다.

1876년 11월 니체는 1년간의 휴가를 받아 바실레아에서 지내고, 이어서 그의 친구인 레와 그가 가르치던 학생 알버트 브레너와 함께 이탈리아로 여행을 떠나 나폴리로 향했다. 10월 27일에 소렌토에 도착하여 한 저택에 머물면서 요양을 겸하며 독서회에도 참가한다. 1877년 9월에 니체는 이탈리아에서 돌아와 『인간적인 너무나 인간적인』을 쓰기 시작하였다. 1879년 상트 모리츠에서 3개월 요양을 하고, 같은 해 9월부터 12월말까지 나움부르크에서 요양을 하였다.

1880년 2월에는 이탈리아의 가르다호수^{Riva del Garda}에서 한 달 동안, 3월부터는 베네치아에서 3개월 반, 7월부터는 뵈멘의 마리엔바트^{Marienbad in Böhmen}에서 2개월, 10월부터 한 달 동안 마조레호수 연안의 스트레사에서 한 달, 11월부터는 제노바에서 첫 번째로 4개월 동안, 1881년 5월부터 2개월 동안 레카오로에서 2개월 동안 요양을 하였다.

이어서 7월부터 3개월 동안 질스마리아에서의 첫 번째 체류가 시작되었고, 10월부터 다음 해 3월 말까지 6개월 동안 제노바에 머문다. 그는 1882년 3월 29일부터 3주일간 메시나에서 머물다 로마로 여행하여 1주일 머문 후 다시 오르타^{Orta}를 거쳐 스위스의 루체른^{Luzern}으로 이동하였다.

같은 해 6월 25일부터 2달 동안 타우텐베르크^{Tautenberg}에서 여름 휴가를 보내고, 11월 하순부터는 이탈리아의 라팔로^{Rapallo}에서 3개월간^{1882.11.23~1883.2.23} 체류하는데, 이때 그는 살로메와의 실연 때문에 많이도 불안과 우울에 사로잡혔던 것 같다. 혹자는 니체의 초인의 사상도 루 살로메와의 실연으로 인한 모욕감과 좌절을 극복하기 위해 칼라일의 영웅 숭배를 끄집어내어 초인의 신화를 만들었다고 한다.^{332쪽 참조}

니체는 이어서 10주 동안 제노바에서 머물다 5월 4일부터 6월 14일까지 로마를 여행하였다. 그는 6월 18일부터 9월 5일까지 7주 동안 스위스의 질스마리아에서 2번째 체류를 하고, 이어서 니스에서 첫 번째로 4개월 반 정도 머물렀다. 1884년 4월 21일부터 2개월간 베네치아에 머물다 7월 18일부터 9월 25일까지 9주 동안 세 번째로 질스마리아에서 요양한다.

질스마리아에서 4킬로미터 정도 떨어진 곳에 실바폴라나호수가 있는데, 니체는 여기서 산책을 많이 한 것으로 여겨지며, 그의 "영원회귀"의 사상도 여기서 다듬어진 것으로 보인다. 니체의 전기작가인 마우리치오 페라리스는 1993년에 이곳 실버폴라나에서 니체가 머물렀던 집의 출입문에서 "아무리 고통스러워도 운명을 사랑하라"335쪽는 글귀를 읽었다고 한다. 질스마리아에서 니체는 3 번째의 체류를 접고 이어서 11월 28일부터 4개월간 니스에서 체류하다 베네치아로 가서 2개월간 머문다.

1885년 6월7일부터 니체는 네 번째로 질스마리아에서 9주 동안 요양하고, 11월11일부터 5개월간 니스에서 3번째로 체류한다. 1886년 6월 30일부터 니체는 3개월간 질스마리아에 5번째로 체류하고, 10월 20일부터 5개월 반 동안 니스에서 4번째 체류한다. 1887년 4월 3일부터 니체는 이탈리아 마조레호수 연안의 카노비오Cannobbio에서 약 3주간 요양하고는 6월 12일부터 9월 19일까지 13주 동안 질스마리아에서 6번째 체류한다.

이어서 10월 23일부터 5개월간 니스에서 5번째로 체류하고 1888년 4월 5일부터 6월 5일까지 니체는 처음으로 이탈리아의 토리노에 가서 2개월간 체류하다 곧장 여름을 보내기 위해 3개월간 스위스의 질스마리아에 7번째 갔는데, 이것이 질스마리아에서의 마지막 체류였다. 여기 질스마리아는 니체를 비롯해 프루스트, 헤르만 헤세, 토마스 만, 라이너 마리아 릴케, 칼 크라우스, 에른스트 로베르트 쿠르티우스, 아도르노, 파울 첼란 등의 저명한 인사들이 방문한 곳이기도 하다.

니체는 같은 해 9월 20일에 다시 토리노로 여행했는데, 여기서 정신병 발작이 일어나 바젤의 정신병원으로 이송된다. 1889년 1월 17일에 다시 니체는 바젤에서 예나의 정신병원으로 이송되었고

1900년 8월 24일 바이마르에서 사망한다. 니체가 태어나 어린시절을 보냈던 작센주의 뢰켄과 나움부르크 및 라이프치히에서 떠나 임종의 시기에 고향으로 되돌아온 시간은 44년이 지난 때였다. 그는 그러나 공교롭게도 싫어했던 기독교 교회의 묘지에 묻혔다.

정작 니체의 어머니와 여동생은 혼신을 다해 니체를 보살폈지만, 니체는 이들에게 불만이 많았다. 니체의 전기작가인 마우리치오 페라리스는 이렇게 끝맺고 있다.

> 시간이 흘러 인생의 마지막 순간에 그의 심오한 사상, 즉 영원회귀를 이야기하면서도 가장 큰 불만은 어머니와 여동생이었다. 두 여인에게 그가 인간 말종 같은 존재였을지 모르지만 말이다.349쪽

실로 니체는 그의 여로를 추적하기조차 힘들 정도로 방랑을 거듭하였다. 그는 루소처럼 방랑하는 가운데 번쩍이는 사상을 발견하기도 하고 집필에 몰입하기도 하였다. 그가 "힘에의 의지"나 '초인'이며 차라투스트라와 같은 초인을 그의 사상세계로 끌고 왔지만, 그가 곧 불쌍한 초인이었던 것 같다. "힘에의 의지"에는 인간과 만물은 비록 행복을 포기하는 일이 있더라도 자신의 생존을 위한 힘만은 추구한다는 사상인데, 이는 쇼펜하우어의 의지의 철학에도 이미 반영되어 있다.

5. 마음의 눈이 열린 자에게 새로운 것을 보여주는 여행

여행은 일상의 굴레를 벗어나게 하고 새로운 세계와 접하게 함으로써 나그네에게 새로운 의미로 충전된 버전을 마련하게 하고, 답답한 일상의 집착에서 벗어나게도 하며, 아름다운 자연과 낯선 환경 및 해방의 마력으로 인해 새로운 영감, 힐링, 문제해결 등도 선사할 수도 있다. 이러한 선물을 획득하지 못한다고 하더라고 최소한 여행자의 인생사에 추억의 한 페이지를 제공하는 것임에 틀림없다.

그런데 여행은 철학자뿐만 아니라 모든 사람들에게 위에서 열거한 것들을 선사한다. 문학가와 시인은 말할 것도 없고 예술가, 나아가 과학자나 기업인에게도 마찬가지다. 얼마나 많은 시인들이 여행 중에 혹은 여행을 통해 시詩를 썼는가! 얼마나 많은 예술가들 또한 여행을 통해 아름다움의 영감을 얻었던가! 이를테면 프로방스로 떠난 반 고흐와 타히티에서의 폴 고갱이며 일본과 한국의 남해안, 제주도를 떠돌았던 이중섭의 경우를 생각해보라. 음악가에겐 아름다운 멜로디의 영감을 산책로에서 음악의 세계에 침잠했던 베토벤, 문학가들에겐 기적 같고 기기묘묘한 이야깃거리를 쿠바로 낚시 여행을 다녔던 헤밍웨이, 아프리카를 비행기로 오가며 소설을 구상한 생텍쥐페리 안겨주는 것이 여행인 것이다. 그런데 여행이 베푸는 선물은 마음의 눈이 열린 모든 이들에게도 마찬가지다! 과학도나 경제계에 종사하는 이들에게도 예외가 아닌 것이다.

과학자들에게 여행은 다소 낯선 것으로 여겨지는가? 전혀 아니다. 그들에게도 여행은 사유의 원천이 된다. 이를테면 천재물리학자인 빅토르 바이스코프는 청소년기에 친구와 함께 알프스 산을 등반했다고 한다. 그런데 그때 느꼈던 자연에 대한 감동스런 경외감은 그를 물리학의 세계로 이끈 원동력이 되었다고 한다. 현상계 밖의 미묘한 영감이 그를 과학의 세계로 깊이 안내한 것이다. 그와 동시대인들인 막스 플랑크, 베르너 하이젠베르크, 한스 베테와 같은 천재물리학자들도 높은 산봉우리와 밤하늘의 광경에 감동을 받아서 원자와 별들의 운동을 서로 관련지어보겠다는 생각을 갖게 되었다고 한다.[16]

천재 물리학자인 프리먼 다이슨은 파인만의 번쩍이는 직관과 슈윙거의 치밀한 계산을 결합하여 양자운동이 전기 현상과 어떤 관계가 있는지에 대한 수수께끼를 풀어보려고 각고의 노력을 기울였다.[17] 이 분야의 문제는 당시에 양자전기역학이라고 불리었는데, 일종의 방사능과 원자에 대한 이론으로서 당대엔 하나의 엄청난 난제難題 중에 난제였다. 그러니 아무도 이 이론을 증명해내지 못해 쩔쩔매고 있었다. 다이슨은 6개월 동안이나 이 문제에 집중적으로 매달렸는데, 그러다가 그는 갑자기 이 문제에서 손을 놓고 2주일 동안 캘리포니아로 여행을 떠나 빈둥거리면서 시간을 보냈다.

그는 캘리포니아에서 무위도식하며 여행을 하고서 프린스턴으로 돌아가기 위해 고속버스에 올랐다. 그런데 이 버스가 캔사스를 지날 때쯤 한밤중에 갑자기 모든 것이 눈에 보이는 것처럼 분명해졌다고 한다. 말하자면 파인만과 슈윙거의 이론이 딱 들어맞는 것을 깨달았던 것이다. 그야말로 계시였고 유레카의 체험이었다. 이러한 다이슨의 통찰은 연구실을 떠나 여행을 하는 기간에, 머리를 비우고 힐링하는 동안에, 그의 사유가 초연한 자세에서 의식과 무의식을 오가며 일궈낸 창조 행위였던 것이다. 어떤 문제에 대한 집착에 사로잡혀 있으면 오히려 그 해법을 못볼 수도 있다는 것이다.

이제 회사를 경영한 총수CEO의 경우를 예로 들어보자. 씨티코프의 존 리드는 회사가 직면한 위기와 문제점들을 해결하기 위해 사무실에서 골머리를 앓지 않고 오히려 사무실을 멀리 벗어나 여행길에 올랐다고 한다. 그는 예기치 않게 카리브 해안을 떠돌다가 문제를 해결하였고, 또 다른 어려움은 이탈리아의 플로렌스를 여행하면서 공원의 벤치에서 해결의 실마리를 마련하였다고 한다.[18] 사무실에서 뛰쳐나와 여행하면서 문제해결의 실마리를 마련했다는 것은 다소 상식을 뒤집는 일이기도 하다. 그러나 사무실에서 머리를 부여잡고 끙끙거리면서 한숨을 푹푹 쉬어봐야 뾰족한 수가 나오지 않았을 것이다. 마치 지구를 보려면 지구를 벗어나 우주공간으로 나가는 것이 용이한 것과 같은 이치인 것이다. 우리의 영혼이 일상의 집착과 억눌림에서 해방되면 오히려 뭔가 미지의 세계를 볼 수 있는 계기를 마련할 것이다.

의미 있는 여행은 관광과는 차원이 전혀 다르다. 여행은 출발하기 전의 마음가짐이 다르고 준비상태가 다르다. 더욱이 여행이 끝나면 뭔가 여행 이전의 모습과는 다른, 변화된 모습이 역력한데,

경우에 따라선 심하게 달라질 수도 있다.[19] 순례 여행일 경우는 그 변화의 폭은 엄청 크다. 그런데 순례 여행의 경우 그런 변화는 장소나 시간이 만들어주는 것이 아니라, 초월적인 힘에 이끌려 비일상적이고 초자연적인 세계를 경험하게 되는 것이다. 순례에서 체득되는 깨달음은 어떤 일상을 뛰어넘는 거룩하고 초월적인 세계와 접목하는 경험인 것이다.

세계사에는 대단한 여행으로 포장되어 있지만, 실제로는 정복과 탐욕의 여행이었던 것도 많다. 이를테면 세계사는 콜럼버스가 1492년에 배를 타고 아메리카대륙을 '발견한' 것을 무슨 기적이라도 일구어낸 것처럼 거대하게 평가한다. 그것은 그러나 엄격히 말하면 자연으로서의 아메리카대륙을 발견한 것이 아니라 탐욕과 정복의 대상을 발견했던 것이다.

그것은 그의 개인적인 (혹은 서구의 시각에서) 발견일 수 있지만, 세계사적인 의미에서 '발견'이라고 할 수 없다. 그것은 이미 인디언들에 의해 벌써 발견되어 하나의 세계가 구축되어 있었기 때문이다. 더구나 서구인의 그러한 여행은 주로 함대와 병사와 무기를 앞세운 정복 여행이었고 식민지 개척을 위한 탐욕 여행이었기에, 엄밀한 의미에서 여행이라고 할 수 없는 것이다.

이와 반면에, 콜럼버스보다 훨씬 이른, 서기 720년대에 혜초가 수없이 먼 대륙을 헤매며 깨달음의 여행을 감행한 것은 콜럼버스의 정복 여행과는 비교할 수 없는 인류 정신사의 값지고 위대한 업적인 것이다. 서구인들은 동양의 문화와 역사에 너무 무지無知하다.

아니, 그들은 동양의 문화와 역사며 사상을 너무 얕본다고 표현하는 것이 더 옳을 것이다.

혜초보다도 약 100년 앞선 7세기에 이미 신라승려인 아리나발마며 혜엽, 현각도 혜초와 비슷한 순례를 감행했었고, 또 이보다 다시 백 년 이상이나 앞선 서기 526년에는 백제의 겸익이 인도로 건너가 깨달음의 여행을 감행했는데, 우리는 이러한 역사와 문화적 의미에 대해 너무 까막눈이다. 이들의 여행은 위의 콜럼버스의 정복과 탐욕과는 반대로 문화사절에 가까운 여행이었던 것이다.

제2장

혜초의 천축국^{인도} 여행

예나 지금이나 인도를 여행하는 많은 구법승이나 순례객들이 꼭 찾는 성지는 부처의 생애와 직접적인 관련이 있는 4곳과, 부처의 행적으로 큰 의미를 갖고 있는 4곳을 말한다. 전자는 부처가 태어난 탄생지인 네팔의 룸비니, 보리수 아래에서 깨달음을 얻은 부다가야, 처음으로 설법을 펼친 사르나트^{녹야원}, 열반에 든 쿠시나가라로서 이를 4대 성지라고도 한다.

후자는 최초로 불교사원^절인 죽림정사가 있는 왕사성^{라지기르}, 부처가 중요한 교리들을 선포한 바이샬리, 『금강경』을 비롯해 불경의 대부분을 설법한 것으로 전해지는 기원정사祇園精舍가 있는 슈라바스티, 부처가 도리천을 방문하여 어머니 마야부인에게 불법을 펼친 뒤 다시 내려왔다고 전해지는 삼도보계탑三道寶階塔이 있는 상카샤를 일컫는데, 이 전자와 후자를 합하여 8대 성지라고도 한다. 여기서 바이샬리에는 사자상이 있는 아소카 석주石柱가 우뚝 솟아 있는데, 이 사자상은 부처의 열반처인 쿠시나가라를 바라보고 있다. 그런데 이들 8대 성지는 모두 히말라야에서 발원하는 작은 물줄기들이 흘러들어 갠지스강을 이루는 곳의 주변에 흩어져 있다.

『왕오천축국전』에서 혜초가 방문한 나라들 — 특히 북천축국과

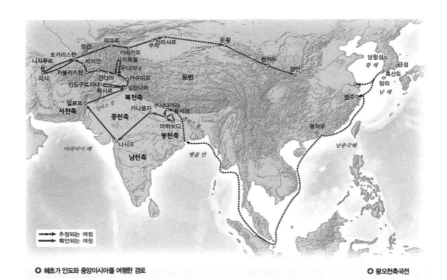

○ 혜초가 인도와 중앙아시아를 여행한 경로   ○ 왕오천축국전

〈그림 1〉 혜초의 여행 경로. 출처 : 나무위키.

주변 나라들을 비롯해 서역과 히말라야산맥의 여러 나라들에 대해서는 압축하여 — 에 대한 서술 내용과 방식은 대체로 출발지에서 목적지로 가는 방향과 소요시간, 그리고 통치자의 왕성王城과 그 위치며 규모, 방문한 국가의 정세, 대외관계, 지리적 환경, 자연적 상태, 기후, 의복과 언어, 풍습, 생산물과 식생활, 생활 사정, 종교의 현황, 불교 유적과 불교 상황으로 이어진다. 이런 기본적인 서술방식을 취하면서 혜초는 객관적 관찰에 치중하였는데, 그러나 『왕오천축국전』에 등장하는 5편의 오언시를 통해 — 저러한 서술방식과는 달리 — 주관적 정서4대 영탑을 순례한 환희, 고향에 대한 그리움, 구법승의 죽음에 대한 슬픔, 여정의 험난함 등와 문학적 향취며 진솔한 인간적인 측면을 드러내었다.

1. 동천축국

남중국의 광조우에서 출항하여 뱅골만의 동북해안을 따라 동천축국에 도착한 혜초는 우선 불교 성지를 찾아 나선 것으로 보인다. 그런데 광저우에서 출항하여 남해의 바닷길을 통해 동천축에 이른 경로를 ─ 이 경로는 혜초 여행기의 앞 부분이 결락되었기에 기록에는 없다 ─ 고병익 교수는 중국의 광저우 → 베트남의 사이공현재 호치민 시티 → 수마트라Sumatra섬 → 말레이Malay반도 북부 서안의 나형국裸形國 → 인도의 탐루크Tamlūk로 설정하고 있다.[1]

인도의 동북 해안인 바이샬리폐사리에 도착한 그는 그러나 그곳에서 그야말로 문명 쇼크를 겪었을 것으로 보인다.

> (윗부분이 결락됨) 삼보三寶를 (…중략…) 맨발에 알몸이다. 외도外道는 옷을 입지 않는다. (아랫부분이 결락됨) 음식을 보자마자 먹어버리고 식사시간을 지키지도 않는다. 땅은 모두 평평하며, (아랫부분이 결락됨) 노비는 없다. 사람을 파는 죄와 사람을 죽이는 죄는 다르지 않다. (아랫부분이 결락됨)혜초, 고려대 한국사연구소 편, 『왕오천축국전(往五天竺國傳)』, 아연출판부, 2014, 82~83쪽

위의 인용문은 『왕오천축국전』 필사본의 맨 처음 등장하는 문장인데, 그야말로 맨 앞 부분이 결락되었기에, 무슨 내용이 원래 있는지는 추측에 의존할 수밖에 없다. 그러나 위의 인용문만으로도 충분히 이해할 수 있는 부분이 있기에, 우리는 이를 중심으로

〈그림 2〉『왕오천축국전(往五天竺國傳)』. 총 227행, 5,893자, 총 길이 358센티미터.

논의를 펼칠 수 있다. 동천축국은 그러나 이미 오래전부터 불교가 아닌 — 혜초가 상상이라도 했는지 모르지만 — 힌두교와 자이나교며 이슬람교와 같은 이교異敎에 흡수되어 간 것이다. 더욱이 이곳 바이샬리는 자이나교를 크게 융성시킨 마하비라의 탄생지였기에, 이 종교의 성지로 여겨지고 있었다.

자이나교는 기원전 6세기경에 마하비라가 세운 종교로 인도에서는 큰 영향력을 발휘하고 있었다. 마하비라가 죽은 뒤에 자이나교는 백의파白衣派와 천의파天衣派로 나뉘었는데, 전자는 정결을 상징하는 흰옷을 입고, 후자는 무소유의 이념에 따라 천지사방을 옷으로 삼아 알몸으로 다닌 것이다. 혜초가 폐사리에서 목격한 벌거숭이들은 이 천의파 사람들이었을 것이다. 이들의 알몸은 그러나 종교적 신념에 의한 것이었기에, 혜초는 비록 문명의 쇼크를 받았겠지만, 이들을 결코 야만인이라고 하지 않았다.

위의 첫째 인용문의 첫 줄에서 "삼보三寶를"의 뒤에 결락된 말을 채우면 아마도 "삼보를 사랑하지 않는다"일 것으로 보인다. 혜초는 『왕오천축국전』에서 가는 곳마다 항상 삼보, 즉 부처, 불법, 승려를 숭상하는지를 관찰하였다. 그런데 혜초는 맨발에 알몸인 사람들을 보면서도 도덕적 비난과 같은 것이나 주관적 견해로 가타부타하지 않았다. 문명탐험가의 입장에서 객관적인 사실 만을 직시한 것이다. 여기서 맨발에 알몸은 어떤 미개인이나 원시부족의 차원에서나 아니라 종교적 신념에 의한 것이기에, 함부로 가타부타할 수 없기 때문이었을 것이다.

갠지스강유역의 바이샬리가 특이하게 와 닿았는지 "땅은 모두 평평하다"는 기록을 남겼고, 또한 "노비는 없다. 사람을 파는 죄와 사람을 죽이는 죄는 다르지 않다"고 하여 사람을 사고파는 것을 살인죄와 동일시하면서 질책하고 있다. 이 또한 문명의 차이를 목격하게 한 사건이었을 것이다.

혜초가 바이샬리 다음으로 한 달 걸려 들른 곳은 구시나국쿠시나가라으로서 부처의 열반처인데, 바이샬리에서 북쪽으로 한 달 정도 걸어가 도착한 곳이다. 살인적 더위는 말할 것도 없고 현지인이 아니고서는 석회나 위험한 균들이 많은 현지의 물을 마실 수 없는 것도 고행이 아닐 수 없는데, "부처님께서 열반에 드신 곳, 그 성은 황폐해져서 아무도 살지 않는다"84쪽는 것을 목격한 혜초의 심정은 어떠했을까.

그러나 그럼에도 불구하고 혜초는 여기서 다소 희망적인 광경을 목격한다.

부처님께서 열반에 드신 곳에 탑을 세웠는데, 어떤 선사가 그곳을 깨끗이 청소하고 있다. 매년 8월 8일에 비구와 비구니승니(僧尼), 출가자와 재가자도속(道俗)는 거기에서 크게 공양을 베풀었다. 공중에는 깃발이 걸려 있었는데, 그 수를 알 수 없었다. 여러 사람들이 함께 보았는데, 이 날에 발심發心한 이가 한둘이 아니었다.84~85쪽

여기서 발심發心은 발보리심發菩提心을 줄인 말인데, 그 어원이 시사하듯 깨달음을 구하려는 마음, 즉 보리심菩提心, bodhi-cita을 일으키는 것을 말한다. 이 발심은 대승불교에서 보살행의 첫 단계로 강조된다. 불교가 쇠퇴해가는 당대의 분위기였지만, 혜초는 그래도 불가에 귀의하는 사람들을 목격할 수 있었던 것이다.

부처가 열반한 곳인 쿠시나가라에는 탑이 하나 세워져 있었지만, "이 탑의 사방에는 아무도 살지 않는다. 숲은 매우 황폐해서 그곳에 가서 예배하는 자는 무소나 호랑이에게 해를 입기도 한다"87쪽고 혜초는 기록하고 있다. 그러기에 사람들은 이 탑에서 30리12킬로미터 정도 떨어진 곳, 곧 부처의 다비식이 거행된 곳을 기념하기 위해 세워진 사반단사娑般檀寺를 중심으로 서너 개의 마을을 이루어 살고 있다고 기록하고 있다.

비록 혜초는 초파일 공양행사도 보았고, 많은 깃발과 발심發心한 이들을 목격하였지만, 불교는 1200년경 이슬람이 침입한 이후로 인도에서 거의 사라져버리고 마는데, 불교도는 실론으로 도피하고 인도의 본토에는 힌두교와 자이나교며 이슬람교가 대세를 이

루게 되었다. (도덕적으로 옳지만) 살생을 해서는 안 되고 이렇다 할 공격이나 방어도 하지 못하는 처지에서 불교의 교세가 약화되는 것은 뻔한 일일 것이다. 부처의 열반처인 쿠시나가라의 중심부에 있는 불탑과 열반석상오른쪽으로 누운 채 입적한 부처의 모습은 불교가 인도에서 몰락한 이후 완전히 정글 속에 파묻히고 황폐해 갔는데, 18세기에 이곳을 뒤덮고 있는 정글을 헤치고 폐허 속에서 되찾은 것이다.

혜초는 쿠시나가라에 있는 부처의 열반처를 순례하고 열흘을 걸어 갠지스 강가에 있는 피라날사바라닐사국에 도착했는데, 그러나 인도에서 가장 큰 종교도시였던 바라닐사국은 이미 황폐해져서 왕도 없었다고 기록하고 있다.90쪽 이미 힌두교 사원과 신자들이 넘쳐나고 불교는 쇠잔해갔던 것이다. 신라에서 어릴 때 출가하고, 각별한 열망으로 당나라에 유학을 했는데, 이제 부처와 스승의 나라에 와서 쇠퇴한 불교의 모습을 보고 혜초는 무슨 생각을 했을까.

이어서 혜초는 부처가 처음으로 설법을 편 사르나트녹야원로 향했다. 사르나트는 부다가야의 보리수 나무 아래에서 깨달음을 이룬 부처가 그 진리를 다섯 제자에게 처음으로 설법하기 위해 찾았던 곳이다. 원래 부처는 위의 다섯 제자와 함께 ― 힌두교에서 강조되는 ― 고행을 시작했다. 6년 동안이나 방랑과 단식이며 몸을 억압하는 고행을 계속했지만, 그러나 이런 오랜 고행에도 이렇다 할 깨달음을 얻지 못한 부처는 고행을 통해 깨달음에 이를 수 없다고 여기고 이를 그만두기로 했다.

이런 과정은 헤르만 헤세의 『싯다르타』에서도 그대로 나타난다. 헤세의 싯다르타와 친구 고빈다는 온갖 고행을 수행하지만, 마음의 평화는 오지 않았다. 그래서 고행을 그만두기로 하는데, 고빈다는 부처의 제자가 되기로 결심하고 부처에게로 가고, 싯다르타는 깨달음을 남의 도움 없이 각자가 성취해야 한다고 여기고 친구 고빈다와 헤어진다. 많은 세월 뒤에 싯다르타는 강의 흐름에서 깨달음을 얻고 마치 부처와도 유사하게 변화된 모습으로 고빈다와 만나게 된다.

고행을 멈춘 부처는 소를 방목하는 여인에게서 신선한 우유를 얻어 마시고 고행 대신 명상을 통한 수행선정(禪定)에 들어갔다. 이를 본 제자들은 그러나 부처가 타락했다고 여기고서 그에게서 떠나고 말았다. 그렇지만 부처는 마침내 명상을 통해 부다가야의 보리수 아래에서 깨달음을 이룬 것이었다. 부처는 그가 깨달은 진리를 다섯 제자들에게 ─ 비록 실망하고 돌아섰지만 ─ 먼저 전하기 위해 그들이 있는 사르나트로 갔다.

아무런 정황을 알 수 없었던 제자들은 멀리서 오는 부처의 모습을 보고 처음엔 대수롭지 않게 여기고 못 본 척하기로 했으나, 가까이 다가오는 부처의 변화된 모습에서 그 위엄에 저절로 고개를 숙이고 압도되었던 것이다. 이후 다섯 제자들은 항상 부처의 곁을 지키며 생사고락을 함께하고 부처의 설법활동에 동참했다.

다섯 제자들에게 처음으로 설법한 것을 기념하기 위하여 기원전 3세기에 아소카왕은 사르나트에 '아소카 석주'라고 하는 돌기둥을 세웠고, 6세기에는 '다메크 탑'이라고 칭해지는 큰 탑이 세워졌다. 혜초는 이 아소카 석주를 본 감격을 다음과 같이 기록했다.

(아랫부분이 결락됨) 위에는 사자가 있다. 저 석주당(幢)는 매우 굵어서 다섯 사람이 에워싸야 하며, 무늬는 섬세하다.91쪽

이 아소카 석주는 높이가 약 15.25미터나 되고, 돌기둥의 머리에는 부처를 상징하는 네 마리의 사자가 동서남북 네 방향을 응시하는 모습이 정교하게 조각되어 있다. 현재 이 석주의 윗부분은 사르나트 박물관에 보관되어 있고, 남아 있는 높이는 2.03미터의 밑동만이라고 한다. 사람들이 저 탑을 세울 때 석주도 함께 만들었는데, 이 석주 형태의 절의 이름이 '달마작갈라達磨斫葛羅'라고 혜초는 칭하고 있다.91쪽 참조

이토록 훌륭하고 웅장한 아소카 석주와 사자상, 달마작갈라 절이 곧 부처의 흔적임을 생생하게 목격했지만, 동시에 불교가 이미 쇠퇴해버리고 그 자리에 힌두교가 자리 잡고 있는 것을 목격한 혜초는 무슨 생각을 했을까. 혜초는 그러나 자신의 주관적 견해를 자제하고 현사실성에 입각해 다음과 같이 말하고 있다.

외도外道는 의복을 입지 않고 몸에 재를 바르며 대천大天을 섬긴다.92쪽

여기서 외도는 —『왕오천축국전』의 전체에서 같은 의미로 쓰인다 — 불교 이외의 다른 종교를 말하고, 대천은 힌두교의 최고신

인 시바Siva를 가리킨다.

사르나트를 순례하고 혜초는 이어서 서둘러 죽림정사와 마하보디 탑이 있는 마게타국마가다, 오늘날의 라지기르으로 향했다. 이 마게타국은 사르나트에서 약 30여 리12킬로미터 정도 떨어진 곳에 있으며, 죽림정사는 마게타국의 옛 수도 왕사성에 자리 잡고 있다. 이 죽림정사는 불교 최초의 사찰로 큰 의미를 갖는데, 옛날 왕사성의 성주 빔비사라왕BC 544~493이 부처의 덕을 크게 칭송하여 수행도량을 위해 세

〈그림 3〉 마하보디 대탑에 도착한 혜초의 모습을 상상해 디지털로 복원한 모습. 영감에 사로잡혀 있는 신라의 건장한 청년의 모습이 잘 드러나 있다. 출처 : 박진호.

웠던 것이다. 이 사찰 안에는 — 혜초가 보고하듯 — 1구의 금동상과 5백□□□결락이 있으며 1개의 금동 법륜法輪이 있다.93쪽 참조

동천축국의 순례를 마무리하면서 — 비록 곳곳에 폐허가 된 불교의 흔적도 많았지만 — 혜초는 벅찬 감동에 휩싸인 것으로 보인다.

이 성은 항하恒河를 굽어볼 수 있는 북쪽 언덕에 위치해 있다. 바로 이 녹야원鹿野園과 구시나拘尸那, 왕사성王舍城, 마하보리摩訶菩提 등의 사대영탑四大

靈塔은 마게타국 왕의 영역에 있다. 이 나라에는 대승大乘과 소승小乘이 함께 행해지고 있다. 이때 마하보리사摩訶菩提寺에 도달해보니, 본래의 서원本願에 맞아서 굉장히 기뻐했다. 내 뜻을 대충 오언으로 읊어 본다.94~95쪽

이 인용문에서 성은 마게타국의 왕사성을 말하고, 항하는 갠지스강의 한자 이름이다.

마하보리는 큰 깨달음대각(大覺)이라는 뜻인데, 마하보리사는 석가가 도道를 크게 깨우친 곳을 기념하기 위해 세운 성스러운 절이었다. 우뚝 솟아 우거진 보리수 아래에서 깊은 명상에 잠겨 있는 부처의 모습을 그려보면서 혜초는 자신이 갖고 있었던 본래의 서원이 현현된 그 기쁨을 가눌 수 없어 오언시를 지은 것으로 보이는데96~97쪽, 『왕오천축국전』에 등장하는 다섯 편의 시詩들 중에서 유일하게 환희의 송가로 보인다.

보리사가 멀다고 여기지 않는데,
어찌 녹야원을 멀다고 하겠는가.
가파른 길의 험난함을 시름할 뿐,
업풍業風이 몰아쳐도 개의치 않네.
팔탑八塔은 진실로 보기 어려운데,
오랜 세월 지나면서 타서 널려 있네.
어찌 그리 서원이 이루어질 줄이야,
오늘 아침에 내 눈으로 보았네.

그런데 위의 시에서 첫째 줄의 시구에 등장하는 원문의 보리菩提를 이석호, 정수일, 강윤봉을 비롯한 많은 번역자들이 부다가야에 있는 보리수를 가리키는 것으로 보고서 '보리수'로 번역하는데, 고려대학교 한국사연구소와 정병삼은 마하보리사의 보리사로 여기고 '보리사'로 번역하였다. 저자도 이 후자의 번역이 맞는 것으로 본다.

2. 중천축국

　　동천축국을 순례한 혜초는 바라닐사국바라나시을 거쳐 중천축국으로 향했는데, 갠지스강을 따라 서쪽으로 두 달 정도 걸어갔다. 히말라야의 남쪽에서 발원하는 갠지스강은 그 길이가 약 2,500킬로미터로 흘러 뱅갈만으로 들어간다. 갠지스강은 인더스강과도 같이 힌두교에서뿐만 아니라 인도인 전체에서도 성스러운 강으로 받아들여지고 있다. 혜초는 중천축국의 왕이 거주하는 성이 있는 갈나급자葛那及自에 도착했는데, 이 중천축국에 대하여 다음과 같이 기록하고 있다.

　　이 중천(축국) 왕의 경계는 매우 넓으며 백성도 많다. 왕은 9백 마리의 코끼리를 소유하고, 다른 대수령은 각각 2·3백 마리씩을 소유한다. 왕은 매번 직접 병사와 말을 거느리고 전투에 나섰다. 항상 다른 네 천(축국)과 싸웠으며, 중천(축국) 왕이 늘 이겼다. 저 나라의 법은 코끼리가 적고 병사도 적은 것을 스스로 알면 곧 화해를 청하며, 매년 세금을 바치고 서로 싸우거나 죽이지 않는다.98~99쪽

왕이 전장으로 끌고 온 코끼리의 숫자가 국력의 크기로 측정되는 것은 특이한 점이다. 왕은 직접 병사와 말을 거느리고 전투에 나가며, 다른 천축국들과의 전쟁에서 늘 이긴다고 한다. 그런데 코끼리와 병사의 숫자를 척도로 승패를 가리고, 곧 패자 쪽에서 화해를 청하여 매년 세금을 바치는 대신, 서로 싸우거나 죽이지 않는다고 하니, 세계역사에서 이토록 평화로운(?) 전쟁은 보기 드물다. 아마도 천축국들의 종교 영향때문 — 살생과 살인을 금지하는 — 이 아닐까.

더욱이 저 코끼리와 관련된 우스꽝스런 일화를 저자는 고대 그리스어를 배우면서 알았는데, 이를테면 알렉산드로스 대왕이 인도에 쳐들어갔을 때, 인도의 코끼리 부대로 인해 몹시 곤혹스런 처지에 처했던 것이다. 알렉산드로스 군대의 기동력인 말들이 코끼리 앞에 겁을 집어먹고 전진을 못했기 때문이어서 당일의 전쟁을 멈추고 다른 궁리를 할 수밖에 없었던 것이다.

그런데 혜초는 아직 오천축국을 다 돌아보지 않은 상태에서 '오천축국의 풍속'에 대해 서술하는데, 이런 전개 방식을 통해 돈황에서 발견된『왕오천축국전』이 갑작스럽게 쓰진 필사본과 절략본임을 짐작케 한다. 더욱이 2달이나 3달 걸려 여행지역을 옮길 때 도

중에서 경험했거나 있었던 일은 — 혜림의 『일체경음의』에서 저 『왕오천축국전』이 상·중·하의 분량으로 되어 있다는 것을 고려할 때 — 기록에서 생략된 것도 우리에게 알려진 이 책이 절략본임을 추측케 한다.

혜초는 오천축국의 언어와 풍속, 법률의 운용 등이 — 남천축국의 언어만 좀 차이날 뿐 — 오천축국 전역에서 서로 비슷하다고 기술하고 있다.

> 오천(축국)의 법에는 목에 칼을 씌우거나 매질을 하거나 옥에 가두는 일이 없다. 죄를 지은 자는 죄의 가볍고 무거움에 의거해서 벌금을 부과하며, 또한 형벌과 사형은 없다. 위로 국왕으로부터 아래로 서민에 이르기까지 사냥을 나가서 매를 날리고 개를 내모는 일은 보지 못하였다. 길에는 도둑이 많기는 하지만 물건을 빼앗고는 곧 놓아주며 또한 해치거나 죽이지 않는다. 만약 물건을 아낀다면 곧 바로 다치게 된다.100~101쪽

백성들이 살생을 꺼리는 것을 혜초는 뒤에서 또다시 언급한다.

> 토착민은 착해서 살생을 좋아하지 않는다. 시장의 상점 안에서 짐승을 잡아 고기를 파는 곳을 보지 못했다.107쪽

이들 두 인용문에서 우리는 몇 가지 귀중한 시사점을 발견한다. 우선 당대의 인도 사회에서의 역사성과 시대상을 정확히 엿볼 수

있다. 종교의 영향 때문인지 살생이나 사형이 없었다는 것인데, 이는 권력지상주의의 유교국가들이나 메소포타미아의 나라들, 나아가 세계의 그 어느 나라보다도 생명이 존중되고 있다는 것을 목격하게 한다. 이로 인해 백성들에게 그 어느 나라들보다도 자유가 많았던 것으로 추리된다.

이어서 혜초는 오천축국의 자연과 기후 및 음식문화에 대해 언급한다.

토지는 매우 따뜻하며 온갖 풀이 늘 푸르고 서리와 눈이 없다. 음식은 다만 멥쌀, 미숫가루, 빵, 보릿가루, 버터, 젖, 치즈 등이며, 장은 없지만 소금은 있다.102~103쪽

그런데 여기서 혜초는 북천축국의 나라들을 여행하지 않은 상황이었는지 "눈과 서리가 없다"고 하지만, 나중에 북부의 산악지방을 여행하면서 눈과 서리가 있음을 목격한다.

이어서 혜초는 천축국에 과세의 부담도 크지 않음을 지적하는데, 이것 또한 세계의 다른 나라들과의 차이를 목격하게 한다.

백성들에게 별 다른 부역이나 세금은 없다. 다만 땅에서 나는 곡식의 다섯 섬은 거두어들이고 한 섬은 왕에게 바치는데, 왕이 직접 사람을 보내 운반해가고 땅 주인이 일부러 보내지 않는다.103쪽

혜초는 오천축국에서의 특이한 쟁론문화를 소개하는데, "왕이 매번 관청에 앉으면 수령과 백성은 모두 몰려와 왕을 에워싸고 사방에 앉는다. 각각 도리를 다투는데, 소송이 분분하여 매우 소란스럽지만 왕은 듣기만 하고 화내지 않는다. 그러다가 느긋하게 '그대는 옳고 그대는 옳지 않다'라고 알린다. 저 백성들은 왕의 한 마디 말을 결정된 것으로 여겨서 다시 두말하지 않는다. 왕과 수령들은 삼보三寶를 지극히 존경하여 믿는다".105쪽

이러한 쟁론문화 또한 혜초에게 문명의 쇼크로 와닿지 않았을까? 백성들도 쟁론문화에 참가할 수 있다는 것은 권력지상주의와 전제주의의 유교문화보다 훨씬 민주적이기 때문이다. 왕이 쟁론에 참가하고 백성들의 말에 귀를 기울인다는 것은 자의적으로 혹은 권력으로 짓밟는 것은 아니기 때문이다. 왕과 수령의 권력보다 종교적인 것을 더 숭상하는 것은 힌두교에서도 마찬가지일 것이다. 카스트제도에서 성직에 해당하는 브라만이 정치권력인 크샤트리아보다 더 상위에 있기 때문이다.

혜초는 이어서 오천축국의 주택 양식과 생산물들을 언급하고서 중천축국의 사대탑四大塔에 관해 언급하는데, 천축국에 부처와 직접적인 관련이 있는 8대탑 중에 4개의 탑이 중천축국에 있기에, 남다른 관심으로 답사를 했을 것으로 보인다. 혜초는 우선 이 중천축국에 대승과 소승이 동시에 행해지고 있다고 지적하고, 항하갠지스의 북쪽 언덕에 3개의 큰 탑이 있다고 한다.

첫 번째는 사위국舍衛國, 슈라바스티의 급고원給孤薗 안에 있는데, 이것

은 기원정사이다. 이 기원정사는 고아와 노인, 가난한 이들을 돌본 수다타Sudatta라는 사람이 부처를 존경하여 세운 절인데, 부처는 여기서 25년간이나 머물며 중요한 설법을 하였다. 두 번째는 비야리성毘耶離城, 바이샬리의 암라원菴羅園에 있고, 셋째는 가비야라국迦毘耶羅國, 카필라바스투의 부처 탄생지룸비니에 있다. 혜초는 여기서 무우수無憂樹를 보았다고 하는데, 이 무우수는 마야부인이 출산할 때, 옆에 있는 나무를 잡고서 고통 없이 부처를 순산한 데서 유래한다.

넷째의 탑은 삼도보계탑三道寶階塔으로 상카시아에 있다. 부처님이 도리천忉利天에서 마야부인을 위해 설법을 하고 내려오는데, 하늘에서부터 삼도보계세 계단이 각각 다른 보석으로 장식된 길가 만들어진 데서 유래되었다. 왼쪽 길은 금으로, 오른쪽 길은 은으로, 가운데 길은 폐유리칠보로 장식되었는데, 부처는 가운데 길로, 수호하는 역할을 하는 범왕梵王, 범천왕, 브라마은 왼쪽에, 제석帝釋, 아수라의 군대를 정벌하는 하늘의 임금, 힌두교에서 인드라은 오른쪽에 위치하여 부처님을 뫼시고 내려온 데서 유래하였다. 신화적 표현이 강한 삼도보계탑은 아마도 불교의 교세가 확장될 때 혹은 확장을 염원하는 의미로 칭해졌을 것으로 보인다.

그런데 첫째 탑과 넷째 탑의 답사에서 "절도 있고 승려가 있는 것을 보았다"고 혜초는 기록하고 있는데, 아마도 관리를 맡아 겨우 유지를 하고 있는 것으로 보인다. 둘째 탑엔 "절은 황폐해서 승려는 없다"고 하며, 부처의 탄생지인 룸비니의 셋째 탑엔 "이미 폐허가 되었다. 탑은 있으나 승려는 없었고 백성도 없었다. (…중략…)

숲은 황폐하고 길에는 도둑이 많아서 그곳으로 예배하러 가는 이들은 통행하기가 매우 어렵다"108~110쪽고 기술하고 있다. 그야말로 "부처의 흔적은 많지만 불교를 믿는 사람은 거의 없다"[2]는 표현이 적확한 것으로 보이는데, 혜초는 무엇을 느꼈을까.

3. 남천축국

중천축국에 이어서 혜초는 남쪽으로 3개월 정도 걸어 남천축국의 왕이 머무는 곳에 이르렀다. 당대에 남천축국의 수도는 서찰루키아의 나시크Nasik로 알려졌다. 3개월의 여행기간에는 아무 것도 기록된 것이 없어 우리에게 알려진 『왕오천축국전』이 절략본이고 필사본임을 짐작케 한다. 우리에게 중요한 것은 사람이 더위와 땀, 갈증을 이겨내며 3개월을 걸을 수 있는가이다.

남천축국의 왕은 8백 마리의 코끼리를 소유할 만큼 큰 권세를 가졌으며, 영토가 매우 넓어 남쪽으로 남해에, 동쪽으로는 동해에, 서쪽으로는 서해에 이르며, 북쪽으로는 중천축국-서천축국-동천축국과 경계를 하고 있다.113쪽 참조 또한 의·식·주의 문화와 풍습은 중천축국과 유사하지만, 기후는 중천축국보다 더 덥고 언어는 중천축국과 좀 달랐다.

혜초는 이 나라의 생산물을 언급한 뒤에 "왕과 수령 및 백성들은 삼보를 지극히 공경하여 절도 많고 승려도 많으며, 대승大乘과 소승小乘이 함께 행해진다"114쪽고 보고하고 있는데, 아이러니컬하게도 부처의 흔적과 유물이 많은 동천축국이나 중천축국보다 불교가 더 융성해 있었던 것으로 보인다. 불교사상에 큰 영향력을 미친 용수龍樹, Nagarjuna가 활동했을 때는 불교가 크게 성행했던 것이다. 용수는 남인도의 브라만 출신이지만, 불교에 귀의하여 대승불교의 시조라 일컬어지는 인물이다.

이 남천추국에서 혜초는 용수보살과 그에 의해 초인간적으로 건축된 절에 대해 언급한다.

> 그곳 산중에 큰 절대사(大寺)이 하나 있는데, 그것은 용수보살이 야차신夜叉神으로 하여금 만들게 한 것인지 사람이 지은 것이 아니다. 산을 뚫어 기둥을 세우고 3층으로 누각을 지었는데, 사방의 둘레가 3백여 보나 된다.115~116쪽

여기서 야차신은 원래 모든 귀신을 말하지만, 문맥상 초인간적인 힘으로 이해해도 될 듯하다.

이 기념비적인 용수보살의 건축물과 함께 그의 생전에는 3천 명의 승려들에게 15섬의 쌀로 공양되었을 정도로 불교가 융성했지만, "그러나 지금은 절이 황폐해져서 승려가 없다"116쪽고 기록한 것을 보아 — 앞에서 절도 많고 승려도 많으며, 사람들은 삼보를 공경한다고 했지만 — 불교가 많이 쇠퇴한 것으로 보인다.

이토록 위대한 선각자와 그의 초인간적인 건축물이 있는데도

불구하고, 지금은 황폐해져서 승려조차 없다면, 불교가 인도에서 이미 혜초의 당대에 거의 쇠퇴해버린 것임을 반증하는 것으로 보인다. 부처의 나라와 스승의 고향인 남천축국이 이토록 황폐한 것을 목격하고서 혜초는 무슨 생각을 했을까.

혜초는 이 남천축국에서 고향에 대한 그리움에 젖었는지, 향수를 불러일으키는 오언시 한편을 남기고 서천축국으로 발길을 옮겼다. 이 시에 대해서는 '혜초의 오언시와 하이데거의 시작詩作 해석'이란 장章에서 다루기로 한다.

4. 서천축국

혜초는 다시 발길을 돌려 북서쪽으로 두 달을 걸어 서천축국의 왕이 거주하는 성에 이르렀다. 서천축국은 오늘날 파키스탄의 남부 — 혜초의 당대에 파키스탄이라는 나라는 없었다. 식민통치 시절 인도와 함께 영국의 통치를 받다가 이슬람 중심으로 분리 독립된 나라가 파키스탄이다 — 신드지방에 해당한다. 서천축국의 영토는 북쪽으로 카슈미르Kashmir, 동쪽으로 카나우지Kanauji, 카나굽자, 서쪽으로 무크란Mukran, 발루키스탄에 이르렀다. 히말라야에서 발원하는 인더스강은 서천축국을 지나 파키스탄의 펀자브평원을 거쳐 아라비아해로 흘러간다.

혜초는 서천축국의 왕이 5·6백 마리의 코끼리를 가지고 있다고 기록하였는데, 이를 통해 그의 권세를 짐작할 수 있음을 말한 것이다. 이어서 서천축국의 생산물과 식생활을 언급한 뒤에 혜초는 "왕과 수령, 백성들은 삼보를 지극히 존경하며 믿는다. 절도 많고 승려도 많으며, 대승과 소승이 함께 행해지고 있다"120쪽고 기록하고 있다.

이 나라 사람들의 특징으로 "대부분 노래를 잘 부른다"120쪽고 지적하고 — 앞에서도 천축국 전역에 걸친 법 집행의 문화를 언급했지만 — "목에 칼을 씌우거나 몽둥이로 때리거나 옥에 가두거나 사형에 처하는 등의 일은 없다"121쪽는 것을 강조하고 있다. 이는 세계의 다른 문명권특히 이슬람 원리주의나 권력지상주의의 유교 문명권에 비해 인간의 생명에 대한 존엄성이 기본적으로 정립되어 있음을 시사한다.

그렇지만 서천축국의 큰 문제는 "대식大寔의 침입을 받아 나라의 절반이 이미 파괴되었다"121쪽는 것이다. 아랍의 이슬람교는 예나 지금이나 호전적이어서 전쟁과 테러를 예사로 일으키고 있다. 이런 호전적 이슬람교에 비해 불교는 너무 소극적이고 살생과 살인을 금하기에 구조적으로 수난을 겪을 수밖에 없는 처지다. 결국 불교의 이런 소극적 태도는 — 도덕적으로는 훌륭하지만 — 나와 가족을, 나아가 국가와 종교마저 지키지 못하는 처지로 전락하고 만다. 그러기에 침략을 당하여 나라를 잃지 않기 위해 불교는 각고의 노력을 기울이지 않을 수 없다.

5. 북천축국과 주변 나라들

북천축국은 다른 천축국들과는 달리 혜초가 여행했던 8세기에 아직 통일된 세력이 없이 여러 나라가 분립해 있었다. 말하자면 북천축에는 여러 작은 나라들이 병존해 있었고 약소국들의 경우 늘 강력한 나라들의 침략에 대비하느라 불안한 삶을 이어갔고 때론 무기력한 상태에서 방위를 포기하고 침략국에 예속되었다.

혜초는 서천축국에서 북쪽으로 3개월 정도 걸었는데, 다른 천축국과는 달리 지형과 기후가 전혀 딴판이었다. 동쪽으로는 히말라야산맥의 설산들이 우뚝 서 있고, 좁고 가파른 산길이 도처에 펼쳐졌다. 3개월이 지난 즈음에 혜초는 사란달라국闍蘭達羅國, 잘란다라에 이르렀다. 왕은 3백 마리의 코끼리를 소유하고 있었으며 산에 의지하여 성을 쌓아 방어를 하지만, 병사와 말도 많지 않아 늘 중천축국과 가섭미라국迦葉彌羅國의 공격 대상이 되곤하였다고 한다. 혜초는 이 나라의 생산물과 기후를 언급하고, 먹고 사는 식생활은 중천축국과 크게 다르지 않다고 기록했다. 이 나라의 서쪽은 평야이고 동쪽은 설산雪山과 가깝다고 하며, 나라 안에는 "절도 많고 승려도 많으며, 대승과 소승이 함께 행해지고 있다"고 기록하고 있다.

북천축국 내에도 작은 나라들이 방대한 히말라야산맥과 멀고 가까운 곳에 펼쳐져 있는 것으로 보인다. 혜초는 이어서 한 달을 걷고 설산을 넘어 소발나구달라蘇跋那具怛羅에 이르는데, 이 나라는 토번국土蕃國, 티베트의 관할에 있고, 의복은 북천축국과 비슷하지만, 언어는 다르며 기후는 매우 춥다고 하였다. 이토록 거의 한 달씩 걸어 다음 행선지는 탁사국託社國과 신두고라국新頭故羅國으로 이어졌는데, 후자는 대식의 침략으로 나라의 절반이 훼손되었다고 한다.

다시 이동하여 혜초는 국적 불명의 다마삼마나多摩三磨娜의 절과 나게라타나那揭羅馱娜 절에 대하여 언급하는데, 대체로 절도 많고 승려도 많으며, 삼보를 매우 존경한다고 기록하고 있다. 안타까운 것은 이 나게라타나의 절에서 중국의 승려가 공부를 마치고 고향으로 돌아가는 도중에 갑자기 병들어 입적하였는데, 혜초는 "이 말을 듣고 너무나 상심하여 곧바로 사운四韻을 표제로, 저승길을 슬퍼하면서"131쪽 오언으로 시를 읊었다.

이 중국인 승려"보배나무"가 서원을 이루지 못하고 타향에서 꺾인 것은 슬프고 애절한 사건으로 받아들여지고, 혜초 자신과도 관련이 없지 않은 것으로 받아들여지고 있다. "보배나무"의 "옥 같은 용모는 재가 되었구나"로 읊은 데에서 혜초의 진솔한 인간적인 면모가 드러난다. 승려의 죽음을 단순히 '해탈'이라거나 "열반했다"는 등 종교적 교리로 접근하는 것이 아니라, 슬픔과 지극한 상심으로 받아들이는 것이 오히려 인간의 진솔한 본연에 가까운 것으로 보인다.

혜초는 다시 북쪽으로 15일을 가서 산속에 자리 잡은 가섭미라카슈미르에 이르렀다. 이 나라는 북천축국에 속하며, 산속의 나라들 중에서 좀 큰 편이다. 왕은 3백 마리의 코끼리를 소유할 정도의 권세를 갖고 있었는데, 이 나라는 사방이 산으로 막혀 있는 데다 지세가 워낙 험준하여 외국의 침략을 받지 않는다고 한다. 그러나 잘 알려져 있듯이, 현재 카슈미르는 인도와 파키스탄 및 인도와 중국 사이에 국경 분쟁이 심하며, 종교 또한 무슬림이 지배적이고, 이외에 힌두교와 티벳 불교도 존재하고 있다.

혜초가 관찰한 바에 의하면 이 나라의 인구는 많지만, 가난한 백성이 아주 많다는 것이다. 왕과 수령 및 부자들의 의복은 중천축국과 다르지 않으며, 그 외의 백성들은 모포를 걸쳐서 몸의 추한 곳을 가린다고 한다. 이 나라의 생산물로는 구리를 비롯해 철, 무명천, 모포, 소, 양, 코끼리, 작은 말, 멥쌀, 포도 등이 있다.

강윤봉 선생은 카슈미르에 포도가 많이 생산되고 축제도 행해진다고 한다.

(카슈미르는) 포도를 많이 키우는데, 포도를 거두어들일 때는 마을에서 제사를 지내고, 축제가 벌어지는 날에는 포도주를 마시며 춤을 추기도 한다.[3]

이러한 축제문화나 포도주를 마시는 문화는 불교의 문화와는 다소 거리가 있기에, 불교의 전래 이전부터 있었던 토속문화로 보인다.

그런데 이 나라의 토지는 "매우 추워서" 이전의 나라들과 같지 않고, 눈과 서리가 내린다.135쪽 참조 고원지대인 카슈미르의 땅은 남북이 5일 걸어 닿는 거리이고, 동서는 1일 걸어 닿는 땅으로 측정되며, 가옥은 널빤지로 지붕을 삼고 있다. 당대의 여행자들에게 차가운 카슈미르의 땅은 수난의 땅이었던 것이다.

"왕과 수령, 그리고 백성들은 삼보를 매우 공경한다"136쪽고 혜초는 기록하고 있지만, 당대에 이미 힌두교와 시크교, 이슬람교, 토속종교용 숭배 등 다양한 종교들이 공존했던 것으로 보인다. 용 숭배의 토속종교는 혜초의 글에도 나타난다.

> 나라 안에는 용지龍池가 하나 있는데, 그 용왕龍王은 매일 1천 명의 나한승羅漢僧들을 공양했다.137쪽

용龍, 즉 나가Naga는 예전부터 카슈미르에서 숭앙되었으며, 600개 이상에 달하는 '용'의 이름이 이 지방에 있었다고 한다. 용 숭배는 동양의 나라들에서 광범위하게 받아들여진 것으로 보인다. 고분벽화에서 동 청룡이나 황룡이 그것을 말해주고 있고, 많은 사람들의 이름에 용이란 글자가 들어가 있다. 앞에서 우리가 언급했던 용수보살의 용수龍樹, Nagarjuna는 어원에 입각한 번역어이다.

척박한 이 카슈미르에는 다양한 종교가 이미 자리를 잡고 있었던 것으로 보인다. 『혜초의 대여행기 왕오천축국전』의 저자 강윤봉 선생이 지적하듯 "왕은 시바나 비슈누 같은 힌두교 신들을 위해 사원을 세워주고, 왕비나 대신들은 불교 사원을 짓기도 했다. 그러나 당시는 대체로 힌두교가 강세를 보이기 시작한 때였다".4

그러나 혜초가 카슈미르를 여행했을 당시에는 아직 불교가 성

행하고 있었기에, "위로 국왕·왕비·왕자에 이르기까지, 아래로 수령과 아내에 이르기까지 능력에 따라 각자가 절을 짓는데, 따로 짓지 함께 짓지 않는다"138쪽고 기록하고 있다. 혜초는 그 이유를 현지인들에게 물었는데, "각자의 공덕인데 어떻게 함께 짓겠는가"라는 답을 들었다. 그런데 각자의 공덕이라고 하지만, 그 본연의 의미는 "무릇 절을 지어 공양하는 것은 마을과 백성들에게 은혜를 베풀어 삼보를 공양하도록 함이다. 헛되이 절만 짓고 백성들에게 은혜를 베풀지 않는 일은 없다"139쪽는 것이다.

6. 서역과 히말라야산맥의 여러 나라들

북천축의 가섭미라국에서 동북쪽으로 산을 사이에 두고 15일을 가면 대발률국大勃律國, 발티스탄과 양동국楊同國, 부탄 북부와 티베트 남부지방 및 사파자국娑播慈國, 네팔 또는 라다크에 이르는데, 혜초는 이들 세 나라가 험한 산속의 작은 나라들로서 토번吐蕃의 관할 아래에 있지만, 의복과 언어와 풍속이 천축과는 다르다고 한다.142쪽 참조 이토록 의복과 언어 및 풍속이 다른 것은 아주 험난한 산악지역이기에, 천축국과의 왕래가 드물었기 때문이었을 것이다. 혜초는 이들 나라들이 "가죽 외투와 모직물, 가죽신, 바지 등을 입는다"고 기록하고 있으며, 험한 산악지역인 만큼 "땅이 협소하고 산천이 매우 험하다"고 언급한다.

이 나라들은 호胡로 칭해지지만, 불교를 믿고 있다고 혜초는 기록하고 있다. 원래 호라는 명칭은 중국 사람들이 변방을 천하게 부르는 말로서 동이東夷, 북적北狄, 흉노匈奴, 서융西戎, 남만南蠻과 비슷한 용어이다. 따라서 중화사상에는 자기들만이 하늘 아래의 중심국가이고, 변방의 이웃 나라들은 야만의 나라들이라고 규명되어 있기에, 이 이웃 나라들을 벗으로 삼을 수 있는 가능성이 전혀 없다. 이웃 나라들은 조공을 바치는 속국이 되어야 한다는 것이 이 중화사상의 DNA이다.

그런데 이들 호胡로 칭해지는 나라들을 관할하는 토번티베트은 "전혀 절이라곤 없으며, 불법佛法을 알지 못한다"143쪽 참조고 보고하고 있는데, 혜초의 당대에 아직 토번의 경우 불교가 뿌리 내리지 않았던 것으로 보인다. 8세기 중엽에 이르러서야 불교가 전파되었다고 하는데, 티베트의 32대 왕 손챈캄포가 이 나라를 불교왕국으로 바꾸었다고 한다.[5] 그 이후 티베트는 불교국가로 자리 잡았지만, 당나라의 공주를 왕비로 삼은 티베트는 단연 당나라에 대한 경계심을 풀었지만, 당나라는 호시탐탐 티베트를 노려서 결국 몰락시키고 말았다. 티베트는 오늘에 이르기까지 중국의 지방이 되고 말았다. 흉노에 공주를 보낸 한나라의 경우와 똑같은 처지인 것으로 보인다.

이들 나라보다 더 동쪽에 위치한 토번은 "순전히 얼어붙은 산, 눈 덮인 산과 계곡 사이에 있는데, (사람들은) 모직물로 만든 이동식 천막을 치고 산다. 성곽이나 가옥은 없으며, 처소는 돌궐突厥과 비숫하며, 물과 풀을 따라 이동한다"144~145쪽고 혜초는 기록했는데, 천막을 치고 유목생활을 하는 토번의 생활상을 엿볼 수 있게 한다. 이 나라의 생산물로는 양, 말, 묘우猫牛, 모포, 베 등이 언급되고, 의복은 털옷과 베옷, 가죽외투가 지목되었다. 사람들은 보릿가루 음식을 즐겨 먹고, 빵과 밥도 먹는다고 한다. 사람들의 피부는 검은 편이며, 언어 또한 다른 여러 나라와 같지 않다고 한다. 이 나라 사람들은 털옷을 즐겨 입기에, 이蝨가 매우 많으며, 이 이를 잡는 것을 좋아할 뿐만 아니라 입 속에 넣고 버리지 않는다고 한다.

다시 가섭미라국카슈미르에서 북서쪽으로 산을 넘어 7일을 가면 소발률국小勃律國, 오늘날의 길기트에 이르는데, 이 나라는 중국의 관할 아래에 있다. 의복과 음식 및 풍속과 언어는 대발률국과 비슷하다. 발률국대발률-소발률은 당시 중국과 티베트라는 두 강대국의 사이에 끼어 대발률과 소발률로 나뉘기도 하고, 한 때는 중국에, 또 한 때는 티베트에 지배당하기도 했다. "대발률은 원래 소발률 왕이 거처하던 곳인데, 토번이 내침하자 소발률국에 들어가 주저앉았다. 수령과 백성들은 저 대발률에 남아 따라오지 않았다"148쪽고 혜초는 기록하고 있다.

그런데 발률은 파미르고원의 기슭에 자리 잡았기에, 동서교통의 길목에 놓였는데, 동쪽으로는 천산산맥이, 서쪽으로는 힌두쿠시산맥이 가로막고 있어서 중국과 티베트 등 동쪽의 나라들이 서쪽으로중앙아시아, 인도, 아랍, 페르시아 등 가려거나, 거꾸로 서쪽의 나라들이 동쪽으로 가려면 반드시 이곳발률을 지나가야 했기에, 중국과 티베트는 이곳의 지배권을 쟁취하기 위해 서로 전쟁을 했던 것이다. 발률은 또한 동서 교통의 실크로드로서 불교가 중국이나 티베트로 전파되는데 다리역할을 했으며, 상인들의 교역로 역할도 했다. 이들 나라들은 산악지역이기에 산천이 협소하고 토지는 척박하여, 농사는 소규모에 불과하다고 혜초는 기록하고 있다.

다시 혜초는 소발률에서 가섭미라국으로 돌아와 잠시 휴식을 취한 뒤에 서북쪽으로 산을 넘어 한 달을 가서 — 건타라로 가는 길은 히말라야산맥의 산들이 6천 미터를 웃돌기에 한 달의 순례가 고행이었을 것이다. 험산준령에 깎아지른 절벽과 아찔한 낭떠러지가 도처에 펼쳐진 것이다 — 건타라국健馱羅國, Gandhara, 간다라에 도달하였다.

"이 나라 왕과 군사는 모두 돌궐(인)이고, 토착인은 호(인)이고, 바라문婆羅門도 있다. 이 나라는 예전에 계빈罽賓 왕의 치하에 있었는데, 이 돌궐 왕의 아버지가 한 부락의 군대를 이끌고 저 계빈 왕에게 투항하였다. 이후 돌궐의 병력이 강해지자 곧바로 저 계빈 왕을 죽이고서 스스로 나라의 주인이 되었다"148~150쪽는 다소 섬뜩한 기사를 혜초는 쓰고 있다.

위의 인용문에서 언급된 간다라의 백성들은 (돌궐인이든 호인이든 바라문이든) 중국사람들이 야만이라고 천대시하는 나라의 사람들이다. 말하자면 동이, 북적, 서융 또는 서호西胡, 남만으로 칭해지는 그룹 중의 하나다. 서호라고 칭해지는 나라들은 주로 중앙아시아의 각 나라들을 지칭하는데, 간다라, 카슈미르, 대발률, 양동, 사파자국, 계빈국, 사율국, 범인국, 대식국, 소그디아나지방^{타지키스탄과 우즈}^{베키스탄 주변}의 여러 나라들, 골탈국, 타림분지 북쪽의 언기焉耆국 등이다. 또 '바라문'은 브라만교를 믿는 자들 혹은 힌두교를 믿는 인도인이지만, 나중에 서호라고 불려지는 나라에서 벗어났다. 그것은 인도가 중국이 받아들인 불교의 불교국이었기 때문이다.

혜초는 이 나라^{건타라국}의 의·식·주 문화를 언급하고 돌궐 왕이 5마리의 코끼리를 가지고 있으며, 양과 말, 낙타와 노새 및 당나귀 등의 동물을 매우 많이 갖고 있다고 한다. 아울러 이 나라의 남쪽에는 길이 험악하고 도둑이 많다는 것과 북쪽에도 "나쁜 일을 일삼는 자들이 많으며, 시장과 가게에서는 도살을 아주 많이 한다"^{152쪽}고 기록하고 있다.

간다라는 그런데 세계사에서 동서문명의 융합이 이루어진 곳으로 잘 알려져 있다. 간다라는 오늘날 파키스탄과 아프가니스탄의 국경지대로서 파키스탄의 라왈핀디와 페사와르, 아프가니스탄의 카불을 포함하는 펀자브지방이다. 안타깝게도 오늘날은 옛날의 자유로운 문명교류의 장場과 영화로운 모습은 흔적도 없이 사라지고, 이슬람 원리주의가 점령하여 폐쇄적인 지역으로 변했다. 당대의 간다라는 동서를 연결하는 주요 교통요지이기도 했다.

그때에 간다라지방에는 아소카 왕의 정복으로 인해 이미 불교가 전파되어 있었는데, 알렉산드로스의 동방원정 주둔지였던 이곳이 헬레니즘 미술을 받아들임으로써 '간다라 미술' 내지는 '간다라문명'이 형성되었던 것이다. 이때부터 ─ 그 이전에는 '무불상無

佛像시대'였다 ─ 불상이 제작되기 시작했는데, 그것은 그리스인들이 제우스나 포세이돈 같은 신상神像을 만든 것이 동기가 되었던 것이다. 미술과 조각 및 건축 양식에는 헬레니즘문명의 영향이 강했다.

그리스의 건축에는 소위 '배흘림 기둥'이 지배적이었는데, 그 영향은 동남아시아의 나라들에까지 전파되어, 태국의 아유타야 등의 큰 사찰에서 배흘림 기둥을 저자도 목격하였다. 언젠가 EBS 방송국에서 〈미소의 원류를 찾아〉를 방영했는데, 석굴암의 미소의 원류가 간다라에서 기원했다는 것이었다. 그런데 혜초가 간다라를 여행한 시기는 이미 알렉산드로스의 군대가 퇴각하고 돌궐이 간다라를 지배하던 때였다.

그런데 아이러니컬하게도 이 돌궐의 왕은 다른 돌궐인들과는 달리 "삼보를 매우 공경하여 믿으며, 왕과 왕비, 왕자, 수령들은 각각 절을 지어서 삼보를 공양한다. 이 왕은 매년 2번씩 무차대재無遮大齋를 ─ 무차대재는 일종의 법회로서 누구나 자유롭게 참여하여 법문을 들을 수 있고, 시주자가 잔치를 열어 물건을 나눠주며 불경을 강론하기도 한다 ─ 열어서 몸에 지니면서 애용하던 물건과 아내, 그리고 코끼리와 말 등을 모두 시주한다. 다만 아내와 코끼리는 승려에게 값을 매기도록 하고서 왕이 다시 사들였다. 그 밖에 낙타와 말, 금과 은, 의복, 가구는 승려들로 하여금 팔아서 스스로 이익을 나누어 살도록 하였다".153~154쪽 이 무차대재는 왕이 여러 승려들과 대중에게 공양하는 대재회大齋會였다.

신두辛頭, 인더스라는 큰 강을 굽어보는 북쪽 언덕에 성城이 자리 잡고 있는데, 이 성의 이름을 포색갈라벌저布色羯邏伐底라고 한다.154쪽 참조 이 성에서 서쪽으로 3일 거리에 큰 절이 하나 있다고 혜초는 말한다. 이 유명한 절의 이름은 (갈락가 왕이 세운) 갈락가葛諾歌라고 하는데, 유명한 천친天親보살과 무착无着보살이 머물렀던 곳으로서, 이 절의 탑은 항상 빛을 발했다고 한다.155~156쪽 참조

이 절의 탑이 "항상 빛을 발했다"는 것은 아마도 찬란한 금으로 칠해진 탑일 것이다. 동남아시아特히 태국과 미얀마에는 금으로 칠해진 사찰과 탑이 많다. 혜초가 언급한 천친보살은 유식학파唯識學派의 교리를 체계화하는데 공을 쌓았으며, 또 무착보살은 간다라지방 출신으로서 대승불교로 전향해 미륵彌勒의 가르침을 받았고, 동생인 세친世親과 함께 유식학파의 교리를 발전시켰다고 한다.

또 "이 성의 동남쪽 ○○리 되는 곳은 부처님께서 과거에 시비尸毘 왕이었을 때에 비둘기를 구해주었던 곳으로 절도 있고 승려도 있는 것을 보았다"157~158쪽고 혜초는 기록하고 있으며, 순례 당시 공양하고 있는 것도 직접 보았다고 한다. 이 나라에는 대승과 소승이 함께 행해지고 있다고 한다.

혜초는 이 건타라국에서 산속으로 3일을 가서 오장국烏長國, 올지인나, 오늘날의 스와르강유역에 이르렀다. 이 나라 왕은 삼보를 매우 공경하고, 백성들은 많은 분량을 절에 시주하여 봉양하며, 매일 재齋를 베풀어서 공양한다고 한다. 이 나라는 승려의 수가 속인俗人보다 더 많으며, 오직 대승법을 행한다고 한다. 의복·음식·풍속은 건타라국

과 유사하며 언어는 다르고, 생산물로 낙타, 노새, 양, 말, 모직물이 풍부하며 날씨는 매우 춥다고 한다.

다시 이 오장국에서 동북쪽으로 산속을 걸어 15일을 가서 구위국拘衛國, 사마갈라시국, 오늘날의 치트랄에 이르렀다. 이 나라 왕도 삼보를 공경하며, 절도 있고 승려도 있다. 의복과 언어는 오장국과 비슷하다고 혜초는 기록하고 있다. 또 건타라국에서 서쪽 방향으로 산속을 7일 동안 가면 람파국覽波國, 람파카, 아프가니스탄의 동부 카불유역에 이른다. 이 나라는 사방이 토박한 산으로 둘러싸여 있고 건타라국에 속하는데, 왕이 없고 대수령이 통치한다. 의복과 언어는 건타라국과 비슷하며, 절도 있고 승려도 있으며 삼보를 공경하는데, 대승법大乘法이 행해지고 있다.

이 람파국에서 산속을 걸어 8일쯤 가면 계빈국罽賓國, 카불에 이르는데, 이 나라도 건타라국 왕의 관할하에 있다. 그런데 이 나라의 왕은 여름에는 서늘한 계빈국에서 지내지만, 겨울에는 따뜻한 건타라로 가서 지낸다. 이 나라의 토착인은 소위 중국인들이 야만이라 부르는 호인이고 왕과 군사는 돌궐인이다. 의복과 언어와 음식은 토화라국吐火羅國과 대동소이한데, 의복으로 남녀 간의 차이도 없이 모두 모직물 상의와 바지를 입고 가죽신을 신는다. 생산물로는 낙타, 노새, 양, 말, 당나귀, 소, 모직물, 포도, 보리와 밀, 울금향鬱金香 등 다양하다.

이 나라 사람들은 삼보를 크게 공경하고 믿어서 절도 많고 승려도 많다. 백성들은 집집마다 절을 지어 삼보를 공경하는데, 이 나라엔 소승이 행해지고 있다. 이 나라의 큰 성 안에는 사사사^{沙糸寺, 샤}히스라는 절이 있는데, 이곳엔 부처님의 나발^{螺髮}과 뼈 사리^{舍利}가 있는 것을 혜초는 직접 보았으며, 또한 왕과 관리, 백성들이 매일 공양하는 것을 보았다고 한다.

혜초는 이 계빈국에서 서쪽으로 7일을 가서 사율국^{謝颶國, 자불리스}탄에 이르렀는데, 이 사율국은 카불의 남쪽 150킬로미터 지점에 있는 가즈니^{Ghazni} 부근이라고 한다. 토착인은 — 위의 계빈국에서와 같이 — 호인이고 왕과 군사는 돌궐인이다. 왕은 계빈 왕의 조카이지만, 다른 나라에 예속되지 않고 숙부와 계빈 왕에게도 예속되지 않았다. 이 나라엔 대승법이 행해지는데, 왕과 수령들은 돌궐인들이지만 삼보를 지극히 공경하여 절도 많고 승려도 많다고 한다. 사탁간^{娑鐸幹}이라고 칭해지는 대수령은 매년 왕보다 더 많이 금과 은을 공양했다고 한다. 이 사율국의 언어는 계빈국과 다르지만, 의복과 풍속 및 생산물은 계빈국과 비슷하다고 한다.

이 사율국에서 북쪽으로 7일을 가면 범인국^{犯引國, 바미안}에 도달한다. 이 범인국의 왕은 호인이지만, 다른 나라에 예속되지 않은데다 강력한 군대를 갖고 있어, 다른 나라가 감히 침입하지 못한다고 한다. 날씨는 매우 추운 편이며, 언어는 다른 나라와 다르고, 의복은 모직물 상의와 가죽 외투, 펠트 상의 등을 입는다. 양과 말 및 모직물과 포도가 풍족하게 생산된다. 왕과 수령 및 백성들은 삼보를 매우 공경하고 절도 많고 승려도 많으며 대승과 소승이 함께 행해진다.

이토록 강력한 군대를 갖고 있는 데다 삼보를 매우 공경하는 범인국^{바미얀}은 그러나 10세기부터 돌궐의 가즈나 왕조와 구르 왕조, 샤 왕조의 지배를 받다가 13세기 중엽에는 몽골군의 침략을 받았으며, 18세기 후반부터는 아프가니스탄의 속령이 되어 오늘에 이르고 있다.

그런데 이 범인국은 유명한 바미얀의 석불^{석굴사원}이 알려주듯 7세기에 이슬람군에게 정복될 때까지 불교의 중심이었다. 그러나 호전적인 이슬람군에 의해 세계적 문명 유산인 석불들은 파괴되어 갔다. 석굴군이 있는 계곡의 동쪽과 서쪽에는 각각 38미터와 53미터나 되는 거대 마애석불상이 우뚝 솟아 있었는데, 2001년 탈레반 정권이 우상숭배를 반대한다는 이유로 이들 석불상을 폭파해버렸다. 그런데 이 마애석불상은 간다라 양식과 이란계 양식 및 인도 양식이 융합된 조각작품으로 미술사적으로 큰 의미가 있는 유적이었다.

혜초는 이 범인국에서 또 북쪽으로 20일을 가서 토화라국^{吐火羅國, 광역의 토카리스탄(Tokharistan)}에 이르렀는데, 왕이 사는 성은 박저야^{縛底耶, 박트리아(Bactria), 오늘날 아프가니스탄의 북부인 발흐}라고 칭한다. 그런데 이 나라는 대식^{大寔, 아랍}의 군대가 진압하여 주둔하고 있으며, 왕은 도망가서 동쪽으로 한 달 거리의 포특^{蒲特, 아프가니스탄의 바다흐샨(Badakhshan)}산에 살고 있고, 대식의 관하에 놓여 있다.

이슬람의 아랍은 — 이때껏 보아왔듯 — 남의 나라를 짓밟고 뺏는 것을 예사로 여긴 것이다. 혜초는 이 나라의 국왕과 수령 및 백성들은 삼보를 매우 공경하여 절도 많고 승려도 많으며 소승법小乘法이 행해진다고 한다. 그러나 이미 혜초의 당대에 대식의 침입으로 불교가 쇠퇴하고 있었던 것이다. 이 나라의 언어는 다른 나라들과 다르며 계빈국과만 약간 유사하다. 이 나라 사람들은 가죽 외투와 모직물로 의복을 삼고, 고기, 파, 부추를 먹으며 외도外道를 섬기지 않는다고 한다.

혜초는 다시 토화라국에서 서쪽으로 한 달을 걸어 파사국波斯國, 페르시아, 이란에 이르렀다. 이 파사국은 혜초의 당대에 이미 아랍의 치하에서 자신의 고유한 문화와 종교마저 잃고 이슬람화되었다. 이 나라 왕은 예전에 대식을 지배했었다. 그런데 대식은 파사국 왕의 낙타를 방목하다가 반란을 일으켜 파사 왕을 죽이고 주인이 되었는데, 혜초의 당대에 이 나라는 대식에게 병합되고 말았다.

이 나라 사람들은 모직물로 의복을 삼으며, 음식으로 빵과 고기를 먹는다. 생산물로는 낙타와 노새, 양과 말, 덩치가 큰 당나귀, 모직물, 보물이 나오고, 언어는 각각 달라서 다른 나라들과 다르다. 그런데 이 나라 사람들은 교역을 좋아하여 서해에서 배를 타고 남해로 들어가 사자국師子國, 스리랑카에 가서 온갖 보물을 가져오고, 곤륜국崑崙國으로 가서 금을 가져오며, 남중국의 광주廣州에 가서 비단, 명주, 명주실, 무명과 같은 물건들을 가져온다. 그런데 이 나라 사람들은 살생을 좋아하고, 하늘을 섬기며조로아스터교 불법을 알지 못한다고 혜초는 기록하고 있다.

여기서 언급된 파사국은 주지하다시피 조로아스터교의 발생지이다. 조로아스터교는 기원전 7세기경에 자라투스트라에 의해 창시된 종교이다. 이 종교 주신의 이름인 아후라 마즈다를 따서 마즈다교라 하기도 하고 배화교拜火敎라 하기도 한다. 아후라 마즈다는 빛의 신으로서 어둠의 악신惡神인 앙그라 마이뉴와 싸우는 선신善神이다. 불은 주신 마즈다의 상징이고 또 가장 청정한 성화로 여겨져, 이 불 앞에서 성례가 이루어진다. 사산조 페르시아226~651 때에는 이 조로아스터교가 국교로 인정되고 또 중앙아시아로 급속히 전파되었으나, 이슬람에 의해 페르시아가 망한 뒤에 조로아스터교는 치명적인 타격을 입고 몰락하였다.

다시 혜초는 파사국에서 북쪽으로 10일을 가서 산으로 들어가 대식국大寔國, 아랍에 이르렀다. 그런데 왕은 이 나라에서 살지 않고 소불림국小拂臨國, 시리아의 다마스쿠스의 산도山島에 사는데, 그것은 저 나라를 쳐서 얻기 위해서라고 한다. 이 나라의 생산물로는 낙타, 노새, 양, 말, 모직물, 모포, 보물 등이고, 의복으로는 모직물인데, 왕과 백성의 의복에 차이가 없다고 한다. 식사 또한 귀천을 가리지 않고 함께 동일한 그릇에 먹지만, 이 나라 사람들은 손으로 음식을 집어 먹는다고 한다.

더욱 놀라운 것은 "자기 손으로 죽인 것을 먹으면 얻는 복이 무량하다"179쪽는 말을 혜초는 들었는데, 아마 그는 여기서 문화 차이를 많이 느낀 것으로 보인다. 이 나라도 — 이슬람의 나라들이 흔히 그렇듯 — "살생을 좋아하고 하늘을 섬기며, 불법을 알지 못한다. (이) 나라의 법에는 무릎을 꿇고 절하는 법이 없다"180쪽고 한다.

이슬람의 율법은 알라 외에는 무릎을 꿇고 절하지 말라고 한다.

다시 소불림국에서 바다를 끼고 서북쪽으로 지중해의 동북 해안에서 서북 해안 쪽으로 가면 대불림국大拂臨國, 콘스탄티노플을 수도로 하는 튀르키예 일원에 이른다. 대불림국이라 불리는 이 나라는 로마의 콘스탄티누스 1세 재위 AD 306~337부터 동로마 제국 혹은 비잔티움 제국으로 불리었고, 그리스도교가 국교였다. 이 제국은 1000여 년에 걸쳐 존속되었지만, 1453년 5월 29일 오스만투르크 제국의 술탄 마흐메드 2세재위 1444~1446, 1451~1481에 의해 점령당하여 망했다.

혜초의 당대에 이 나라대불림국의 군대는 강력해서 대식이 수차례 쳐들어왔으나 얻지 못하였고, 돌궐도 침입하였으나 얻지 못하였다고 한다. 생산물로는 보물이 풍족하고 낙타, 노새, 양, 말, 모직물 등이 매우 풍족하다고 한다. 의복은 파사波斯 및 대식과 서로 비슷하지만, 언어는 각각 다르다고 한다.

대식국의 동쪽은 호국胡國으로 칭해지는데, 여기엔 안국安國, 우즈베키스탄의 부하라, 조국曹國, 카부단, 사국史國, 킷쉬, 석라국石騾國, 타슈겐트, 미국米國, 펜지겐트, 강국康國, 사마르칸트 등이 속한다. 여기서 강국은 사마르칸트 북쪽의 아프라시압 고원에 궁전을 두고 있었는데, 1880년 러시아의 고고학자들에 의해 성벽과 궁전, 지하수로 등이 발견되었다. 이 때 궁전벽에서 7세기 후반에 사마르칸트 왕을 만나는 14명의 외국 사절단 행렬이 그려진 벽화가 발견되었다. 이 행렬의 마지막에 조우관새 깃털을 꽂은 모자을 쓴 2명의 사절이 그려져 있는데, 이들은 고구려의 사절들이다. 아마 당시 고구려는 당나라의 침입에 공동으로 대응하기 위해 사마르칸트에 사신을 보낸 것으로 여겨진다.

호국으로 칭해진 이 나라들엔 각각 왕이 있기는 하지만, 모두 대식의 관할 아래에 있는데, 각 나라들은 협소하고 군사도 약하여 스스로 지키지 못하였다고 한다. 그런데 이들 나라들이 일찍이 조로아스터교를 섬겼지만, 대식의 관할 아래에 들어갔다는 것은 이미 이슬람화되었다는 것을 시사한다.

이 나라들의 생산물로는 낙타, 노새, 양, 모직물 등이며, 의복으로 모직물과 가죽 외투를 입고, 언어는 모든 나라들이 같지 않다고 한다. 또한 이 나라들은 불과 하늘^{페르시아에서 전파된 조로아스터교}을 섬기고, 불법^{佛法}을 알지 못한다고 하는데, 오직 강국에만 절 하나와 승려 1명이 있다고 한다.

그런데 이런 나라들의 경우 "풍속이 지극히 고약해서 혼인을 뒤섞어서 하는데, 어머니와 자매를 아내로 삼는다. 파사국에서도 어머니를 아내로 삼는다. 토화라국을 비롯해 계빈국, 범인국, 사율국 등에서는 형제가 10명이건, 5명이건, 3명이건, 2명이건 간에 공동으로 1명의 아내를 취하며, 각각 부인 1명을 취하는 것은 허락되지 않는다. 집안 살림이 파탄나는 것을 두려워해서이다".^{184쪽} 아마도 혜초는 여기서 적잖은 문화 쇼크를 받았을 것으로 보인다.

당시 강국^{康國}의 동쪽은 바로 발하나국^{跋賀那國,} 페르가나(Ferghana)인데, 왕이 2명이나 된다. 이 나라엔 박우^{縛又,} 시르다리야(Sir Darya)라는 큰 강이 한복판을 지나 서쪽으로 흘러간다. 강의 남쪽에 있는 1명의 왕은 대식에 예속되어 있고, 강의 북쪽에 있는 왕은 돌궐의 관할

하에 있다. 이는 시르다리야강을 사이에 두고 아랍 세력과 돌궐 세력이 대치 상태에 있었음을 말해준다. 이 나라의 생산물로는 낙타, 노새, 양, 말, 모직물 등이 있고, 가죽 외투와 모직물을 의복으로 입고, 빵과 보릿가루를 주식으로 한다. 언어는 다른 나라와 같지 않다. 이 나라는 불법을 알지 못하며, 절도 없고 승려도 없다.^{185쪽 참조}

다시 이 발하나국의 동쪽에는 골탈국^{骨咄國, 쿠탈란(Khuttalan), 쿠탈}이 있다. 왕은 돌궐족이고 백성의 반은 호인이고 반은 돌궐인인데, 이 나라는 대식의 관할하에 있다. 생산물로는 낙타, 노새, 양, 말, 소, 당나귀, 포도, 모직물, 모포 등이 있고, 모직물과 가죽 외투를 의복으로 입는다. 이 나라의 언어는 토화라어와 돌궐어며 토착어를 뒤섞어 쓴다. 왕과 수령과 백성들은 삼보를 공경하고 믿는다. 절도 있고 승려도 있으며 소승법이 행해진다.

다시 이 호국의 이북으로 가면 북쪽으로는 북해^{아랄해}에, 서쪽으로는 서해^{지중해}, 동쪽으로는 중국^{한국(漢國)}에 이르는데, 그 이북은 모두 돌궐인^{몽골고원을 중심으로 하는 투르크계 민족}이 거주하는 경계이다. 이들 돌궐인은 불법을 알지 못하며, 절도 없고 승려도 없다. 이 나라 백성들은 모직물로 의복을 삼으며, 고기를 음식으로 삼는다. 이들은 유목민인지라 성곽이나 일정한 거처가 없으며, 모직물로 만든 천막을 집으로 삼는다. 언어는 다른 나라들과 같지 않다. 이 나라 사람들은 ─ 육식인지라 ─ 살생을 좋아하고 선악을 알지 못한다. 생산물로는 낙타, 노새, 양, 말 등이 있다.^{189쪽 참조}

토화라국에서 동쪽으로 7일을 가면 호밀^{胡蜜, 와칸} 국왕이 거처하는 성에 이른다. 혜초는 마침 토화라국에서 호밀국으로 가는데, 서쪽 이역으로 들어가는 중국 사신을 만났다. 이 사신은 서쪽으로 가는 길이 멀다고 한탄했는데, 혜초는 — 시를 지어 — 동쪽으로 가는 길이 멀고 험악하며, 눈덮인 산마루와 도적 떼가 우글거리는 것을 염려했다. 그는 "평생 눈물을 훔쳐본 적 없건만, 오늘은 천 줄을 뿌리는구나"191쪽로 읊으며 순례의 고단함을 진솔하게 드러내었다.

혜초는 겨울날 토화라국에서 눈을 만난 소회를 또다시 오언시로 읊으며, 험난한 파미르고원을 어찌 넘을지 우려하고 있다

차디찬 눈은 얼음덩어리가 되고,

찬바람은 땅이 갈라지도록 매섭구나.

망망대해 얼어붙은 단이 되었고

강물은 솟아올라 절벽을 갉아먹는구나.

용문龍門엔 폭포수마저 끊어지고,

우물가는 서린 뱀처럼 얼었구나.

동료와 두렁을 오르면서 흥얼거리지만,

어찌 파밀播蜜을 넘을 수 있겠는가.

그런데 호밀국의 왕은 군사도 적고 약하여 나라를 지킬 수 없어 대식의 관할에 속해 있으며, 매년 세금으로 비단 3천 필을 바쳤다. 호밀국은 산속의 나라인지라 처소가 협소하고 가난한 백성이 많다. 이 호밀 백성들의 생활상은 이웃나라들과 비슷하다. 빵과 보릿

가루를 주식으로 먹으며 가죽 외투와 모직물을 의복으로 입는데, 왕은 비단과 모직 옷을 입는다. 기후는 다른 나라들보다 더 심하게 추우며, 언어 또한 다른 나라들과 같지 않다. 생산물로는 양과 소, 말과 노새가 있다. 이 나라엔 ─ 비록 대식의 지배에 들어갔지만 ─ 아직 승려도 있고 절도 있으며 소승법이 행해진다. 왕과 수령과 백성들은 모두 부처님을 섬기며, 외도에 귀의하지 않는다.

그런데 호밀은 파미르고원 남쪽으로 이어지는 길의 요충지여서 서쪽으로 토화라국에서 페르시아^{파사}와 통하고, 남쪽으로는 우디아나와 카슈미르를 지나 인도와 연결된다. 많은 승려들이 이 길을 따라 오갔으며, 747년 고구려 출신의 당나라 장수 고선지도 군대를 이끌고 길기트를 정복하러 갔을 때 이 길을 지났다. 13세기의 마르코폴로 일행도 1254~1324년경 토화라국^{토카리스탄}으로부터 이곳을 지나 파미르고원을 넘어 중국으로 갔다. 이처럼 지리적으로나 전략적으로 요충지이기에, 일찍부터 주변 강대국들의 각축장이 되었던 것이다. 혜초가 이곳을 들렀을 때^{726년경는} 이미 대식의 통치에 들어가 있었다.

이 호밀국의 북쪽 산속에는 9개의 식닉국^{識匿國, 파미르고원 쉬그난(Shig-hnan)지방}이 있다. 9명의 왕은 각각 군대를 가지고 살지만, 1명의 왕은 호밀 왕에게 예속되어 있다. 근래에는 2명의 왕이 중국에 투항해 안서^{安西}에 사신을 보내고 왕래를 계속하고 있다. 이 나라의 왕과 수령과 백성들은 모직물과 가죽 외투를 입는데, 기후는 몹시 춥다. 생산물로는 양, 말, 소, 노새가 있으며, 언어는 다른 나라와 다르다. 그런데 왕은 2·3백의 사람들을 파미르고원으로 보내 외국 상인과 사신들을 겁탈하게 하는 등 야만적인 산적山賊의 짓을 자행하는데, 이 나라엔 불법이 없다.

파미르Pamir란 고대 페르시아어로 '미트라태양신의 자리'를 뜻하는 'Pa-imihr'가 어원이라고 하는데, '세계의 지붕'이라는 별명을 가지고 있다. 파미르고원의 평균 높이는 6,100미터 이상으로 중앙아시아의 텐산산맥이나 카라코람산맥, 쿤룬산맥, 티베트고원, 히말라야산맥에서 힌두쿠시까지의 산줄기들이 모여서 이루어져 있다. 산맥과 산맥 사이에는 끝없는 사막과 암석이 쌓인 고원지대이다.

이 파미르고원의 길은 한없이 험난하지만, 동서문명 교류의 대동맥과 같아서 옛적부터 많은 사람들과 문물이 오갔다. 마르코폴로 일행도 말을 타고 12일간 파미르고원을 지났는데, 이 기간 동안 마을이나 오두막 한 채도 없는, 그야말로 사막과 같은 곳이어서 먹을 것을 구할 수조차 없었다고 한다.『동방견문록』

호밀국胡蜜國에서 동쪽으로 15일을 가서 파미르고원을 지나면 총령진蔥嶺鎭에 이르는데, 이곳은 중국에 속해서 중국의 군대가 장악하고 있다. 이 나라를 외국인들은 갈반단국渴飯檀國이라 부르는데, 이 나라는 원래 배성裴星이라는 왕족의 나라였으나, 지금의 왕은 토번土蕃으로 도망가서, 나라의 경계 안에는 백성들이 없다.

다시 혜초는 이 총령蔥嶺에서 한 달을 걸어 소륵疎勒에 이르렀다. 이 소륵을 외국에서는 가사기리국伽師祇離國, 카슈가르(Kashghar)이라고 부른다. 이곳에도 중국의 군대가 주둔하고 있다. 절도 있고 승려도 있으며 소승법이 행해진다. 고기, 파, 부추 등을 먹으며, 의복으로 모직물을 입는다.

혜초는 다시 소륵에서 동쪽으로 한 달을 걸어 구자국龜玆國, 쿠차에 이르렀다. 이 구자국이 안서대도호부安西大都護府가 있는 곳으로서 중국 군대가 대규모로 집결하고 있다. 이 구자국에는 절도 많고 승려도 많으며 소승법이 행해지고 있지만, 중국의 승려는 대승법을 행한다고 한다. 백성들은 고기, 파, 부추 등을 먹는다.

구자국은 독특한 음악으로 문명교류사에서 큰 족적을 남겼다고 한다.

쿠차는 오아시스 육로의 북도 요충지에 자리하고 있어서 동서 문명교류에 특별한 흔적을 남겨 놓았다. 특히 쿠차의 음악은 이웃의 인도와 페르시아, 중국의 것을 받아들여 쿠차 민족만의 독특한 음악을 만들어 냈다. 이러한 쿠차악쿠차 음악은 중국을 거쳐 한반도와 일본까지 전파되었으며, 음악에 연주되는 쿠차 특유의 악기들이 고구려나 신라에까지 전해졌다.[6]

다시 안서安西의 남쪽에서 우전국于闐國, 호탄(Khotan)까지는 2천 리의 거리다. 그런데 구자국에서 우전국까지 2천 리의 길도 멀지만, 타림분지의 중앙에 있는 타클라마칸사막도 지나야 한다. 특별한 장비도 갖추지 못한 상태에서 어떻게 이 '죽음의 사막'을 지났는지, 그야말로 상상하기도 어렵게 한다. 여기 우전국에도 많은 중국의 군대가 주둔하고 있다. 절도 많고 승려도 많으며 대승법이 행해지고 있지만, 고기는 먹지 않는다. 혜초는 여기서부터 대당大唐의 경계라서 더 이상 말하지 않아도 알 수 있다고 한다.

혜초는 개원開元 15년727 11월 상순에 안서도호부安西都護府에 도착했는데, 그때에 절도대사節度大使는 조군趙君이었다고 한다. 혜초가 727년 11월 상순에 안서도호부에 도착했다는 보고는 『왕오천축국전』에 나오는 유일한 연대기록이다. 여기 727년을 기준으로 역추적하면 ─ 혜초는 항상 어디에서 어디로 이동하는 데에 얼마만큼의 시간이 걸렸다는 것을 기록했으므로 ─ 724년경에 인도 순례를 시작했다는 것을 추정할 수 있다.

여기 안서에는 중국 승려가 주지로 있는 절이 2곳이 있는데, 대승법을 행하지만, 고기는 먹지 않는다고 한다. 대운사大雲寺의 주지인 수행秀行은 장안京의 칠보대사七寶臺寺를 역임한 승려로서 강설에 매우 능란하다고 한다. 의초義超라는 대운사의 도유나都維那는 이전에 장안의 장엄사莊嚴寺 승려였는데, 율장律藏을 잘 안다고 한다. 명운明惲이라는 대운사의 상좌도 이전에 장안의 승려였는데, 크게 행업行業을 닦았다고 한다.

이들 승려들은 혜초에 의하면 대단히 훌륭한 주지로서 도심道心이 매우 깊으며, 공덕을 즐거이 쌓았다고 한다.203쪽 참조 이외에도 법해法海라는 용흥사龍興寺의 주지는 안서 출생의 중국인이지만, 학식과 인품이 중국 본토인과 다르지 않다고 한다. 우전于闐에도 용흥사라는 중국 절 하나가 있는데 □□결락라는 중국 승려가 주지로 있는데, 불법을 매우 좋아해서 간직하고 있다고 한다. 이 승려는 하북河北의 기주 사람이다. 소륵에도 중국 절인 대운사가 있는데, 중국 승려 1명이 주지로 있으며, 그는 감숙성 민주岷州 사람이다.

혜초는 다시 안서安西에서 동쪽으로 □□결락 가 언기국焉耆國에 이르렀다. 여기에도 중국의 군대가 주둔하고 있다. 왕이 있으며, 백성들은 호인이다. 절이 많고 승려가 많으며 소승법을 행한다. 여기는 바로 안서사진安西四鎭에 포함되는데, 이 사진을 나열하면 첫째는 안서쿠차, 둘째는 우전호탄, 셋째는 소륵카슈가르, 넷째는 언기카라샤르이다. 중국의 국력이 크게 확장된 것으로 보인다. 혜초는 이미 당나라의 경계 안에 있는 중국인 승려들과 많은 대화를 나눈 것으로 보이는데, 장안에 도착하기까지의 정보는 — 필사본에 절략본이라서 그런지 — 그의 순례기에 나타나지 않는다.

제3장

혜초의 문명탐험

우리가 앞의 장에서 목격했듯 서역과 히말라야산맥의 여러 나라들은 그 험한 산악지역과 지리적 악조건에도 불구하고 혜초가 순례하던 때만 하더라도 중앙아시아와 서역 및 아랍의 강대국들이 정치 군사적으로 크게 다투던 시기였다. 당나라와 티베트, 돌궐과 아랍 등이 서로 침략하고 각축하던 시대였다.

이를테면 670년에 있었던 티베트와 당나라 사이에 있었던 안서安西 4진鎭의 쟁탈전이라든가 소발률국과 대발률국을 쟁탈하던 두 나라 사이의 투쟁, 나아가 751년에 벌어진 당나라와 아랍 사이의 탈라스 전투 등은 각축하던 시대상을 잘 보여주었지만, 동시에 이런 강대국의 세력에 비참하게 굴복하며 살던 히말라야산맥의 작은 나라들도 목격할 수 있었다. 특히 종교를 앞세운 "문명의 충돌"S. 헌팅턴 또한 심했는데, 불교국들은 그 종교의 속성상 전쟁에 대처하지 못하고 수세에 몰렸다. 혜초는 당대의 상황을 헌사실성에 입각해 그대로 그의 여행기에 담았다.

혜초가 오천축국뿐만 아니라 히말라야 주변의 나라들과 중앙아시아, 나아가 이슬람의 아랍과 페르시아 및 시리아에까지 순례 여행을 감행한 것은 그와 다른 구법승들과의 차이를 잘 드러낸다. 법현法顯은 11년 동안, 현장玄奘은 16년 동안, 의정義淨은 18년 동안 천축국에 체류하며 불법을 연구하고 수행을 했지만, 혜초는 더 넓은 세계로 나아갔던 것이다. 특히 현장의『대당서역기大唐西域記』의 경우 구법 여행 이후 왕실의 물적物的·인적人的 지원을 받아 편찬자까지 별도로 임명된 상태에서 완성된 것인데 비해, 혜초의『왕오천축국전』은 순전히 개인의 힘으로 작성된 여행기임을 참작할 필요가 있다.[1]

이것은 혜초가 불교의 범주에만 머물지 않고 문명탐험가의 면모를 여실히 드러낸 것이다. 말하자면 그는 스승의 권유로 불법의 현장을 순례하고자 천축국으로 갔지만, 이국문화와 사람들, 그들의 살아가는 모습과 환경에 대한 깊은 호기심과 탐구심은 그의 발걸음을 열대의 인도뿐만 아니라 사막의 나라들, 중앙아시아와 험산준령의 히말라야의 나라들에까지 이끌었던 것이다.

혹자는 혜초가 실제로 페르시아와 아랍 및 소불림시리아과 대불림동로마, 비잔틴까지 여행했는가에 대한 회의적인 태도이다. 말하자면 우리의 학계는 혜초가 이런 나라들에 대해 직접 여행한 것이 아니라, 전문傳聞한 것을 기술하였을 뿐이라는 것이다. 학계의 이러한 주장에 대한 근거를 정수일 교수는 다음과 같이 요약한다.

그 근거로는 구법 목적으로 인도에 간 그가 이교인 회교回敎, 이슬람교나 기독교가 지배하는 지역에 갈 리 만무하다는 것이다.[2]

그러나 학계의 이러한 주장은 퍽 위험하고 무책임한 것으로 보인다. 혜초는 다른 종교에 대해 어떤 편견이나 자신의 아집을 갖지 않은 것으로 보이기 때문이다. 그는 이미 그의 여행기에서 불교 이외의 종교, 이를테면 힌두교나 자이나교며, 이슬람교를 목격했었다. 그는 이미 대식의 침입을 받은 서천축국과 북천축국의 일부 지역을 여행했을 뿐만 아니라 거기에 머물렀으며, 대식의 지배하에서 상당히 이슬람화가 진척된 토화라에서도 오랫동안 머물렀다. 혜초는 이교도에 대해 어떤 종교적 편견을 갖고서 대한 것이 아니라, 팩트에 입각해 사실만을 기록한 것으로 보인다. 혜초는 오히려 새로운 세계에 대한 문명 탐험을 더 면밀히 한 것으로 보인다.

정수일 교수도 지적하듯이 "설사 어떤 종교적 아집으로 인하여 이교지異敎地에 대한 여행을 삼갔다손 치더라도 예외는 있지 않았을까"[3] 하는 것이다. 말하자면 "당시 이교지라는 이유 하나만으로 그의 여행 가능성을 단정적으로 배제하는 것은 설득력이 약하다".[4]

혜초의 인도 여행의 동기나 당초의 목적이 종교적 신념으로 가득 찼다고 가정하더라도 — 엄격한 의미에서는 여행의 동기나 당초의 여행 목적에 대해서는 그가 밝히지 않은 이상 정확하게는 모른다 —『왕오천축국전』의 내용과 결과만 놓고 본다면 그의 여행은 불교에 심취한 구법수학求法修學보다는 문명탐험과 세계에 대한 순방성이 더 강한 것임을 직감할 수 있다.

실로 혜초는『왕오천축국전』에서 그가 순방한 곳의 종교에 관해서는 불교와 외도外道, 대승과 소승의 구분에 그쳤을 뿐만 아니라, 구법求法을 위한 경전의 수집이라든가 교리에 대한 수학 — 혜초의 당대의 구법승들과는 달리 — 내지는 당대 인도 불교계와의 만남과 같은 행사는 『왕오천축국전』에 나타나지 않는다. 그러기에 혜초와 『왕오천축국전』을 불교의 카테고리에만 묶어놓으려 해서는 안 된다.

설혹 혜초가 동천축국의 마하보리사摩訶菩提寺에 도착하여 환희를 체험하고서 "본래의 서원본원(本願)에 맞아서 굉장히 기뻐했다"[5]고 하며 첫째의 오언시를 읊었을 때의 이 '본래의 서원'을 여행 동기나 당초의 목적과 결부시킨다고 해도, 여행의 목적은 중간에 수정될 수도 있고 또 확장될 수도 있는 것이다. 남동신 교수는 혜초의 여행 동기와 목표를 "8대탑 순례"라고 명시하지만,[6] 그러나 혜초는 '동기'나 '목표' 내지는 '목적'이란 용어를 쓰지 않았다. 설혹 그것이 동기이고 목표라고 하더라도, "8대탑 순례만 동기이고 목표였을까"라고 되물어보면, 답하기가 망서려진다. 오히려 여러 동기나 목표 중에 "8대탑 순례는 큰 비중을 차지한다"라고 이해하는 것이 더 자연스럽지 않을까.

주지하다시피 혜초는 8대탑을 비롯한 천축국의 순례에만 그치지 않고, 이 천축국을 벗어나 열대와 사막의 나라들을 비롯해 혹한의 험악한 히말라야의 나라들을 거침없이 여행했다. 만약 불교의 구법수학만 동기이고 목적이었다면, 혜초는 오천축국을 벗어나 오랜 시간과 고행을 거듭하면서 더 넓은 세계서역과 중앙아시아, 히말라야산맥의 나라들를 여행하지 않았을 것이다.

혜초가 소불림국시리아과 대불림국동로마, 비잔틴을 직접 여행했는지의 여부에 관해서는 몰라도, 페르시아나 대식아랍에까지 여행한 것은 분명한 것으로 보인다. 그것은 혜초가 여행한 나라들에 대한 서술방식에서 — 그는 진솔하게 서술했다 — 그 직접 여행한 답을 찾을 수 있다. 우리가 그의 여행기에서 목격하듯이 — 정수일 교수도 잘 지적하고 있다 — 혜초는 여행기의 전반에 걸쳐 직접 여행한 곳에 대한 기술을 반드시 "어디서부터종(從) 어느 방향으로동(東)·서(西)·남(南)·북(北) 얼마 동안일(日)·월(月) 가서행(行) 어디에 이르렀다지(至)"[7]라는 수학 공식과도 유사한 도식화된 시작 문구를 사용하고 있는데, 페르시아나 대식의 경우도 마찬가지이기 때문이다.

정수일 교수는 3가지 이유를 들어 혜초가 페르시아와 대식을 직접 여행한 것을 증명하는데, 이 3가지 이유를 압축하여 인용해보기로 한다.

첫째로, "문면상의 근거이다. 본문 중에 있는 '다시 토화라국에서 서쪽으로 한 달을 가면 파사국에 이른다우종토화라국서행일월 지파사국(又從吐火羅國西行一月 至波斯國)'나 '다시 파사국에서 북쪽으로 열흘을 가서 산으로 들어가면 대식국에 이른다우종파사국북행십일입산 지대식국(又從波斯國北行十日入山 至大寔國)'에는 문면상에서 분명히 직접 답사했음을 입증해주는 관용 시문구종(從) …… 행(行) …… 일(日) …… 지(至)가 그대로 적용되고 있다".[8]

둘째로, "혜초가 페르시아나 대식까지 이르렀다고 보는 또 다른 근거는 이 두 곳에 관한 기술 내용이 상당히 정확할 뿐만 아니라, 서술방식도 여타 실제 여행지에 관한 서술방식과 거의 동일하다는 점이다. 우선 페르시아가 토화라국 서쪽에, 그리고 대식이 페르시아 북쪽에 위치한다고 본 것은 지리적으로 정확무오正確無誤하다. 또 페르시아와 대식의 관계에서 당시 전자가 후자에게 병합되어 있다고 한 것도 사실史實과 부합한다. (…중략…) 페르시아나 대식에 대해 '하느님알라'을 믿고 불법을 모른다사천불식불법(事天不識佛法)라고 한 기술도 사실이다. 이미 이슬람화한 지 70~80년이나 된 이 두 지역에 불교가 있을 리 없다".[9]

셋째로, "혜초가 대식까지 방문하였다고 볼 수 있는 또 하나의 근거는 대식국에 관한 역사 인식에서 찾을 수 있다. 그의 기행문에도 나타나지만 혜초가 토화라를 중심으로 한 중앙아시아 일대를 순방한 때는 그 지역이 이미 대식국, 즉 우마이야조 아랍 제국의 지배와 영향하에 들어간 때이다".[10]

이러한 3가지 근거를 참조할 때, 혜초가 어떤 종교적 편견이나 아집으로 인해 페르시아와 대식을 여행하지 않았다는 주장은 받아들여질 수 없다. 정수일 교수도 혜초가 불교에만 얽매이지 않았음을 잘 지적하고 있다.

그의 여행기록인『왕오천축국전』은 대체로 성지 순례의 일정과 견문이나 전문의 기술이지, 불법에 대한 연찬研鑽기록은 아니다. 밀교의 대사인 금강지를 사사하고 밀교의 전성기에 그 본거지인 천축에 간 그가 밀교나 또 종래 불교학의 최고 전당인 나란타에 관해서는 그 곁을 지나면

서도 일언반구 언급이 없다.[11]

그러기에 혜초가 승려라고 해서 그를 불교의 카테고리 안에만 묶어놓으려 해서는 안 된다. 그는 적어도 그의 여행기에서는 세계 문명탐험가이고 여행에 심취해 4년 동안 40여 개국을 두 발로 여행한, 그야말로 인간의 상식을 뛰어넘은 여행가이다. 그러기에 불자가 아니어도, 불교의 교리에 해박하지 않아도, 혹은 대승불교나 소승불교며 밀교와 삼보三寶에 대한 상식만 갖춰도, 혜초의 여행기에 접근할 수 있다.

『왕오천축국전』의 전체적인 내용은 — 자세히 들여다보면 — 불교적 내용보다는 각 나라의 정치적-경제적-지리적 형세나 풍습 등이 더 많다는 것을 알 수 있고, 오천축국에 대한 기록보다는 서역이나 중앙아시아의 나라들과 아랍과 페르시아며 히말라야산맥의 나라들에 대한 기록이 더 많다.

그러기에 혜초의 여행은 구법 여행일 뿐만 아니라 문명탐험이고 그의『왕오천축국전』은 문명탐험기의 성격을 강력하게 갖고 있다. 시공의 제약을 꿰뚫고 온갖 어려움을 극복해가면서 미지의 세계를 탐구한 개척 정신을 우리는 여실히 볼 수 있다. 혜초는 가는 곳마다 그곳의 현실과 정치적·경제적·지리적·종교적인 상황 등을 현사실적으로 기술하였다. 그는 8세기경의 인도와 중앙아시아 및 아랍과 페르시아의 정황을 관찰하고 기록했으며, 특히 인도를 비롯한 수다한 나라들에서 이슬람화되었거나 되어가는 과정을 소상히 기록하였다.

그는 8세기경 세계의 절반을 탐험한 세계인이고 세계 속의 한 국인이었다. 여기서 세계인이란 협소한 내국인의 카테고리를 벗 어나 세계시민답게 세계를 알고자 낯선 세계 속으로 들어가 삶을 함께한 사람이라고 할 수 있다. 그는 중국과 인도뿐만 아니라 아시 아 대륙의 서쪽 끝까지 순례하고 그 견문록을 남겨 문명교류사에 개척자이자 동시에 선구자 역할을 하였다. 그는 히말라야산맥의 수다한 나라들뿐만 아니라 중앙아시아와 아랍 및 이슬람의 세계 로 나아간 첫 한국인일 것이다.

이러한 적극적인 문명탐험과 개척 정신은 불교의 세계에 대한 소극성을 극복하는 주요 동기를 부여한다. 불교는 사바세계를 떠 나 입산하여 깨달음에 정진하고, 타자에 대하여 결단코 공격적인 자세를 취하지 않으며, 살생을 해서는 안 된다는 것 등등 — 윤리 적·종교적으로는 선한 태도이지만 — 타자로부터의 무자비한 공 격에 대해 너무 허술한 태도를 보이는 것이다. 당연히 불교는 공격 이든 방어든 살생을 일삼는 무기를 만들지 않는 것이다. 그러니 타 자의 공격에 구조적으로 취약한 것이다. 대승이든 소승이든 수행 에만 취중하고 거친 외부세계의 공세에 대해서는 그저 수동적일 따름이다.

혜초도 지적하듯이 서천축국과 북천축국 및 서역에는 몹시 공 격적인 이슬람교가 전쟁을 일으키고 타 종교佛敎를 잠식시키는 데 에도 적극적인 대처를 못한 것이다. 혜초 당대의 힌두교나 자이나

교에 대해서도 불교는 약세를 면치 못했다. 혜초는 발걸음을 한 많은 곳에서 불교가 황폐하고 탑은 무너져 내리고 중은 떠난 상황을 적나라하게 지적하였다. 이런 불교의 잠식 현상은 계속되어 왔고, 어쩌면 지금도 계속 중일 것이다.

혜초의 여행기에는 천축국들 — 특히 불교의 8대 성지가 있는 동천축국과 중천축국 — 을 비롯한 여러 지역에서 불교가 쇠퇴일로에 있음을 지적하고 있다. 8대 성지에서조차 불교 발상지로서의 영광을 다 잃어버리고 그 폐허상이 역력했다. "성은 이미 폐허가 되어 탑은 있으나 승려는 없고 백성도 없으며", 그쪽으로 가는 "길가에는 도적이 득실거려 예불하러 가기도 매우 어렵다"는 등의 기록은 사원이 이미 황폐화되어 승려의 그림자조차 없는 곳이 대부분이다는 것을 시사한다. 혜초의 당대에 남천축국과 북천축국의 경우는 다소 나은 편이었지만, 남천축국의 경우는 용수보살龍樹菩薩, Nagarjuna의 전성기에 비해 비교도 안 될 정도로 쇠퇴해 있었다.

불교의 이러한 역력한 쇠퇴에는 내적이고 또 외적인 요인이 있다. 우선 내적인 요인은 불교 자체에 그 원인이 있다. 세상에 관심이 없어 산속으로만 도피하거나 지나치게 교리화와 부처의 설법에 대한 이론에 치우친 교학화敎學化, 말하자면 지나치게 현실 세계에서 유리된 형이상학적이고 탈사회적·탈민중적인 것이 중요한 요인이 된다. 내실에만 치중한 이러한 요인은 선교에 치명적으로 약한 것이다. 이러한 내적 요인을 극복하기 위해 대승불교와 그 변형태의 하나인 밀교가 대두되었을 것으로 보인다. 그러나 이 또한 험악한 외세에 대응하는 데에 한계가 있었던 것으로 보인다.

둘째로 외적인 요인은 힌두교와 (힌두교의 일파인) 자이나교며 이슬람교의 공세 때문이다. 불교의 탄생 이전부터 성행하던 인도 힌두교의 강세가 두드러졌으며, 혜초의 순례 당시 불교는 이미 힌두교와 자이나교에 의해 잠식되어 간 것이다. 그런데 이슬람교의 경우 더더욱 공세적이어서 침략을 당하는 나라들은 속수무책으로 당하는 처지에 몰렸기 때문이다. 혜초도 기록하듯 서천축국은 나라의 절반을 이슬람 세력인 대식국의 침략으로 잃었다는 것이다. 이슬람이라는 종교는 예나 지금이나 정치와 군사를 비롯한 생활전 영역에 이데올로기적이지만, 전쟁을 기피하는 불교의 나라들은 무방비·무대책에 가까웠다. 이런 방식으로 인도 서북쪽의 나라들과 중앙아시아의 대부분의 나라들이 강압적으로 이슬람화 되고 말았다.

혜초 당대의 당나라나 신라와 같이 불교가 정치계와 깊이 연결되던지 혹은 호국불교가 건강하게 뿌리를 내렸어야 했었다. 그 어떤 경우에도 살인과 이어지는 공격은 정당화될 수 없을 것이다. 방어의 경우도 마찬가지일 것이다. 그러나 세상은 갠지스강변의 풀언덕처럼 평화로운 곳이 아니고 그야말로 고해苦海일 것이다. 그러나 내가 적의 공격으로 죽는 것을 떠나 내 가족 내 공동체, 나아가 내 나라가 통째로 사라지고, 그에 따라 불교와 삼보三寶마저도 사라져야 한다면, 정당성 물음에 대한 제고가 반드시 필요한 것으로 보인다.

다음과 같은 기사는 외적이 쳐들어왔을 때, 아무런 항거도 없이 죽어간 인도 과거사의 그 참상을 적나라하게 보여준다. "불교는 불살생不殺生을 부르짖기에 인도印度의 나란다Naranda 대학에 있었던 2만여 명의 승려들은 외적이 쳐들어왔을 때 아무런 저항도 하지 않고 죽어갔다"[12]고 한다. 이런 방식으로 무대책이라면 결국 불교의 존립 근거도 사라지고 마는 것이다.

특히 신라는 불교를 독창적으로 발전시켜 토속적인 풍류도 및 화랑도와도 융화하여 호국불교를 탄생시켰던 것이다. 잘 알려져 있듯 "세속오계世俗五戒"는 신라의 원광법사가 젊은 화랑들인 귀산貴山과 추항箒項의 요청을 받아 가르쳐준 다섯 가지 수신계修身戒이다. 화랑도의 윤리적 지침 및 실천 이념인 세속오계는 원광법사로부터 주어져 호국불교의 면모를 갖춘 신라의 불교를 엿볼 수 있다.

세속오계는 다음과 같다.

① 사군이충事君以忠 : 충성으로써 임금을 섬기어야 한다.
② 사친이효事親以孝 : 효로써 어버이를 섬기어야 한다.
③ 교우이신交友以信 : 믿음으로써 벗을 사귀어야 한다.
④ 임전무퇴臨戰無退 : 싸움에 나가서 물러남이 없어야 한다.
⑤ 살생유택殺生有擇 : 생명을 죽임에는 가림이 있어야 한다.

그런데 화랑도의 수장을 — 우리가 잘 알고 있듯 — 국선國仙이라고 한 것을 보면, 신라의 화랑도와 호국불교는 이미 고래의 신선도神仙道와 연계되어 있는 것으로 보인다. 신채호 선생도 세속오계가 단군으로부터 전승되어 온 것이라고 하였다.[13] 불교가 전래되기 이전부터, 말하자면 고조선 때부터 신선도와 세속오계와 같은 사상이 뿌리 깊게 박혀 있었기에, 고구려나 백제 및 조선에서도 호국불교가 가능했을 것이다.

아래에는 호국불교의 일환으로 사명대사의 경우를 예로 든다. 그의 임진왜란 당시의 승병운동은 어쩌면 정당성 물음보다는 존립의 문제이기 때문이다.

부언附言 3

사명대사泗溟大師, 1544.10.17~1610.8.26는 조선 중기의 고승이자 승장僧將이다. 그의 법명은 유정惟政이지만, 당호인 사명당泗溟堂으로 더 유명하고, 존경의 뜻으로 사명대사泗溟大師라고 칭해진다. 경상남도 밀양에서 태어나, 일찍 부모를 여읜 사명당은 13세에 황악산 직지사에 들어가 신묵화상信默和尙에게 선禪을 받아 승려가 되었고, 거기에서 불교의 오의奧義를 깨달았다고 한다. 1561년명종 16년 선과禪科에 급제하고 1575년선조 8 선종禪宗의 주지로 추대되었으나 사양하고 묘향산에 들어가 청허淸虛 대사서산대사에게서 성종成宗을 강의받고 크게 각성하였다.

그는 1592년선조 25 임진왜란 때 의병을 모집하여 순안에 가서 서산대사의 휘하에 활약하였고 서산대사가 늙어서 물러난 뒤 승군僧軍을 통솔하고 체찰사 류성룡을 따라 명나라 장수들과 협력하여

평양을 회복하고 도원수 권율과 함께 경상도 의령에 내려가 전공을 많이 세워 당상堂上에 올랐다. 대사는 금강산에서 수도하다 임진왜란이 일어나자 건봉사에서 승병을 규합, 1593년 1월 평양성 탈환작전에 참가해 큰 전공을 세웠고, 그해 3월 서울 인근의 노원평과 우환동, 수락산 전투에서 왜군을 크게 무찔렀다.

특히 대사는 팔공산성과 금오산성, 용기산성, 남한산성, 부산성 등을 쌓았을 뿐만 아니라, 1604년 강화교섭을 위해 일본에 사신으로 파견, 전란 당시 잡혀간 동포 3,500여 명을 데리고 귀국했다. 대사는 1610년 8월 26일 해인사에서 입적했다. 나라가 어지러운 때에 사명대사는 국가와 공동체를 수호하기 위해 분연히 나섰던 것이다.[14] 누가 그의 승병운동에 이의를 제기하겠는가?

혜초의 여행기에서도 확실하게 읽을 수 있듯 서천축국과 북천축국, 중앙아시아와 서역의 나라들에서 불교가 잠식되어 간 것은 다 이유가 있었던 것이다. 그 이후 인도에서도 불교는 쇠약해져 갔고, 불교의 교세는 지극히 약하여 실론으로 쫓겨가고야 말았다. 식민지 개척시대에 영국군이 티벳에 들이닥쳤을 때, 승려들이 손에 들고 나온 것은 고작 몽둥이였다. 5분 이내에 전쟁은 끝났던 것이다. 마치 초개처럼 인간의 목숨만 쓰러졌던 것이다. 왜 이토록 허망하게 몽둥이를 든 채 죽어야 하는가!

혜초는 스승들과 함께 밀교 연구에 치중했는데, 밀교는 아마도 대승불교보다도 더 사회와 국가와 세상 속으로 들어간 것으로 보인다. 다음과 같은 정병삼 교수의 지적에서도 그 단면을 볼 수 있다.

> 그런데 7세기부터 국가불교 활동을 주도한 것은 밀교승들이었다. 당의
> 침공에 대비하던 명랑明朗은 당군이 국경을 넘어 바다로 몰려들자 문두
> 루 비밀법으로 풍랑을 일으켜 교전도 하지 않고 당군을 침몰시켰다. 그
> 리고 사천왕사를 세우고 도량을 개설하여 지속적으로 대비하였다. 이
> 러한 밀교는 신라 초기불교가 정착되는 과정에서부터 재래의 주술신
> 앙을 대체하는 중요한 역할을 하였다. 이는 원광과 안홍 등이 점철법이
> 나 수계참회를 치병治病에 활용하여 불법을 전파한 데서도 드러난다.[15]

혜초는 주지하다시피 신라에서 당나라에 유학 갔을 때까지 줄
곧 불교에만 몸담고 또 종교와 학문으로 불교만 알았을 것으로 보
인다. 그러나 그의 문명 탐험에서 다양한 종교의 존재와 불교의 쇠
퇴도 목격했을 것이다. 그는 분명 더 넓은 세계를 목격하고, 그런
세계에 대해 깊이 사유했을 것이다. 세계에 대한 문명탐험은 계속
되어야 하고, 개척 정신 또한 있어야 한다. 나의 수행에만 몰입하
고 외부세계의 흐름에 방관해서는 안 된다. 사바세계에 108번뇌가
우글거린다고 이를 버리고 입산하는 것만 능사로 해서는 불교를
지켜낼 수 없다. 배고플 때는 역으로 저 사바세계에 탁발하며 손을
내밀지 않았는가?
　혜초는 그러나 세계인이고 '세계 속의 한국인'이다. 그는 절간
에만 있지 않았고 세계 속에 있었으며, 세계 속에서 발걸음을 옮겼

다. 그는 불굴의 의지로 세계의 문명과 종교를 탐험하고 순례한 곳에서 인간들의 살아가는 생생한 모습을 답사한, 그야말로 세계 정신을 탐험한 한국인이었다.

제4장

순례 여행 이후의 혜초

혜초가 727년 11월 상순에 안서도호부安西都護府에 도착했다는 연대기록을 참고할 때, 그는 다음 해인 728년에는 장안에 도착했을 것으로 우리는 추리할 수 있다. 사람들은 혜초의 인도와 서역 여행 이후의 행보에 관해 관심이 많다. 거의 모든 전문가들은 혜초가 밀교경전에 대한 번역작업과 밀교연구에 이바지했음을 지적한다. 그러나 그가 — 학문적 깊이는 차치하더라도 — 최소한 3개 국어를 능통하게 구사할 뿐만 아니라 뛰어난 문장가라는 것도 잊어서는 안 된다.

혜초가 여러 악조건을 맞닥뜨리며 순례에 나서고, 기꺼이 고행에 몸을 담고 세계를 누비며 문명탐험을 한 데에서 우리는 그의 세계인으로서의 모습을 볼 수 있지만, 또 다른 측면에서도 그의 세계인이 된 면모를 엿볼 수 있다. 그것은 그가 최소한 3개 국어에 능통하고, 또 이를 능란하게 구사한 것으로 추리할 수 있기 때문이다. 한문의 경우는 당대 불교의 경전들이 대부분 한문으로 기록된 데에서 학문적으로 바탕이 되었을 것으로 보이며, 이런 한문을 바탕으로 당나라에 유학하고 체류하면서 중국어를 익혔을 것이다.

또한 산스크리트어의 경우도 그가 인도 출신의 스승 금강지와 불공에게 사사하고 또 인도를 오랜 기간 여행한 데에서 — 개인의 각별한 노력은 차치하더라도 — 표면적으로 이 언어에 대한 실력을 겸비했을 것으로 추리할 수 있다. 이런 언어에 대한 실력의 토대가 있었기에, 그는 스승과 함께 산스크리트어의 밀교 경전을 한문으로 번역하는 작업에 착수했던 것이다.

인도와 서역의 여행을 마친 후 장안에 돌아와 혜초가 줄곧 노력을 기울인 것은 장안의 천복사에서 거의 7년 동안 스승과 함께 『대승유가금강성해만수실리천비천발대교왕경大乘瑜伽金剛性海曼殊室利千臂千鉢大敎王經』압축명:『대교왕경(大敎王經)』 등의 밀교 경전을 필수筆受하고 한문으로 번역하는 것과 또 이들 경전들에 대한 연구를 거의 50년이나 수행했던 것이다. 스승 금강지의 입적 후에 제자 불공이 밀교연구의 대를 이었는데, 그는 장안의 대흥선사大興善寺에서 『대교왕경』의 강의를 시작했었고, 혜초 또한 불공과 함께 하였다.

혜초가 장안의 선유사에 머물고 있던 774년 후반기에는 가뭄이 극심하여 다가올 봄 작물의 경작에 대한 걱정이 많았다고 한다. 이때 황제의 명에 따라 기우제를 지내기로 했는데, 선유사 근처인 흑하黑河의 옥녀담玉女潭에서 혜초가 주관하였다고 한다. 혜초가 기우제를 지내자 하늘에서 비가 내려 가뭄을 해소했다고 하는데, 그는 "하옥녀담기우표賀玉女潭祈雨表"라는 표문을 지어 기우제가 성공리에 치러졌음을 황제에게 올렸다고 한다.[1]

혜초는 인도와 서역을 순례한 후에 줄곧 장안에 머물면서 밀교연구와 전파에 전념한 것으로 보인다. 그러다가 서기 780년 4월

<그림 1> 중국 불교의 성지 오대산.

15일 자신의 죽음을 짐작한 듯 오대산의 작은 암자인 건원보리사乾元菩提寺로 들어갔다. 산시성산서성(山西省)에 있는 오대산은 다섯 개의 봉우리가 대臺처럼 솟아 있다고 하여 붙여진 이름인데, 중국 불교의 4대 성산 중의 하나다.

여기서 4대 성산은 오대산을 비롯하여 쓰촨성사천성의 아미산峨眉山, 저장성절강성의 보타산普陀山, 안후이성안휘성의 구화산九華山을 말한다. 혜초는 건원보리사에서 약 3주일 동안5월 5일까지 밀교 경전의 구한역본舊漢譯本을 필수筆受하며 수행하다가 이곳에서 조용히 입적하였는데, 그의 나이 76세 때였다. 혜초의 생애 연구에 전기를 마련한 다카쿠스 준지로는 혜초의 향년 나이를 84세나 85세로 헤아리

〈그림 2〉 인도 파트나에 세워진 혜초 기념비.
출처 : 『동아일보』, 2014.11.4.

〈그림 3〉 평택시 현덕면 평택호 주변에 세워진
혜초 기념비. 출처 : 평택시.

고 있다.[2]

오대산이야말로 중국 불교의 성지이고 선경仙境이라고 할 수 있겠지만, 또한 자신의 과업에 몰두하면서 오대산의 선경을 불국정토로 여기거나 극락의 중간 단계로 여겼을 지라도, 혜초는 고향에 대한 그리움을 ―『왕오천축국전』에 등장하는 다섯 편의 오언시들 중에서 네 편이 모두 고향과 깊이 얽혀 있는 것을 참작할 때 ― 평생 끌어안고 살았을 것으로 보인다. 물론 죽음조차 해탈로 흔쾌히 받아들이는 처지에서 향수에 대한 아픔 또한 참아내었을 것이다.

혜초는 나그네로 살다가 나그네로 생을 마감하였다. 저자는 혜초의 이러한 인생에 대한 나그네-존재를 극명하게 드러낸 것이 우리에게 시사하는 바가 크다는 것을 말하고 싶다. 이보다 더 큰 가르침이 있을까! 그 어떤 영화로움도 그저 반짝 빛났다 사라지는 아침이슬과 유사할 따름이다. 영화로움이 컸다면, 그만큼 허무함 또한 큰 것이리라. 이를 부인하면 할수록 고통만 더 커진다. 사람들은 세상에 영원한 안식처가 있는 것이라도 한 것처럼 착각하지만, 극락도 천당도 세상에는 없다! 인생은 적나라한 나그네-존재인 것이다.

특기할 만한 것은 2005년 돈황의 막고굴 61호의 서벽西壁에 그려진 〈오대산도五臺山圖〉에 "신라승탑新羅僧塔"의 글과 그림이 그려져 있는 것이 발견되었다.[3] 이 벽화는 가로 13.4미터, 세로 3.42미터가 될 정도로 크며, 돈황의 벽화 가운데 가장 큰 규모라고 한다. 이 벽화엔 오대산의 전체 풍경과 여러 불교 유적들이 그려져 있고, 오른쪽 아래에 위치한 신라승탑은 '新羅僧塔'이라는 명문으로 씌어 있다. 아마도 혜초를 비롯한 수많은 신라의 구법승들로 인해 저러한 신라승탑이 〈오대산도〉의 한쪽에 그려졌을 것으로 여겨진다.

신라의 승려들은 다른 고구려나 백제인보다 더 많이 구법을 위해 유학길에 올랐던 것으로 여겨진다. 정수일 교수는 신라가 멸망할 때까지 400년 동안 구법을 위해 수나라와 당나라로 들어간 신라승려의 수가 수백 명에 달한다고 한다.[4] 그런가 하면 고병익 교수는 「신라승구법입당표」를 작성하여 90여 명 입당入唐 승려들의 승명과 입당년도, 귀국년도, 문헌 출처 등을 자세히 밝히고 있다.[5]

돌아가지 못하는 고향과의 이별은 하나의 신화적 고별이다. 그러나 인생이 나그네-존재라는 것을 혜초는 고별에 대한 아픔으로 보여주는 듯하다. 세계의 어느 민족보다도 한국인은 고향의식故鄕意識이 강하다. "호랑이도 자기 굴에 가서 죽는다"는 속담은 이를 단적으로 말해준다. 저 오대산도에 쓰인 "新羅僧塔"은 혜초가 거기에 나그네로 살았음을 증언해주고 있는 듯하다.

제5장

세계문명교류의 젖줄이자
문명 보고寶庫로서의 실크로드

실크로드Silk Road, 비단길라는 단어는 독일의 지리학자 페르디난트 폰 리히트호펜1833~1905이 중국에서 중앙아시아, 인도로 이어지는 옛 교역로를 연구하던 중 당시의 주요 교역품이 비단이었던 것에서 착안하여 '자이덴슈트라세Seidenstraße'로 명명하면서 사용되었다. 그런데 이 실크로드라는 말은 주로 동서양 간의 교역로 중 스텝지대의 초원길과 인도양을 통해 이어지는 바닷길을 제외한 사막과 오아시스 일대의 도시들을 거치는 교역 경로 전체를 지칭하는 것이다.

'실크로드'라는 리히트호펜의 규명 외에도 영국의 A. 스타인Aurel Stein과 스웨덴의 S. 헤딘Sven Hedin과 같은 학자들의 탐험에서 중앙아시아의 각지에서 비단이 발견되자, 독일의 동양학자인 A. 헤르만Albert Herrmann은 1910년에 실크로드를 중국에서 시리아까지 연장하였다. 그러나 실크로드의 범위는 여기에 그치지 않았다.

이후에 학자들은 실크로드의 개념을 확대하여, 넓은 의미로 인류문명의 교류가 진행된 통로라고 규명한다. 그러기에 학자들은 오아시스의 범위를 넘어 동아시아로부터 북아프리카와 지중해세계에 이르기까지 3대륙을 잇는 동서문명교류의 동맥으로 이해하게 되었으며, 유라시아 대륙의 초원지대를 지나는 초원로와 지중해에서 홍해와 아라비아해, 인도양을 지나 중국 남해를 거쳐 동남아에 이르는 해로를 실크로드의 범위에 넣어 실크로드의 3대 간선이라는 개념으로 확대하였다. 따라서 실크로드라는 명칭은 교역로가 확대되면서 유라시아의 원거리 무역과 문명교류의 통로에 대한 상징적이고 관용적인 명칭으로 계속 사용되었다. 그러나 실크로드를 단순하게 동서 문명교류의 통로 정도로만 이해한다면, 이는 ― 나중에 밝히겠지만 ― 큰 잘못된 파악이다.

그러나 실크로드가 온 세계에 크게 부각되고 실크로드학Silkroad ology으로까지 인식될 수 있게 된 계기는 19세기에서 20세기 초까지 ― 식민지 개척과 유사한 방식으로 ― 중앙아시아를 대상으로 한 탐사와 연구였다. 당시까지 이 지역은 아시아의 가장 오지奧地로 불렸다. 그러나 이 지역이 영국과 프랑스, 독일과 러시아 등 서구 열강들의 집중적인 관심의 대상이 되었고, 그에 따른 탐사가 이어졌다. 소위 실크로드의 "오아시스 도시"라는 곳들 ― 이를테면 쿠차나 투르판, 누란과 아스타나 고분, 돈황의 천불동과 막고굴, 타클라마칸사막에 매몰된 유적지 등 ― 에서 다량의 진귀한 유물들과 장서들이 발견되고 또 이 유물들이 여러 나라로 반출되고 연구됨으로 실크로드지역의 위상이 크게 부각된 것이다.

실크로드에서 서역특히 신장 위구르와 그 주변은 서방의 로마와 동방의 장안을 잇는 동서 문명교류와 무역의 중요 무대였다. 천산북로를 지나든 천산남로를 지나든, 또한 타림분지의 북로를 지나든 남로를 지나든 오아시스 도시들을 중심으로 연결되었던 실크로드에서 동서 문명교류의 길은 고대로부터 줄곧 이어져 왔다. 오아시스 도시들은 북쪽의 천산산맥과 남쪽의 곤륜산맥에서 흘러오는 빙하와 눈이 녹은 물에 의지하여 오아시스를 일구었던 것이다.

오늘날 역사학계의 발굴에 의해 누란의 샤오허 묘지에 지금부터 약 4000년 전의 오아시스 도시 사람들의 삶과 죽음의 흔적을 목격할 수 있다. 황량한 사막 한가운데 섬처럼 솟아 있는 언덕 위에는 수백 개의 무덤이 쌓여 있는데, 이곳에 묻힌 사람들의 인종은 그런데 전형적인 코카서스 백인이어서 역사학계의 미스터리로 남아 있다. 더욱이 4천년 전에 이곳에 묻힌 사람들과 후대의 누란인과는 어떤 관계가 있는지도 밝혀지지 않았다.[1]

실크로드의 3대 간선도로 중에는 단연 오아시스로가 중추적인 교역로의 역할을 담당하였다. 그런데 이 오아시스로는 파미르고원을 경계로 크게 두 영역으로 구분된다. 그리스에서 아프가니스탄특히 간다라에 이르는 파미르고원의 서쪽길은 기원전 4세기 알렉산더대왕의 원정 이후에 개척되었고, 반면에 카슈가르동방으로 갈 때 여기서 타림분지의 북로와 남로가 갈라진다에서 장안에 이르는 파미르고원의 동쪽 지역은 기원전 2세기 한나라 장건의 서역 개척으로 인해 뚫리게 되었다. 그러나 이러한 조사와 통계보다 훨씬 이전부터 북방 유목민들에 의해 실크로드가 뚫리기 시작했을 것으로 보인다.

그러나 이러한 본격적인 교역로서의 실크로드 이전에, 이미 북방의 유목민족들색종(塞種), 흉노(匈奴), 월지(月氏), 오손(烏孫) 등을 중심으로 하는 초원문화가 남쪽 중원을 중심으로 하는 농경문화로의 침투와 접촉에서 문명의 융합 현상이 가속화되었고, 이들 유목민족들은 서아시아에서 중앙아시아를 거쳐 중국에 이르기까지 오아시스 도시들을 연결하였기에, 일찍부터 이들은 초기 동서문명교류의 중개자라고 할 수 있다. 그들은 "초원민족의 생활풍습과 물질문화를 중원에 전했고 아울러 화하華夏문명을 널리 중앙아시아, 서아시아 및 유럽에 전파했다. 초기 실크로드는 릴레이식의 무역방식을 사용했는데, 그것을 관리하던 사람들은 북방유목민족으로 그들이 초기 실크로드의 주인이었다".²

이를테면 중앙아시아의 천산산맥과 시르다리아강을 잇는 연결선의 이북은 소위 유목민의 터전인데, 유목민족들은 이 연결선의 이남인 농경생활권과 유사 이래 끊임없는 교섭과 교역을 유지하면서 독특한 특성을 지닌 융합문화를 발전시켜 왔던 것이다. 또한 몽골고원에서 비롯된 흉노족도 천산산맥의 남북지역을 장악하여 교역로를 지배하고 있었다. 그러기에 실크로드가 단순히 동서문명의 가교에만 그치는 것이 아니라, 북쪽의 유목민과 남쪽 농경민의 세계도 연결했기에, 실크로드는 동서남북을 네트워크로 묶는 문명의 십자로를 형성했던 것이다.

그런데 실크로드에서 비단을 비롯한 교역로 역할보다 더 중요한 것은 동서양 사이에, 실크로드의 주변국들 사이에 자유롭게 문화와 종교특히 불교문화, 조로아스터교, 마니교, 도교, 유교, 언어와 풍속 등등 문명이 교류되었다는 사실이다. 그런 측면에서 이 동서문명의 통행로를 단순하게 실크로드라고만 이해하면(이미 '실크로드'라는 고유명사로 굳어졌기에 어쩔 수 없지만), 그건 큰 잘못이다.

그것은 비단뿐만 아니라 도자기와 인쇄술 및 종이를 비롯한 다양한 문물신화, 유교, 도교 등도 포함이 중국에서 서쪽으로 향했고, 역으로 인도의 문화와 불교며 서역의 조로아스터교나 마니교 및 기독교의 일파인 네스토리우스교Nestorius : 경교(景敎)는 동쪽으로 향했기 때문이다.[3] 그러기에 소위 '실크로드'는 단순한 비단만이 아니라 종합적인 문명교류가 이루어졌던 동서 문명교류의 젖줄 내지는 동서 문명교류의 대동맥이었던 것이다.

이토록 민간 주도의 자유로운 문명교류는 세계인류사에서 보기 드문 현상이었다. 위에서 언급된 종교들은 서로 배타성이나 독점 이데올로기에 사로잡혀 있지 않아, 서로 자유롭게 수용하거나 수용하지 않는 그런 위상을 갖고 있어, 오히려 고차원의 정신문명에 기여했다고 볼 수 있다. 그러나 차후에 이슬람교가 강한 정치성과 배타성 및 독점성을 갖고서 실크로드 주변의 나라들을 정복해감으로써 저 자유로운 정신문명의 교류는 쇠퇴하고 말았다.

단순한 '실크로드'가 아니라, 많은 문물이 자유로운 문명교류의 양상으로 펼쳐졌기에, 저자는 저 실크로드라는 용어 대신에 '동서 문명교류의 젖줄' 혹은 '동서 문명교류의 동맥'이라고 칭하고 싶다. 여기서는 "문명의 충돌"S. 헌팅턴보다는 "문명의 공존"H. 뮐러이나 문명의 융화가 훨씬 더 우세했다. 더욱이 한쪽에서 다른 쪽으로의 일방적인 문명 전파라는, 문명의 헤게모니 현상은 아니었던 것이다.

세계사에 있었던 동서문명 간의 갈등을 돌이켜보면 끔찍한 전쟁과 침탈의 역사로 얼룩져 있다. 그리스의 트로이 침략, 페르시아 전쟁, 이집트와 메소포타미아 사이에 있었던 전쟁, 로마의 유럽과 아프리카 정복, 독일의 양차 대전 유발과 히틀러의 홀로코스트, 러시아의 공산주의화전쟁, 영국과 프랑스 및 스페인과 포르투갈, 네덜란드의 세계 식민지 개척과 쟁탈전, 일본의 대동아전쟁과 한국 식민지화, 몽골과 흉노의 유럽 정복 등등 참으로 처참한 인류문명사이다.

이와는 달리 동서 문명교류의 젖줄이라고 하는 실크로드는 전혀 다른 양상을 펼쳐 보였다. "황사가 가득하고 낙타 방울이 울리는 실크로드는 고대 중국, 인도, 페르시아, 로마, 아랍 등 각기 다른 문명을 하나로 이어주고 정치, 군사, 종교, 과학기술, 문화, 상업무역 등 많은 분야에서의 교류를 계속해서 촉진시켰다. 장안에서 시작한 무역의 길은 지리상 대발견 이전에 지구상에서 유일하게 동서양을 효율적으로 연결해준 길이었다."[4]

이와 유사하게 허우쓰신과 우옌춘도 "실크로드상의 고대 서역을 세계 4대 문명인 중국문명, 인도문명, 그리스·로마문명 및 페르시아·아랍문명이 이곳에서 한데 어우러졌고, 이로 인해 세계에서 포용력이 가장 뛰어난 고문명古文明지역이 되었다"[5]고 한다. 그러기에 실크로드는 "세계 각지로 통하는 평화의 길"이며 "각국 간 상호 이해와 친선 왕래를 증진시키는 우정의 길"이라고 하지 않을 수 없다.[6] 이 길에서 인류교류와 문명의 수용, 융합, 창조, 혁신 및 발전이 일어났으며, 다민족의 형성, 여러 종교와 문화의 병존이 자유롭고 자연스럽게 일어났던 것이다.

세계사 혹은 인류문명사에서 그 유래를 찾아보기 어려울 정도로 실크로드의 동서남북 십자로에서 있었던 주변 문명권과의 상호 영향을 주고받는 유기적 관련성과 교류, 다양한 문화변용과 재창조 등 ― 이를 포괄적 의미로 문명의 공존이라고 하자 ― 은 위에서 언급했던 동서 간의 처참한 상황과는 다른 양상을 보였다. 그러기에 오늘날 세계화의 시대에도 결코 간과할 수 없는 모범이 된다고 여겨진다.

2010년 12월 18일~2011년 4월 3일까지 국립중앙박물관의 기획특별전으로 '실크로드와 둔황'이 열렸다. 많은 국민들의 관심은 말할 것도 없고 대통령을 비롯한 사회 각계의 저명한 인사들로 큰 성황을 이룬 것으로 여겨진다. 실크로드지역의 많은 유물들이 전시되었고, 『왕오천축국전』이 있었던 장경동17호굴은 그 모형까지 전시되었다. 특히 『왕오천축국전』에 대한 국민적 관심 또한 대단했는데, 1283년 만의 귀향인 데다 세계 최초의 전시여서 더욱 그랬다.

이번의 기획특별전 '실크로드와 둔황'은 실크로드학을 새롭게 볼 수 있는 계기를 마련한 신선한 충격이었다. 그것은 우리가 조선시대 500년 이래 지나치게 "소중화小中華"에 쏠려 있었고, 알게 모르게 화이관華夷觀에 입각해 세계를 바라보았던 것이다. 중국을 정점으로 하는 한자문화권에 쏠려 세계를 좀 더 객관적으로 바라보지 못했던 것이다.

만약 중국인들이 '흉노匈奴'라는 이름을 붙인다거나 서역을 '호국胡國'이나 '서융西戎' 내지는 '북적北狄'이라고 할 때, 우리는 중화중심주의의 오만함을 인지하지 못하고 그저 그렇게 따라 불렀던 것이다. 과연 저들은 형편없는 야만인들이고 오랑캐들인가? 이미 이런 명칭 자체에 세계화에 역행하는 반-상호문화성이 들어 있는 것이다.

저들이 오랑캐라고 하고서는 군대를 동원해 정복하였는데, 그러면 정복한 나라는 오랑캐가 아닌가? 그러기에 중국도 별반 다를 바 없었다. 국립중앙박물관의 민병훈 아시아부장도 이를 온당하게 지적하고 있다.

> 중국 측의 서역경영의 성격은 한마디로 군대에 의한 원정과 서역의 제 오아시스국가를 감독하는 군정관軍政官의 주둔 그리고 그 보호 아래 전개되는 사신의 내왕과 관무역官貿易, 그로 인한 서방문물의 유입이라는 부산물에 이르기까지, 흉노의 그것과 본질적으로 크게 다를 바 없는 군사적 우월성에 바탕을 둔 일과성—過性의 것이었다.[7]

흉노든 중국이든 서역의 지배권을 위해 쟁탈전을 벌였지만, 그러나 군사적 권력으로 지배한 것은 서역의 나라들에게 위압적인 세력이었을 따름이었기에, 이러한 지배문화는 기피의 대상이 되었을 것으로 보이며 정복한 지역에 뿌리내리기 어려운 것이다. 말하자면 타자를 강권으로 지배하는 이들 정치 군사적 문화는 "서역문화의 성격을 규정짓는 요소로서 작용하지 못하였던 것이다".[8] 서역의 중앙아시아는 이런 군사적 위협 속에서도 타자의 문명에 대해 개방적이어서, 자신들의 토착적인 문명 위에서 타자들의 것을 받아들여 융화하고 변용하며 습합의 과정을 거쳐 독자적인 문명을 일구었던 것이다.

이번의 기획특별전 '실크로드와 둔황'은 저 화이관을 떠나 실크로드학을 중심에 두게 하는 획기적 계기를 마련한 것이다. 돈황의 막고굴을 비롯한 타림분지의 사막에 점재하는 석굴사원이나 오아시스 도시에서 발굴된 유적들에서 벽화나 불화, 지역적 색채가 농후한 불상과 경전, 여러 종교들불교, 조로아스터교, 마니교, 유교, 도교 등과 토착문화와의 습합과 융화, 화려하게 디자인된 직물류와 여러 공예품, 고도의 예술작품과 심오한 철학적 의미를 가진 벽화들, 여러 언어로 된 경전과 문서류, 비단에 그려진 인물화와 다양한 그림들, 묘실에 매장된 화려한 부장품들은 서역이 독자적인 화려한 문화를 꽃피웠음을 말해주고 있다.

이토록 다양한 방면에서 독자적으로 문화의 꽃을 피운 실크로드지역의 역사는 — 적어도 동서 "문명의 공존"과 교류의 차원에서 — 크게 재평가되어야 할 것으로 보인다. 더욱이 서역과 오아시스의 도시들은 지정학상 중국과 북방 유목 세력의 끊임없는 정치·군사적 위협을 받으면서도 거기에 휩쓸리지 않고 독자적인 문화를 꽃피웠던 것이다.

유적과 유물, 나아가 벽화를 통해 역사적 진리나 의미를 읽을 수 있다면 이들은 언어와 같은 역할을 하고 있는 것이다. "문헌에서 볼 수 없는 많은 역사적 사실들이 벽화에 나타나기 때문에, 벽화의 내용은 역사의 공백을 메워주는 언어의 구실을 한다고 할 수 있다"[9]는 전인초 교수의 지적은 온당한 것으로 보인다.

이러한 고도의 문화유적과 유물들을 통해 실크로드의 나라들을 결코 야만이나 오랑캐란 의미의 '호국', '서융', '북적' 등으로 칭했던 것은 큰 잘못임이 스스로 밝혀진 것이다. 이들이 야만이라고 군대를 동원해 정복하고 실크로드를 군대로 통제한 것은 그렇다면 야만이 아닌가? 이들 유적과 유물들은 중국 역대의 소위 정사正史에 기록되어 있는 화이관華夷觀에 치중된 왜곡된 한문자료보다 훨씬 객관적인 기초자료로서 서역과 실크로드의 역사와 문명을 재구성·재평가해야 하는 계기를 마련하고 있다.

이번의 기획특별전 '실크로드와 둔황'은 실크로드의 새롭고 독자적인 문명세계를 펼쳐 보이고, 우리의 통념을 무너뜨리는 계기를 마련하고 있다. 실크로드는 결코 동서의 문명을 전달하는 통로에 그친 것이 아니라 문명 교류의 젖줄이자 보고寶庫인 것이다. 오늘날 오아시스 도시들의 박물관과 석굴사원들에는 이러한 사실에 대한 증거를 펼쳐 보이고 있다.

실크로드가 단순한 통로에 그치는 것이 아닌 것은 하이데거가 그의 소논문 「건축함 거주함 사유함Bauen Wohnen Denken」에서 하이델베르크의 낡은 다리를 예로 든 것을 우리는 그대로 적용할 수 있다. 하이델베르크의 낡은 다리는 저쪽 구시가지와 이쪽의 신시가지를 연결하듯이 실크로드는 동과 서를 연결할 뿐만 아니라 이 동과 서를 포함한 주변의 모든 지역을 이웃이 되게 엮어준다. 그러기에 실크로드는 하이델베르크의 낡은 다리처럼 이 모든 지역들을 결집하며 모아들이고versammelen[10] 동과 서를 오가게 길을 마련해준다.

사람들은 실크로드를 단순히 하나의 길이라고 생각할 수 있겠으나, 그러나 실크로드는 자신의 방식대로 — 하이데거의 표현에 의하면 — 사방하늘과 땅, 신적인 것과 인간들을 결집하며 모아들인다. 여기서 '신적인 것das Göttliche'은 우리에게 낯설게 여겨지지만, 이를 지역과 인종과 종교와 국가들을 초월해 교류를 가능하게 해주는 초자연적인 힘과 정신으로 이해할 수 있는 것이다.

실크로드는 — 하이데거의 논지를 따를 때 — 사방에게 하나의 터전Stätte을 베풀어주는verstatten 그런 방식으로 사방을 결집하며 모아들이는 것이다. 실크로드에 의해 비로소 장소Ort가 성립하게 되어 사람들이 모이고 오가며 문명교류를 하고 상업 행위를 하며 오아시스 도시들을 건립한 것이다. 이를 달리 표현하면 실크로드라는 장소는 자기 안으로 사방이 들어오도록 허용하고zulassen 또한 사방을 설립한 것이다einrichten.

그러기에 실크로드라는 장소는 사방을 수호하는 곳Hut이자 하나의 집Haus과 같은 역할을 하여 인간의 체류를 위한 거처를 제공한 것이다behausen. 이리하여 우리는 실크로드가 단순히 동서를 연결하는 통로의 차원에만 머문 것이 아니라, 오아시스 도시들을 건립하게 하고 거기에 인류가 체류하도록 했으며, 독자적인 "실크로드문명"을 건립했을 뿐만 아니라 동서문명교류를 가능하게 한 터전을 마련해준 장소라는 것을 잊지 말아야 한다.

실크로드인들의 삶과 문화가 농축되어 있는 — 우리의 상상을 뛰어넘는 — 온갖 종류의 조각작품과 예술작품, 그림, 벽화, 민속품, 생활용품, 갖가지 문양들, 인형, 도자기, 불상, 장서 등이 석굴사원에는 말할 것도 없고 고분에서도 대량 발굴되고 있으며, 투르판박물관, 간쑤성박물관, 신장문물고고연구소, 신장위구르자치구박물관, 호탄지구박물관, 누란샤오허묘지, 돈황의 막고굴 등에서 실크로드의 역사적 진실을 펼쳐 보이고 있다.

이러한 기초자료를 바탕으로 독자적인 실크로드의 역사와 문명을 재구성·재평가하는 작업이야말로 실크로드학이라고 규명할 수 있다. 실크로드학은 동아시아에서 유럽에 이르기까지 동서 문명교류의 과정에 나타나는 교섭과 변용과 융화의 과정을 통해 각 지역에 뿌리내린 문화의 속성을 파악하고 이를 종합적으로 고찰하려는 학문인 것이다. 만약 이러한 관점을 간과하거나 무시하게 되면, 그야말로 '실크로드'의 용어에 입각한 비단만 중국에서 서쪽으로 무역한 것에 불과하게 되고, 실크로드의 중심에 해당하는 서역과 중앙아시아는 문명을 동에서 서로 비단을 비롯한 교역품을 전파하는 통과지점과 교량의 역할만 한 것으로 오해된다.

단순한 통로의 개념을 훨씬 뛰어넘는 실크로드는 동서 문명교류의 젖줄이자 종합적인 문명교류의 장場이었던 것이다. 서역으로 수용된 각종의 문화들이 융합·습합·변용의 과정을 거치거나 새롭게 재창조된 모습은 실크로드의 주변에서 수없이 많이 목격된다. 서역남로와 서西투르키스탄 및 간다라까지 전래된 초기의 불교는 인도에서와 유사하게 불탑을 중심으로 한 사원건축이 대부분이었다. 초기불교의 소승법을 비롯해 기원 전후 무렵에 성립한 대승불교는 부처의 유물을 섬기는 불탑스투파만을 예배의 대상으로 삼았는데, 서역남로의 오아시스 도시인 호탄 근교의 라와크 사원을 비롯해 엔데레, 니야, 미란, 누란, 테르메즈 등지의 스투파는 이를 잘 드러낸다. 물론 스투파는 이렇게 혹은 저렇게 건축해야 한다는 규약이 없었기에, 서역지방 특유의 사원건축 양식으로 정착되어 간 것이다.

이윽고 간다라에서 그리스문명의 영향으로 불상이 건립되기 시작하였다. 불상이 건립되기 이전에는 소위 "무불상시대無佛像時代"라고 칭해지는데, 간다라에는 인도보다 먼저 불상이 건립되어, 불교문화에 획기적 신기원을 이룬 것이다. 그 이후 불상숭배를 위한 사원건축으로 점차 바뀌어 서역의 각지뿐만 아니라 불교문화의 영향을 받은 곳이면 어디든 불상 중심의 사원건축이 주류를 이루게 되어, 많은 불교유산을 남기게 되었다.

그리스문명의 영향을 받아 융합·습합·변용의 과정을 거쳐 새롭게 재창조된 모습은 소위 쌍신불雙身佛에도 나타난다. 간다라지방에 헬레니즘문화의 국가 수호신으로서의 야누스 신화가 수용되고 변용되어 쌍신불이라는 형태로 재창조된 것이다. 등을 서로 맞대고 두 개의 정면을 지닌 쌍신불은 실크로드를 따라 동아시아일본과신라에까지 전해진 것으로 보인다.

"쿠차의 키질석굴에서 발견된 목판에 그려진 쌍신불을 비롯하여, 투르판의 고창고성에서 발견된 쌍신불번雙身佛幡, 둔황 막고굴 제237굴의 불화에 묘사되어 있는 쌍신불, 송요금대宋遼金代에 동서 교역으로 번영하였던 서하 왕국의 도시유적 하라호토黑水城(흑수성)에서 출토된 쌍신불 등이 그것으로, 한반도에서는 경주 고선사지高仙寺址와 경북 영덕에서 각각 금동 쌍신불과 석조 쌍신불이 출토된 적이 있다."[11] 그런데 경북 일원에서 출토된 신라의 쌍신불은 서역 니야 출토의 쌍신불과 같이 서로 등을 맞댄 모습이어서 그 형태가 흡사하다고 한다.[12]

주지하다시피 소그드인은 교역에 뛰어난 재능이 있어 실크로드에서 국제상인의 노릇을 하였다. 그러나 그들은 단지 상인노릇만 한 것이 아니라 문화선교의 역할도 톡톡히 했다.

소그드 상인들에 의한 중계교역을 통하여 여러 가지 동서문물이 교류되었고 호풍이 유행했다. 당대에는 서역풍 혹은 호풍이 가무, 회화, 건축, 복식, 음식, 오락 등 사회생활 전반을 풍미하고 있었다. 특히 수도 장안은 그 극치였다. 서역의 호악과 호무는 당대의 가무분야를 휩쓸다시피 했다. 페르시아식 호무와 호복, 인도식 숄도 애용되었다.[13]

소그드인들은 그들의 종교인 조로아스트교나 마니교도 전파하였다. 고대 페르시아의 정신세계를 상징하는 조로아스터교는 중앙아시아의 소그디아나^{타지키스탄과 우즈베키스탄 주변}와 타림분지의 지방에까지 전파되었는데, 당대에는 종교이기주의나 배타주의가 약하였고 오히려 고도의 정신문화의 기능에 속했기에, 소그드인에 의해 이 종교는 기존의 토착종교와의 습합과 변용의 과정을 거쳐 새로운 종교문화로 정착되었는데, 6세기 중엽 북위北魏시대의 중국에도 전파되었다.

해외에 개방적이었던 수당隋唐시대에는 실크로드의 동서교역에 주역이었던 소그드인에 의해 더욱 널리 파급되었던 것이다. 불을 숭배하는 배화의 전당인 현사祆祠는 장안과 낙양을 비롯하여 실크로드의 요지에 널리 건립되었다고 한다.¹⁴ 소그디아나의 사마르칸트를 중심으로 활동한 소그드인들은 실크로드의 동서를 잇는 오아시스 도시들에서 중계교역을 거의 독점하다시피 하였는데, 교역의 요지가 되는 지역의 도처에 집단거류지를 건설하여 거대한 상업 네트워크를 형성하였던 것이다.

고대 페르시아계 민족으로 알려져 있는 소그드인들은 종교 역시 고대 페르시아문화를 대표하는 조로아스터교를 신봉하였는데, 그들이 거주하는 지역에는 조로아스터교의 신전이 있었다. 동양에는 불을 숭배하는 배화교拜火敎로 알려진 조로아스터교는 곧 소그드인들의 교역 활동을 따라 여러 곳으로 전파되었다.

국제정세에도 밝았던 소그드인들에 의해 전파된 조로아스터교와 마니교는 이런 집단 거류지와 본거지인 사마르칸트며 오아시스 도시를 중심으로 뿌리내렸는데, 기존의 종교문화와 상호습합이나 변용의 여지가 다분했던 것이다. 마니교 또한 그 출생지가 조로아스터교와 같은 페르시아이기 때문에, 소그드인에 의해 동서양으로 전파된 것으로 보인다. 선과 악, 선한 신과 악한 신, 빛과 어둠의 공존과 대립에 기초한 이원론 및 과거와 현재 및 미래라고 하는 세 시기의 조합에 기초한 마니교는 페르시아의 마니216~277가 창시한 종교로, 그 전파지역은 퍽 광범위하였다.

마니교는 사산왕조의 페르시아뿐만 아니라 로마 제국에까지 파급되었으며(기독교의 성자인 아우구스티누스는 젊었을 때 마니교에 빠져있었다), 중국에도 진출했는데, 실크로드에서도 그 유적과 유물이 발견되곤 한다. 투르판박물관에는 소그드문자로 기록된 마니교 편지가 발견되었다. 두 천녀가 가운데에 타오르는 불기둥을 사이에 두고 피리와 생笙, 관악기을 연주하는 모습이 다채롭고 진한 색채로 그려져 있다.[15]

그런데 이들 소그드인들 스스로가 다양한 방면에서 습합과 변용의 능력에 탁월했던 것으로 보인다. 이를테면 그들이 조로아스터교의 신격神格을 도상화圖像化했을 때, 힌두교의 시바신의 형상을 차용하여 삼면육비三面六臂의 모습으로 표현한 것은 곧 그들이 타종교의 특징을 자신들의 종교로 받아들일 때 변용과 습합의 과정을 거쳐 새롭게 드러낸 것이다.

그런가 하면 돈황이나 투르판에 거주했던 소그드인들 가운데는 불교를 받아들여 신봉하는 이들도 있었는데, 이들에 의해 불교의 변문양식變文樣式이나 불교적인 문화·사상·언어·모티브 등이 서역인을 비롯해 실크로드의 주변인들에게 전파되기도 하였다. 조로아스터교나 불교는 종교 이기주의나 배타성이 강하지 않아 개종도 쉽게 할 수 있었던 것 같다.

소그드인들은 불과 땅을 신성시하는 조로아스터교의 영향을 받아 독특한 장례문화를 갖고 있었는데, 그들은 무덤을 집 모양의 형태로 꾸미고, 가운데에 시신을 안치하는 석제 베드, 즉 시상屍床 위에 놓았었다. 집의 모양을 한 무덤은 망자가 완전한 무로 돌아가는 것이 아니라는, 일종의 불멸 사상을 엿보게 한다. 더욱이 석관 주위에는 여러 다양한 도상圖像이 조각되어 있는데, 여기엔 상장의례喪葬儀禮, 생활 양식, 사냥하는 모습, 일월관日月冠을 쓴 귀인의 기마출행도, 묘주 부부가 호선무胡旋舞를 즐기는 향연의 모습, 사람의 머리에 새의 몸을 지닌 조로아스터교 사제의 의식 과정 등 상당히 철학적 깊이를 간직한 그림들이 새겨져 있다.[16]

또한 북주시대579년에 사망한 "안가의 묘安伽墓"가 섬서성 서안에서 출토되었는데, 안가는 호인들이 모여 사는 곳의 수령인 '살보'의 지위를 가졌었다고 한다.[17] 이 묘의 석문에는 반인반조半人半鳥의 조로아스터교 신관 두 명의 조각상과 공후와 비파를 연주하는 비천상飛天像, 비천 주위의 보주와 당초문양, 연화좌 등 돈황 막고굴의 설법도에서 흔히 확인할 수 있는 불교적 요소가 반영되어 있어,[18] 이들 서역인들이 문화에 개방적이어서 이방문화를 쉽게 받아들인 것으로 보인다.

천산북로에서 만나는 투르판의 경우도 동서문명의 만남의 장이 이루어졌는데, 출토되는 다양한 유물이나 석굴사원의 벽화에는 외지에서 유입된 문명에 토착적 요소가 가미되어, 이른바 문화변용의 현상이 일어나, 이것이 지역문화로서 뿌리를 내리게 된 것이다. 실크로드의 오아시스 도시들은 동서문명교류라는 관점에서 동서문명이 만나 상호 수용과 습합 및 변용을 이루어 융합의 장을 이룬 곳이기도 하다. 투르판지역에는 오랜 기간에 걸쳐 위구르인의 지배

〈그림 1〉 아스타나 고분의 복희-여와도.
출처 : 국립중앙박물관.

가 계속된 데다 중국의 한족漢族 사회도 형성되었는데, 그 융화되고 변용된 문화재가 산재해 있다.

이토록 이방문화가 유입되어 융화되고 변용된 아스타나 고분의 복희-여와도에서도 적나라하게 목격할 수 있다. 비록 복희-여와는 중원문화의 영향이지만, 중원에서는 볼 수 없는 입체적인 표현기법과 내용적인 측면의 변용 현상이 일어났는데, 이를테면 상반신은 사람의 모습을 하고 있지만 하반신은 서로 꼬고 있는 뱀의 모

습으로 묘사되어 있다. 그런데 이런 변용에는 창의적인 나름대로의 신화적–철학적 의미가 가미된 것이다. 창조신으로 승화된 이들이 서로 하반신을 꼬고 있는 것은 세상의 조화 — 마치 음양의 조화를 표현한 고분벽화의 현무도玄武圖처럼 — 와 만물의 생성을 비롯해 망자의 재생을 기원하는 내세관이 반영된 것으로 보인다.

그런데 복희 신농씨는 중원만의 것이 아니라 고구려 고분벽화에도 등장하는데, 이는 원래 고조선의 전통으로서, 발해만에 거주하던 동이족들이 황하유역으로 진출하여 상나라殷나라를 건설하면서 황하문명을 일군 데에서 기인하는 것이다. 그러기에 소위 중원문화라는 것도 애초부터 한족만의 것이 아니라, 외래적인 동이東夷문화의 요소가 가미된 것이다.[19]

아스타나 고분에는 마치 고구려의 고분벽화에서 읽을 수 있는 요소들이 많이 있다. 이를테면 묘주의 전생에서의 생활상이나, 신하와 시종이 등장하는 장면, 일월성신과 네 방위의 사신四神상, 비천상飛天像, 미지의 괴신怪神 등 종교적·철학적·미학적 깊이를 가진 유물들이다. 특히 비천상에는 불멸사상이 담겨 있고, 사신은 초월자들로 하여금 온누리를 보살피게 하는 철학적 세계관이 담겨 있는 것이다. 우리의 경우 사신도상은 고구려의 고분벽화에서뿐만 아니라 선사시대의 청동기에도 새겨져 있다.[20]

실크로드가 신라에까지 연결되었다는 것은 주지의 사실이지만, 서역인의 무인석상武人石像이 경주에 있다는 것도 잘 알려져 있다. 경주에서 울산으로 향하는 길목에 있는 괘릉掛陵과 안강읍 육통

리의 흥덕왕릉, 경주 시내 북천 옆에 있는 헌덕왕릉에는 코가 높고 눈이 깊으며 위압적인 자세로 험악한 인상을 하고 있는 무인석상이 있는데, 이는 전형적인 서역인의 모습이다.

이와 같이 통일신라시대에 신라의 능묘에 조영된 서역인들은 당대에 실크로드의 국제교역에서 활약하면서 신라의 조정에까지 들어와 정치·외교적인 자문역이나 무인혹은 호위무사으로 활약했을 것으로 보인다. 이들이 서역의 소그드인이라고 증빙할 만한 사항은 이들 무인석상에 드러난 복식상의 특징이 중국 각지에서 출토된 소그드인의 석관상石棺床이나 석굴벽화에 묘사되어 있는 소그드인과 같은 모습을 하고 있기 때문이다.[21]

이외에도 신라의 고분에서 발견되는 각종 유리 제품과 황금 제품 등은 실크로드를 통하여 동유럽과 서역의 문물이 신라에 많이 들어왔음을 말해준다. 신라의 왕릉급 고분에서는 약 20여 점 이상의 유리그릇이 출토되었는데, 대부분 로만글라스Roman glass라고 하는 유리제품으로 알려져 있다. 서역인들이 극동의 경주에까지 교역활동 범위를 삼은 것에 놀랄 따름이다.[22] 권오영 교수에 의하면 "신라 고분에서 많이 출토되는 로만글라스 용기는 유라시아 초원길을 통해 들어온 것이 분명하며, 황남대총에서 출토된 유리컵과 똑같은 것이 카자흐스탄과 키르기스스탄의 훈(족) 유적에서 발견되고 있다"[23]고 한다.

권오영 교수는 카자흐스탄의 카라아가치에서 출토된 유리잔을 경주 황남대총의 것과 비교하면서 둘은 "같은 공방에서 만들어진

〈그림 2〉카자흐스탄의 카라아가치(왼쪽)와 경주 황남대총에서 나온 유리잔(오른쪽). 황남대총의 유리잔은 아래 받침대가 사라진 것으로 보인다.

것"으로 보고 있다.[24] 요시미즈 쓰네오는『로마문화 왕국, 신라』에서 황금을 비롯한 갖가지 유물을 증빙자료로 제출하는 가운데, 유리 제품을 비중 있게 다루고 있다. 「신라 고분에서 출토된 로마유리의 비밀」제8장, 「로마에서 신라에 이르는 유리의 길」맺음말에서 저자는 로마의 유리가 스텝 루트를 통해 신라로 들어왔다고 한다.[25]

그러니까 황금보검 하나만이 아니라, 여러 황금제품과 말의 장신구, 유리잔 및 무덤형식 등에서 북방초원민족 내지는 훈족과 내밀한 친연관계가 있는 것으로 보인다.

그런데 서역인에 의한 교역의 차원을 뛰어넘는 놀라운, 그야말로 역사학계를 뒤흔드는 사건이 황금보검의 발굴에 의해 일어났다. 이는 단순한 일회성 사건이 아닐 뿐만 아니라 어떤 단순한 하사품 정도도 아닌 것으로 보이기에, 그 내막을 밝힐 필요가 있으며, 역사 교과서를 새로 써야 하는 중대한 사건으로 보인다.

제6장

황금보검의 미스터리

1973년 경주 계림로 미추왕릉지구 14호분에서 세계의 역사학계를 놀라게 한 황금보검보물 635호이 발견되었다. 그야말로 누구도 상상할 수 없었고, 어디에서도 볼 수 없었던 생뚱맞은 황금보검이었다. 우리의 역사에서 이런 황금보검은 제작된 적이 없었기에, 그야말로 한국 고대사의 최대 수수께끼가 아닐 수 없었다. 어쩌면 우리는 엄청난 역사를 망각했을 것으로 보인다. 우리는 삼국유사–삼국사기의 카테고리에만 묶여 있었던 것은 아닌가. 이종호 교수의 표현대로 신라의 황금보검은 "한국 7대 불가사의" 중의 하나가 아닐 수 없다.[1]

이종호 교수는 이 분야에 많은 연구업적을 남겼는데, 「게르만족 대이동을 촉발한 훈족과 한민족의 친연성親緣性에 관한 연구」『백산학보』제66호, 2003, 「고구려와 흉노의 친연성에 관한 연구」『백산학보』제67호, 2003, 「북방 기마민족의 가야·신라로 동처에 관한 연구」『백산학보』제70호, 2004 등에서 훈족과 한민족의 친연성을 소상히 밝히고 있다.

신라의 황금보검이 도로 밑에서 — 그러니까 벌써 잊혀지고 잃어버린 역사 — 신라의 옛 무덤들이 배수로 공사를 하던 중에 발견되었다니 아찔한 생각이 들 수밖에 없다. 1973년 5월부터 3개월

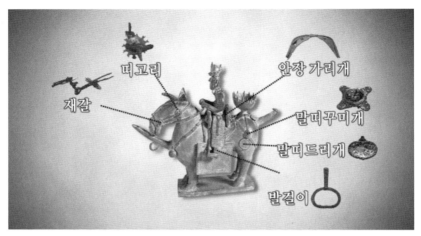

〈그림 1〉 경주 금령총의 기마 인물상 토기. 출처 : 경주박물관.

〈그림 2〉 말과 관련된 도구들.

동안 200미터 구간에서 무려 55개의 무덤이 발굴되었다니, 그 사
이에 잊혀지고 망각된 역사가 더욱 경악스럽다. 발굴 순서에 따라
무덤 이름^{번호}이 정해지는데, 발굴이 시작된 지 두 달째인 1973년

6월 중순 14번째 무덤14호묘이 놀랍게도 말과 관련된 유물이 쏟아져 나왔는데, 금으로 용무늬를 입힌 말안장 꾸미개, 유리로 장식한 금동 말띠 드리개, 비단벌레 날개로 장식한 화살통 등 국보급 보물 270여 점이 쏟아져 나왔다.

더욱 놀라운 것은 북방 유목민족의 초원문화의 흔적이 물씬 풍기는 이 14호 묘에서 지금까지 우리 역사에서 전혀 생소한 ― 고구려와 백제는 물론 동아시아의 유적에서도 전혀 볼 수 없었던 ― 황금보검이 발굴되었다. 발굴에 참여한 사람들은 이 특별하고 생소한 유물의 정체를 전혀 알 수 없었는데, 그 후 40여년의 세월이 지난 2010년에서야 이 황금보검에 대한 학술적 접근을 정리한 최초의 보고서를 내놓았다.

"X-레이 사진 촬영을 통해, 보검의 칼집 속에 들어 있던 보검의 존재를 확인할 수 있었고, 석류석과 유리의 성분분석을 통해 석류석과 유리는 5, 6세기 동유럽에서 산출되었고, 장식된 태극무늬는 당시 동유럽의 문양과 흡사하다는 것을 밝혀냈습니다."[2]

여기서 태극문양은 이 황금보검을 제작한 곳에서도 ― 신라에서 누군가 그곳에 가서 직접 주문 제작을 요청한 것이 아니라면 ― 고대 한국신라과 공유한 문화를 가진 족속이었을 것으로 추리된다. 그런데 이 황금보검은 그리스-로마문화의 제조 양식에 의한 것으로 동유럽의 트라키아지방에서 제작된 것으로 전문가들은 추리한다.[3] 이 보검과 함께 출토된 금제 사자 머리 형상 띠고리의 돌기장식은 전형적인 그리스-로마의 양식으로 알려져 있다.

황금보검은 끝이 넓은 칼집에다 반원형 장식 금구로 구성되어 있는데, 표면에 석류석, 청색유리 등의 귀금속 누금세공 투각으로 장식된 데다 보검의 테두리에는 — 고대 그리스의 항아리에서 흔히 볼 수 있는 — 그리스 소용돌이 무늬로 일컬어지는 나선무늬로 디자인되어 있어, 이 보검이 신라에서가 아닌, 외국에서 제작된 것임을 직감하게 한다.

그러면 이 황금보검 장식의 기원지는 동유럽의 트라키아지역인데, 당시 4~6세기 이곳에 거주하며 이곳을 지배한 이들은 훈족이었다. 한나라 한무제의 지배에 들어가길 거부했던 북흉노는 대거 서쪽으로 이동하였는데, 서기 350년 경 동유럽에 훈족이란 이름으로 등장했던 것이다. 그러기에 저 신라의 황금보검과 카자흐스탄에서 발견된 보검은 훈족과 긴밀한 관계가 있는 것으로 추리된다. 흉노의 왕자였던 김일제와 그의 후손들은 우여곡절 끝에 한반도의 남부에 정착했기에, 서쪽으로 이동했던 훈족과도 친연관계가 있었던 것으로 여겨진다.

경주의 도로 밑에서 우연한 기회로 발굴된 이 황금보검은 카자흐스탄의 보르보예에서 발굴된 것과 같은 유형인데, 역사학계의 비상한 관심을 모으고 있다. 또한 신강성 쿠차庫車의 키질 석굴 69호굴에는 이 황금보검과 유사한 단검이 그림으로 그려져 있는데, 사람이 허리에 차고 있는 보검의 모습이 그것이다. 이런 유물 자료를 통해 당시 실크로드를 따라 서역과 신라의 교류를 추리한다. 세계에서 보기 드문 이 황금보검은 도대체 어디에서 발생했으며, 어떤 경로를 통해 이토록 벽화를 통해 그려져 있고, 또 실물로 존재한단 말인가. 그러나 워낙 귀한 황금보검이기에, 결코 실크로드의 교역상품은 아닌 것으로 보인다.

그런데 현재 세계에 남아 있는 단 두 자루의 황금보검이 실물로는 1928년 카자흐스탄의 보르보예에서 발견된 황금보검과 경주 미추왕릉지구 14호분에서 발견된 보검이다. 둘은 태극문양이 있는 부분만 좀 다를 뿐, 똑같은 디자인으로서 제작 방법이나 형태며 모양이 똑같다. 두 보검은 만든 방법이나 구조면에서 같은 사람 또는 같은 지역의 장인에 의해 만들어졌다고 볼 수밖에 없다. 반원형의 칼자루에 끝이 넓은 칼집, 금알갱이와 옥으로 상감한 이 보검은 전례에 전혀 없었을 뿐만 아니라 한반도는 물론 동아시아에서도 볼 수 없었던 것이었다.

그런데 황금보검과 같은 금제 장신구나 무기에 보석을 박아 넣는 감옥기법과 작은 금알갱이를 붙이는 누금기법은 — 그리스-로마의 양식을 따른 — 훈족의 것이라고 한다. 이 황금보검뿐만 아니라 훈족이 거처했던 지역의 여러 유물들이 신라의 것들과 유사한 것은 여러 가지로 알려져 있다. 권오영 교수팀은 카자흐스탄과 키르기스스탄지역에서 발굴조사를 하면서 위의 황금보검 외에도 신라 유물과의 유사성을 발견하였다.

"키르기스스탄 토크마크 인근의 한 무덤에서 발견된 훈(족)의 황금 데스마스크에는 3개의 나뭇가지를 묘사한 무늬가 선명했고, 머리에 쓰는 관의 장식은 새가 날개를 활짝 편 모습이었다. 3개의 나뭇가지는 신라 금관의 솟을장식 그대로였고, 관 장식 역시 신라의 새날개형 장식의 판박이였다. 이 유물들은 3~4세기 제티수에 자리잡았던 훈(족)이 남긴 것들이다."[4]

권오영 교수에 의하면 신라 왕릉의 구조는 고구려나 백제의 무덤과는 달리 사카족 쿠르간유라시아에 분포하는 대형무덤과 유사하고, 유물은 훈족의 유물과 유사하다고 한다. 신라의 돌무지덧널무덤 또한 고구려와 백제며 가야와는 달리 카자흐스탄의 제티수지역의 고분 문화와 닮았다고 한다.[5]

한반도는 훈족과의 관계 이전부터 고대의 서역과 교류를 했던 것으로 보인다. 고대 서역에는 청동기문화를 꽃피웠으며 선진의 금속제련 기술 또한 보유했다고 전문가들은 진단한다.

> 선진先秦 시기 서역의 역사는 청동기시대에 속했다. 서역 초원에서 생활하는 유목민족과 중원 북방의 초원민족이 서로 왕래하면서 유목 위주의 경제문화를 형성했으며, 동서양문명을 연결하는 역사적 사명을 떠맡았다. 이 시기 생산기술 분야에서 선도적인 선진기술이었던 금속제련이 유라시아 초원을 통하여 폭넓게 확산되고 교류되면서 서역지역의 사회적 생산력을 대대적으로 촉진시켰다.[6]

흉노는 이미 알타이에서 생산된 금으로 황금제작기술을 보유하고 있었으며, 이 기술은 서기 4~6세기에 훈족의 대이동을 따라 동유럽으로 전파된 것으로 보인다. 그리고 동유럽의 트라키아나 스

〈그림 3〉 보물 제635호로 지정된 신라의 황금보검. 보로보예의 보검은 퇴색이 많이
진행되었거나 금이 떨어져 나간 것으로 보인다. 출처 : 문화유산 채널.

키타이는 북방의 흉노계 유목민족으로 알려져 있다. 이를 통해 북
방 초원지대와 신라와의 교류나 친연관계의 단서를 추리해볼 수
있다. 그 친연관계란 그리 어렵지 않게 추리된다.

흉노가 한무제에 의해 패망했을 때 흉노의 일파가 아틸라의 선조 포함
부족을 이끌고 서쪽으로 이동하여 훈족이란 이름으로 유럽을 정
복하였고, 또 다른 흉노의 일파는 김일제 김씨 성은 한무제로부터 하사받았다고
한다. 그런데 '알타이'란 어원이 금(金)이라고 한다의 후예들을 중심으로 우여곡절
끝에 한반도의 남부 신라, 가야에 정착했다고 한다.

황금보검이 출토된 카자흐스탄의 보르보예에는 이 보검뿐만 아
니라 대량의 황금유물을 비롯해 신라-가야와도 관련이 있는 동복
청동 솥, cupcauldron이 출토되었다고 한다. 그렇다면 이 무덤의 주인공
은 최상위의 왕이나 귀족이었을 것으로 여겨진다. 신라의 황금보

검이 출토된 곳 또한 마찬가지다. 무덤의 주인공이 입었던 옷은 비단이었고, 황금보검과 더불어 매장된 여러 장신구들을 검토해보면 신라의 왕족이나 진골 이상의 신분임에는 틀림없다.

강인욱 교수는 황금보검을 신라에 온 '카자흐 왕의 보검'이라고 규명하고서,[7] "카자흐스탄지역 왕들이 쓰던 것이 실크로드를 통해 수천 킬로미터를 건너온 것"으로 추정하고 있다. 그런데 카자흐스탄의 왕이 도대체 멀고 먼 신라의 누군가와 어떤 관련이 있기에, 이런 황금보검을 보냈을까 하는 의혹이 계속 남는다.

더욱이 황금보검을 보냈을 당시에는 '카자흐스탄'이란 국명이 아니었음을 고려할 때,[8] 이 황금보검을 보낸 주체의 나라와 종족을 더 자세히 서술해야 하는 것이다. 알타이의 서남쪽, 천산산맥 기슭의 대초원은 월지와 오손 및 강거의 땅이었는데, 지금의 카자흐스탄과 키르기스스탄 및 우즈베키스탄의 땅은 북방 유목민족인 흉노의 활동무대였다.

실크로드 쿠차의 키질석굴에 똑같은 유형의 황금보검이 벽화로 그려진 것을 참작할 때, 신라의 황금보검이 실크로드를 경유한 것으로 추리해볼 수도 있다. 그렇지만 이런 황금보검은 최상급의 의례용 패도佩刀여서 결코 단순한 교역상품이 될 수 없을 뿐만 아니라, 당시 수천 킬로미터 떨어진 실크로드의 먼 거리에 목숨이 담보되는 여행을 과연 했을까 하는 의혹도 들기에, 몇몇 사람의 소수 인력에 의해 운반되어질 수 없었을 것이다.

『로마문화 왕국, 신라』를 쓴 요시미즈 쓰네오 교수는 이러한 황금보검이 동유럽에서 신라까지 도달하는 데는 두 가지 방법이 있다고 언급했다. "하나는 켈트 왕의 사절이 직접 신라로 가져오는 것이고, 다른 하나는 신라의 사절이 켈트국에 가서 왕을 알현한 후 하사받은 보물들을 갖고 돌아오는 것이다."[9]

물론 아무리 귀한 황금보검일지라도 전달되기 위해서는 이 두 가지 방법밖에 없을 것으로 여겨지지만, 그래도 의혹은 남는다. 약 6천 킬로미터나 떨어진 거리를, 그것도 위험하기 그지없는 거리를 어떻게 지나갔으며, 누가 어떤 이유로 이런 보물을 보냈는지, 이 보검을 보낸 주인공과 이를 받는 신라의 그 누구는 도대체 어떠한 관계가 있는지 미스터리로 남기 때문이다.

그런데 켈트족^{Celts}은 인도유럽어족의 한 일파인 켈트어파를 쓰는 인도유럽인을 가리키고, 켈트족의 주요 활동 시기는 기원전이었으며, 주로 유럽에서 활동한 이들이 동아시아^{특히 신라}와 무슨 관련이 있는지 의혹만 더 커진다. 많은 학자들과 연구팀에 의한 새로운 연구는 신라와 훈족과의 관련을 연결한다.

트라키아지역은 — 물론 켈트족도 고대 그리스와 로마시대에 이 지역에 정착했지만 — 기원후 375년부터 게르만족 대이동을 촉발한 훈족의 근거지인 동시에 세계 3대 제국^{알렉산드로스의 대제국, 징기스칸의 몽골 제국, 훈 제국} 중의 하나인 훈 제국을 건설하면서 유럽을 공포에 몰아넣은 아틸라^{Attila, 395~453}의 근거지이기도 하다. 황금보검은 아틸라가 유럽을 제패한 4~5세기에 그리스와 로마, 동유럽, 서아시아와 이집트에 유행한 장식검이었다고 한다.[10]

<그림 4> 트라키아의 소용돌이 장식과 유사한 신라의 황금보검. 출처 : 문화유산 채널.

독일의 ZDF 방송국은 게르만 민족의 대이동을 야기하고 유럽
을 공포로 몰아넣은 훈족의 행방을 조사하기 위해 텔레비전 다큐
멘터리 시리즈 「스핑크스, 역사의 비밀」을 제작하였는데, 여기에
는 다큐멘터리 작가인 옌스–페터 베렌트Jens-Peter Behrend와 미국의
코넬대학 및 베를린 공과대학 교수인 아이케 슈미츠Eike Schmitz가
가담하여 훈족의 이동경로와 이 이동경로에서 발견된 유물을 집
중 조사하고 한국 남단의 신라–가야지역에서 발견된 유물을 비교
검토한 후에 훈족의 원류가 한국인이라고 결론지었다.

독일의 베렌트와 슈미츠 박사는 방송에서 한민족과 훈족의 연
결고리 근거로 다음과 같은 유물을 언급했다.[11]

· 훈족의 이동 경로에서 발견되는 동복청동 솥은 한반도의 남쪽인 신라
와 가야지역에서도 출토되었다(이를테면 경주 대성동 유적 29호분과 47호

분 및 황남대총. 김해 양동리 235호분에서 동복이 출토되었다).

· 훈족은 이 동복을 말 등에 싣고 다녔는데, 신라에서도 말 등에 동복을 싣고 있는 기마 인물상이 발견되었다(이를테면 경주 노동동의 금령총과 김해 덕산리에서 출토된 기마 인물상이다).

· 동복의 문양을 한국인의 머리 장식에서도 볼 수 있다.

· 훈족의 후예들에게는 몽골리안 반점이 있다.

· 훈족은 특이한 활과 화살을 사용했다굽은 형태의 '만궁(彎弓)', 또는 '복합궁'이라고 칭하는 예맥 각궁.

· 훈족은 편두를 갖고 있다(인위적으로 외압을 가해서 두개골을 변형시킨 머리를 편두扁頭, cranial deformation라고 한다).

이외에도 적석목곽분積石木槨墳과 같은 신라의 고분은 북방 기마민족의 대표적인 무덤 형태인데, 황금보검이 발견되었던 카자흐스탄의 이리강유역에 있는 북방 기마민족의 고분들도 적석목곽분으로 알려져 있다.

이러한 적석목곽분의 유사성뿐만 아니라 독일 ZDF방송국의 다큐멘터리를 통한 베렌트와 슈미츠 박사의 유적과 유물을 통한 증거는 엄청난 폭발력을 가진 것으로 보인다. 이러한 증거들은 마치 문자를 통한 기록과도 같이 역사적 사실을 드러내며, 훈족과 신라-가야와의 친연관계를 밝히는 획기적인 증언으로 보인다. 북방 오랑캐를 뜻하는 흉노匈奴나 북적北狄이란 명칭 때문에, 혹은 중국인의 취향에 따라 소중화의 차원에서 이런 역사적 진실을 외면한

〈그림 5〉 파르티안 기사법.

〈그림 6〉 고분벽화의 수렵도. 출처 : 무용총.

다면, 그것은 곧 자기 역사에 대해 죄짓는 것이다.

미국의 디스커버리사에서는 〈아틸라와 훈〉을 방영했는데, 이 다큐멘터리에서는 훈족을 고구려인이라고 규명하였다. 서쪽으로 향한 훈족 중에는 단연 고구려인들이 많이 포함되었을 것으로 보인다. 훈족은 마치 다민족 국가처럼 정복한 지역의 족속들을 받아들였기에, 단일민족은 아니었을 것으로 보인다.

그런데 소위 '파르티안 기사법달리는 말 등에서 몸을 돌려 뒤로 활을 쏘는 방식'으로 활을 쏘았던 훈족의 모습은 이탈리아 아퀼레이아에 있는 크리프타 아프레시 교회의 벽화에 그려져 있는데, 이는 고구려 고분벽화의 무용총에 그려진 수렵도의 활맨궁 및 기마법과 거의 같다. 둘은 원래 북방 기마민족이어서 이미 "파르티안 기사법"을 공유했을 것으로 보인다. 이 기사법은 예부터 우리 민족에게는 익숙한 것으로 고구려 고분벽화의 무용총을 비롯해 백제 금동

대향로 기마 수렵 인물상, 경주 사정리에서 발굴된 신라시대 문양 전 등에서도 그 모습을 볼 수 있다.

이토록 서양의 학자들과 방송국의 다큐멘터리를 통해 훈족의 원류가 한국인일 가능성이 크다는 진단을 하는데도 정작 한국인들은 훈족에 관해 모르고 있거나 관심을 크게 보이지 않고 있다. 그것은 ─ 이종호 교수도 지적하듯이[12] ─ 한국인이 세계사를 배울 때 사용하는 교재가 모두 서양인의 관점에서 쓴 것이기 때문이기도 하고 (이것은 독자적인 역사에 대한 철학이 없는 소치이기에 큰 중병이다), 더더욱 조선의 소중화 사상에 입각해 중국인들이 흉노를 북쪽 오랑캐라고 한 것을 따라하기 때문이다. 『삼국사기』와 같은 역사책도 중화사상에 경도되어 있다.

우리가 앞에서 흉노의 일파가 서쪽으로 이동하여 훈족이란 이름으로 유럽을 정복하였고, 또 다른 흉노의 일파는 김일제의 후예들을 중심으로 우여곡절 끝에 한반도의 남부신라, 가야에 정착했다는 것을 지적했다. 이제 흉노의 일파가 동천東遷한 사실을 밝혀보기로 하자. 그러면 훈족과 신라의 친연관계를 이해할 수 있을 것이고 아울러 황금보검이 전해질 수 있는 조건이 자연스럽게 파악될 수 있을 것이다.

이를테면 경주국립박물관에 보관되어 있는 신라 문무왕의 능비문에는 문무왕이 북방 기마민족의 후예라고 밝히고 있으며, 능비문 가운데는 "신라 선조들의 신령스러운 영원靈源은 먼 곳으로부터 계승되어온 화관지후火官之后이니 (…중략…) 종宗과 지枝의 이어짐

이 비로소 생겨 영이한 투후秺侯는 하늘에 제사 지낼 아들로 태어났다. 7대를 전하니 (거기서 출자出自한) 바다". [13]

여기서 문무왕이 화관지후火官之后의 후예라는 것은 순임금의 후예라는 것인데, 혹자는 "火官之后"를 글자의 해석에 입각해 불을 다스리는 임금인 염제炎帝 신농씨로 볼 수도 있지만, 이들은 그러나 중국의 한족이 아니라 모두 동이족이다. [14] 위 인용문에서 '투후'는 곧 제후국의 왕인 김일제를 말한다.

또한 문무왕의 능비문에는 '투후 김일제의 5대조 성한왕星漢王은 신라로 들어왔고' [6행]라는 구절이 있다. 여기서 성한왕은 김알지의 존칭인 것이다. "신라의 왕씨 중에서 김씨는 김알지의 후손인데 그는 흉노 중에서 가장 강력한 부족이었던 김일김일제의 후손이다. 김알지가 신라로 들어오게 된 전황은 비교적 자세히 알려져 있다." [15] 이종호 교수는 "김일제의 5대손인 성한왕이 신라로 들어와 신라 김씨의 시조인 김알지가 되고 김일제의 동생인 윤의 5대손 탕이 가야로 들어와 가야 김씨의 시조인 김수로가 되었다"고 한다.

신라로 들어온 김알지는 석탈해昔脫解 왕의 양자가 되었고, 김알지의 후손인 구도仇道는 백제와의 전투에서 혁혁한 공을 세운 공신이 되었는데, 바로 구도의 아들 미추미추왕릉 지구 14호분의 주인공가 왕위에 올라 신라에서 첫 번째 김씨 왕으로 탄생한 것이다. 이제 김일제의 후손이 왕위에 올랐기에, 서쪽으로 갔던 트라키아의 훈족의 왕이 친연관계에 있는 미추왕에게 황금보검을 보냈을 것은 충분히 납득이 될 수 있는 것이다.

우리는 이 장을 맺으면서 잊혀
지고 망각된 우리의 역사를 되찾
고,『삼국유사』와『삼국사기』의 범
주를 벗어나 유라시아 북방의 초
원문화와 연계된 고대문화를 되
찾아야 한다. 황금보검은 한국사
를 다시 쓰게 할 수 있는 폭발력을
갖고 있을 뿐만 아니라[16] 그 필연
성과 당위성을 갖고 있다. 더욱이
이를 실크로드의 단순한 연장선
에서 파악할 것이 아니라, 중국의
비단 교역과는 전혀 다른 북방 초
원문화와의 친연관계를 되찾아야
하는 것이다.

더더욱 우리로 하여금 당황하
게 하는 것은 고대 그리스의 트로
이 유적에는 고조선에서 사용된

〈그림 7〉 문무대왕릉비.
문무왕을 북방 기마 민족의 후예라고 자랑스럽게
적었는데, 이 비문에 대한 탁본이 전해져 해석이 가
능하다. 이 비문에는 흉노가 어떻게 신라와 가야로
유입되었는지를 밝히고 있다.[17]

것과 똑같은 말의 재갈과 청동제 무기들이 발견되었는데, 아킬레
우스가 사용했던 검은 고조선의 전형적인 비파형 동검이었다는
것이다. 호메로스의『일리아스』는 기원전 1200년 경에 일어난 트
로이전쟁을 주 내용으로 하고 있다. 실로 호메로스의 작품에는 청
동제 무기가 최고로 발전된 무기로 소개되고 있다. 그런데 청동기

선진국이었던 고조선과 저 고대 그리스가 무슨 관계가 있을까. 그리스의 역사는 그리스인들이 알타이에서 발원하여 도나우를 따라 서쪽으로 갔다고 하는데, 우리의 역사는 주지하다시피 알타이에서 발원으로 동쪽으로 향한 것이다. 그렇다면 알타이에서 모종의 이웃관계를 가졌던 것은 아닐까.

제7장

돈황과 장경동

돈황은 중국의 서쪽 변방에 위치하고 있지만, 그리고 오랜 기간 소규모 정권으로 정치적인 독립을 유지하고 있었지만, 대부분 중국 중원을 비롯한 티베트, 탕구트, 몽골의 지배를 받다가 한무제의 흉노 정벌 후엔 줄곧 중국의 지배 아래에 있었다. 돈황은 여러 오아시스 도시 중에 하나이지만, 중국 문물이 서역과 중앙아시아 및 인도와 서양으로 진출하는 데에 첫 번째 관문일 뿐만 아니라, 역으로 서양의 문물이 중국으로 들어가는 데에도 반드시 통과해야 하는 관문인 것이다. 그것은 천산天山산맥을 남북으로 갈라 천산남로와 천산북로로 나뉘고, 천산남로는 다시 타클라마칸사막을 중앙에 두고 서역西域남로와 서역북로로 나뉘지만, 결국 돈황이 만나는 길목의 지점이 되기 때문이다. 이런 지리적 중요성 때문에 돈황은 일찍이 전한前漢시대부터 중국의 서역 경영의 중요한 요충지가 되었던 것이다.

그래서 한나라 무제武帝 때에 장건張騫의 대대적인 서역착공西域鑿空 작업 이래 남북조·수·당·오·송·원대에 이르러 돈황은 서역통로의 명실상부한 관문으로서 동서문물의 교류가 이곳을 통해 이루어졌던 것이다. 그뿐만 아니라 5세기의 구마라습鳩摩羅什과 법현

〈그림 1〉 돈황의 막고굴. 출처 : https://cafe.daum.net/andeok39/3uAt/37?q

法顯, 7세기의 현장玄奘, 8세기의 혜초와 오공悟空 등 뛰어난 명승名僧들을 비롯해 13세기의 마르코폴로의 일행과 그 이후의 수많은 여행가와 탐험가들도 이곳을 지났던 것이다.

막고굴은 돈황시에서 동남쪽으로 15킬로미터 떨어진 명사산鳴沙山의 동쪽 기슭에 자리 잡고 있으며, 돈황에는 막고굴 외에도 서천불동西千佛洞, 동천불동東千佛洞, 유림굴榆林窟, 오개묘석굴伍個廟石窟, 수협구석굴水峽口石窟 등 수많은 석굴이 만들어져 있으며, 이들 모두 귀중한 인류문화유산인 것이다. 이 거대한 석굴사원의 기원은 일반적으로 전진시대前秦時代, 건원 2년, 366에 낙준樂僔이라는 승려가 감실을 조성한 것이 계기가 되었다고 하는데, 석굴 제332굴에 그 내력이 기록되어 있다.[1]

실크로드라는 것은 비단이나 물품만을 실어 나르는 통로가 아니라 — 앞에서 언급했듯이 — 인도로부터 불교와 문화가 들어오는 주요 통로였다. 막고굴에는 남북조시대부터 수많은 석굴石窟이 조성되기 시작하였는데, 당나라 때에는 그 전성기를 이루었다. 여기엔 수많은 벽화와 예술작품, 조각작품, 그림, 고문서, 경전을 비롯하여 수많은 불상들이 — 그래서 막고굴을 천불동千佛洞이라고도 한다 — 있었는데, 이는 인류 문명교류사에서 엄청난 사건이라고 하지 않을 수 없다.

전인초 교수는 막고굴을 "세계에서 현존하는 가장 위대한 불교예술의 보고이다"라고 규명한다.[2] 실로 막고굴은 1987년 유네스코에 의해 인류문화유산으로 지정되었다. 그런데 이 엄청난 사건 중에서도 세계의 이목을 집중시킬 정도의 쇼킹한 사건은 1900년에 발견된 제17동, 일명 장경동藏經洞이었다.[3] 장경동을 서구와 비교하면 — 고대 그리스의 서적들이 보관된 — 알렉산드리아의 도서관과도 유사하다.

전인초 교수는 돈황이 중국문화 대혁명1966~1977의 격랑에서 살아남을 수 있었던 일화를 돈황문물연구원장인 번금시樊錦詩 여사로부터 직접 들은 일화를 소개하고 있다. 실로 문화 대혁명의 기간에 나이 어린 홍위병들이 중국 전역에 산재해 있던 역사유적과 유물들을 무참히 파괴했는데, 돈황이 위치한 지리적 악조건 때문에 위기를 피했다는 것이다.

당시 돈황에 이르는 유일한 교통수단은 철도였다고 하는데, 돈황역당시 유원역에 내려서도 막고굴까지는 130여 킬로미터나 되어, 군에서 제공하는 트럭을 타고 몇 시간 만에 막고굴에 도착했단다. 그러나 홍위병들은 피로와 허기에 지쳐 기진맥진한 상태에 처해 있었는데, 막고굴 측에서 이들을 극진히 대접하여 민족문화유산의 가치를 설명하자 고개를 끄덕이며 그냥 돌아갔다고 한다. 만약 돈황의 위치가 교통이 편리하고 사람들의 접근이 용이했다면, 돈황의 문화유적과 유물이 살아남지 못했을 것이라고 한다.[4]

저 장경동 발견 과정을 들여다보면, 1900년 어느 봄날 왕도사왕원록는 여느 때와 같이 낡은 석굴을 보수하면서 돌보고 있었는데, 16굴로 들어가는 한쪽 벽에서 임시로 막아놓은 것 같은 흔적이 보여 조심스레 긁어보니 진흙으로 바른 문이 나타났다. 이 문을 열어보니 가로 2.8미터, 세로 2.7미터, 높이 3미터 정도 되는 방이었는데, 불경을 비롯한 각종 고문헌, 두루마리에 쓰진 사료, 그림 등이 보자기에 싸인 채 보관되어 있었다. 이 수많은 고문서와 경전들로 인해 막고굴의 제17동을 장경동이라고도 하는 것이다. 그렇지만 왕도사 주지는 이 보물들의 문화재 가치를 몰랐기에 그대로 방치하다시피 하였다.

저 장경동의 문화재 가치는 오히려 외국에서 먼저 알았다. 당대는 여전히 세계를 무대로 식민정책을 펼쳤던 유럽과 일본이 앞장서서 외국의 문화재를 비롯한 각종 경제적 이득이 될 만한 것은 모조리 착취해 가는 시기였다. 과학기술문명무기을 앞세운 유럽의 강대국들에 의한 세계 식민지 개척시대18세기 이후는 유럽인들이 그야말로 온 세계를 쥐락펴락했다. 정치적·경제적·문화적 약탈을 일말의 양심도 없이 무차별 약탈 경쟁을 벌였다. 아프리카, 아시아인도, 중동, 중국, 동남아, 중앙아시아 등, 남미, 오세아니아 등 도처에 약탈을 일삼고 정치적 경제적 약탈에 이어 문화재까지 약탈해갔다. 한국의 경우 같은 동아시아의 일본에 의해 철저하게 약탈되었고 강제 식민통치에 들어갔었다. 일본도 유럽인들처럼 정치적·경제적 약탈에 이어 문화재까지 도둑질해갔던 것이다.

당대의 중국도 유럽인들의 손아귀에서 벗어날 수 없었는데, 돈황의 고귀한 문화재들이 — 석굴을 관리하던 왕도사왕원록에게 속된 말로 껌값 정도를 치르고 꼬드겨서 — 약탈되어 간 것이다.[5] 돈황은 당시 중국의 서쪽 변방이었기에, 행정력이 잘 미치지 못하여 새롭게 발견된 문화재의 의미도 또 그 가치도 모르고 있었으며, 이것저것 다 도둑맞고 난 뒤에야 이 사실을 알게 된 것이다.

어쨌든 석굴에서 새로운 보물과 문화재들이 발견되었다는 소식은 세계의 문화재 약탈자들의 귀에 신속하게 들어가 수탈의 표적이 되었다. 서구의 열강들은 앞다투어 탐험대나 조사단을 속속 파견하여 막고굴의 문화재들을 마구 약탈해갔다. 1905년 러시아의 블라디미르 오브루체프V.A. Obruchev, 1863~1956는 돈황의 석굴에 찾아와 한문·몽골어·티베트어·돌궐·중앙아시아위구르어, 소그드어 등등 여러 나라 언어로 쓰인 두루마리 고서 두 보자기를 가져갔다.

2년 뒤에는1907 영국의 인도학자였던 스타인A. Stein, 1862~1943[6]이 이곳에 찾아와 왕도사를 만났다. 그는 그러나 한문이나 위구르어며 투르크어를 전혀 몰랐기에, 이들 언어나 티베트문자며 중앙아시아의 고어로 기록된 문서의 중요성을 알지 못했다고 한다. 스타인은 그러나 중국의 유명한 구법승인 현장에 대한 이야기로 왕도사를 꾀었는데, 그것으로 왕도사의 환심을 사고는 마제은^{馬蹄銀} 4개의 헐값을 치르고 경전 스무 상자^{9천 권 분량}와 그림과 공예품 등 다섯 상자^{그림 500장, 공예품 160점}를 낙타와 말을 동원하고 5대의 마차에 가득 실어 천불동에서 빠져나와서는 영국으로 보냈다.

그런데 당시 프랑스의 식민지였던 베트남 하노이에 정주하면서 프랑스 극동학원에서 활동하던 펠리오^{1878~1945}는 신장성 우루무치에서 답사를 하고 있었는데, 스타인의 막고굴 탐험 소식을 듣고서 서둘러 1908년 2월 돈황에 도착하였다. 그는 우선 유창한 중국어로 왕도사와 대화하고 교섭하면서 비밀을 엄수한다는 조건으로 거래를 성사시켰으며 백은^{白銀} 오백 냥^{약 90파운드}을 왕도사에게 지급하고,⁷ 필요한 문서를 양도해도 좋다는 승낙을 받았다. 그는 곧장 장경동의 문서를 직접 검토하였다.

한문과 티베트어, 위구르어, 소그드어, 호탄어, 토하라어, 산스크리트어, 헤브라이어 등 아시아의 문헌에 정통했던 펠리오는 스타인이나 오브루체프와는 전혀 다르게, 막고굴에 3달을 머물면서 숱한 고문헌과 유물의 사료적 가치를 철저하게 검토하고 선별하여, 경전 1,500여 권과 돈황유서 약 6,000두루마리^{티베트 문자로 된 2,700두루마리 포함}을 담은 상자 24개와 그림과 공예품 및 직물들을 넣은 상자 5개를 프랑스로 보내고 난 뒤에 시안, 정주, 베이징을 거쳐 하노이로 돌아갔다.

동양의 문물과 언어에 정통했던 펠리오는 1909년에 다시 북경으로 가서 당시 청나라의 정부에 돈황 문서의 존재를 알림으로써 돈황은 세계의 이목이 집중된 문화의 보고寶庫가 되었다. 이러한 세계적 관심에서 돈황의 고문서와 경전뿐만 아니라 실크로드를 오갔던 종교불교, 유교, 도교, 조로아스터교, 네스토리우스교 등와 사상, 학문, 문학, 정치, 경제, 군사, 천문, 인쇄술, 의학, 지리, 건축, 언어, 각종 필사본 문서, 불화, 판화, 탁본, 조각작품, 회화, 공예자수품, 염직포 등 등등 동서문명교류와 무관한 것이 없을 정도로 전 방면에 걸친 돈황학敦煌學이 탄생되었던 것이다.

특히 이러한 유물들 중에는 이른바 "돈황문서敦煌文書"가 중요한 위치를 점하고 있는데, 이 문서들은 한문을 비롯해 산스크리트어인도어, 위구르어, 페르시아어, 소그드어, 쿠차어, 호탄어, 티베트어, 투르크어, 몽골어 등 다양한 언어로 기록된 문서가 "확인된 것만 4만점이 넘는다"고 하며,[8] 이들 문서의 내용은 대체로 불교의 경전과 관련된 것들이 지배적이지만, 마니교와 조로아스터교, 심지어 네스토리우스교Nestorius : 경교(景敎)와 관련된 경전도 있으며, 유교 경서經書와 도교, 나아가 『왕오천축국전往五天竺國傳』과 『가슴미라행기迦濕彌羅行紀』며 『인도제당법印度製糖法』과 같은 여행기를 비롯해 교류 관계를 전해주는 문서들도 있다. 그 밖에 사원의 경영에 관련된 기록이나 호적특히 국제결혼과 관련된 문서에 관한 문서, 토지문서와 같은 것들도 수다하여, 당대의 역사적 사항뿐만 아니라 인류문명교류사에 획기적인 보고임을 증거하고 있다.

펠리오에 이어 일본의 오타니 고즈이대곡광서(大谷光瑞)는 탐험대를 이끌고 1912년에 돈황에 도착하여, 아직 숨겨두었던 장경동의 문서 500여 권을 일본으로 가져갔다. 이후에도 끊임없이 러시아의 고고학자올덴부르크, S. F. Oldenburg와 영국의 스타인이 재차 방문하고, 미국의 대학 조사단L. Warner 일행이 이곳에 와서 남은 고서와 석굴의 불상, 그림과 벽화들을 뜯어가 돈황의 귀중한 문화재는 탈탈 털리었고, 세계로 흩어지게 되었다.

오늘날 우리에게 전해진, 필사본이자 잔간본으로 알려진『왕오천축국전』도 주지하다시피 펠리오에 의해 빛을 보게 되었다. 혜림의『일체경음의』를 통해 혜초의『왕오천축국전』에 관한 내막을 알고 있었던 펠리오는 여기 막고굴에서 3달 동안 자료를 검토하면서 두루마리로 된 어떤 필사본앞뒤가 떨어져 나가 제목도 없었다이 그가 원본을 찾지 못해 궁금해 하던 혜초의 여행기임을 단도직입적으로 알아볼 수 있었다. 그는『왕오천축국전』에 대한 발견의 감회를 다음과 같이 쓰고 있다.

뜻밖의 호재로 저는 의정義淨과 오공 사이에 놓일 새로운 여행자를 찾아냈습니다. 미완의 작품이지만, 그 제목과 저자를 밝혀낼 수 있다고 생각합니다.「일체경음의一切經音義」 가운데 법현에 대한 짧은 해설 옆에 「혜초 왕오천축국전」에 대한 그만큼이나 짧은 해설을 발견할 수 있는데, 저는 몇 년 전에 이 두 글을「회보Bulletin」에 게재한 적이 있습니다.

(…중략…) 따라서 제가 매우 큰 일부를 찾아낸 이 익명의 작품이 「혜
초 왕오천축국전」일 가능성이 많다고 보이며, 「음의」의 모든 주해들을
고려한다면 이는 분명 확고해집니다.[9]

펠리오는 이 잔간을 발견한 이후 1908년에 「감숙성에서 발견된
중세의 한 장서Une Bibliothèque Médiévale retrouvée au Kan-sou」를 발표했는
데, 여기서 그는 그가 발견한 잔간이 다름 아닌 8세기에 활동한 혜
초가 저술한 『왕오천축국전』의 잔간 사본이라는 것을 밝혔다. 그
것은 무엇보다도 혜림의 『일체경음의』에서 혜초의 『왕오천축국
전』을 다룬 어휘들이 상당 부분 일치하기 때문이었다. 혜림의 『일
체경음의』에서 혜초의 『왕오천축국전』을 다룬 어휘들은 총 85개
인데, 펠리오가 발견한 『왕오천축국전』의 잔간 사본에 17개 내지
19개의 어휘와 일치하는 것이었다.[10] 이토록 일치하는 낱말들을
통하여 펠리오는 이 두루마리의 글이 곧 『왕오천축국전』의 절략본
節略本이자 필사본이라고 단정했다.[11]

펠리오는 『일체경음의』를 읽고서 이미 1904년에 「8세기말 중
국으로부터 인도로의 두 여행기Deux Itinéraeres de Chine en Inde à la fin du VIII
Siécle」를 발표했는데, 이 논문에서 그는 혜림의 『일체경음의』에서
언급된 3권의 『왕오천축국전』을 바탕으로 혜초가 중국에서 남해
를 거쳐 서북 인도와 중앙아시아를 여행하고서 중국으로 되돌아
간 여행기를 썼으며, 810년 이전에 저술되었을 것으로 짐작하였
다. 결국 펠리오는 1908년에 막고굴에서 이 잔간 사본을 발견함으

로써 1904년의 추정이 사실임을 확인한 것이다.

1900년대 중국의 석학이었던 나진옥羅振玉은 펠리오가 검토한 자료들을 바탕으로 엄격하게 검토하여 「혜초왕오천축국전잔권慧超往五天竺國傳殘卷」을 발표하였으며, 여기에 자신의 견해를 첨가한 「혜초왕오천축국전교록찰기慧超往五天竺國傳校錄札記」를 덧붙여 『오천축국기五天竺國記』를 발간한 다음, 다른 10종의 석실유서石室遺書와 함께 1909년에 대작인 『돈황석실유서敦煌石室遺書』를 발간하였다.

나진옥에 이어서 당대에 중국에 체류하고 있던 일본학자 후지타 도요하치藤田豐八는 1910년에 나진옥의 연구업적을 바탕으로 두고 독자적으로 상세한 고증을 붙인 『왕오천축국전전석往五天竺國傳箋釋』을 출간하였고, 1915년 다카쿠스 준지로고남순차랑(高楠順次郎)는 위의 후지타 도요하치의 책을 보완하고 일부 글자를 교정하며 또 자신의 고증을 첨가하여, 이를 『대일본불교전서大日本佛教全書』의 권 113 가운데 『유방전총서遊方傳叢書』 권1에 수록했다.

그 이후 줄곧 일본학자들의 혜초에 대한 연구가 이어졌고,[12] 독일의 푹스W. Fuchs는 1939년에 혜초의 『왕오천축국전』을 독일어로 번역하여 『726년경 서북인도와 중앙아시아를 거쳐 간 혜초의 순례기Huei-Chao's Pilgerreise durch Nordwest-Indien und Zentral-Asien um 726』를 출간하였다. 이 푹스W. Fuchs의 번역본이 『왕오천축국전』에 대한 최초의 외국어 번역본으로 알려져 있다.

이토록 국외에서는 혜초에 대한 연구가 활발한 데 비해, 국내에서는 부끄러울 정도로 더뎌서 뒤늦게 일어났다. 정수일 교수는 이런 부끄러운 상황을 잘 지적하고 있다.

그간 이 여행기의 원문에 대한 주해^{역주 포함}는 중국의 나진옥과 일본의 후지타 도요하치, 독일의 푹스를 비롯한 몇몇 외국학자들의 학구적 노력에 의해 상당히 진척되었다. 부끄러운 일이지만 주역을 담당했어야 할 우리는 아직 해내지 못하였다.[13]

이토록 부끄러운 역사에 대해서는 그 어떤 변명도 궁색할 따름이다. 소위 소중화^{小中華}에 안주하고 있으면서 세계 넓은 줄 모르고 있었던 조선시대의 자화상일 뿐만 아니라, 임진왜란으로 도탄에 빠졌던 경험을 거울삼아 국력을 재건했어야 했는데도 그렇게 하지 못하여, 또다시 일본의 식민지로 전락했기에, 극도로 창피한 역사를 끌어안고 있으면서 세계로 눈을 돌릴 여력이 없었던 것으로 보인다. 가혹한 식민 통치의 상황에서 독자적으로 그리고 자유롭게 세계로 눈을 돌릴 겨를이 없었을 것이다.

그러나 늦었지만 국내의 연구도 활발하게 일어났다. 1919년 사후생^{獅吼生}은 혜초의 생애와 여행뿐만 아니라『왕오천축국전』에 수록된 오언시를 중심으로「해동대여행가혜초삼장^{海東大旅行家慧超三藏}」을 불교잡지인『조선불교총보^{朝鮮佛敎總報}』의 제18호에 게재하였다. 그 이후 많은 학자들에 의해 혜초 연구가 이어졌는데, 권덕규『조선유기』, 1924, 홍순력「세계적 학계에 대경이를 준 혜초에 대하여」,『한글』, 1928, 문일평『호암사화집』, 1942, 홍이섭「인도에 구법한 신라승의 전기잡초」,『조광』9의 4, 1943, 이능화『조선불교사』, 1924 등도 혜초와 『왕오천축국전』에 대해 연구업적을 남겼다. 1943년에는 최남선崔南善이 『신정新訂 삼국유사三國遺事』를 간행하면서 그 부록으로 『혜초 왕오천축국전』의 잔문을 수록했다.

철저하고 광범위한 연구는 고병익高柄翊 교수에 의해 수행되었는데, 그는 이전의 연구방식과는 달리 문헌에만 의존하지 않고 현장 조사를 겸하였다. 1959년에 그는 「혜초 왕오천축국전 연구사략研究史略」을 발표하였고, 1983년에는 KBS방송국과 함께 6개월에 걸쳐 혜초의 여정을 뒤따라 실제로 답사했는데, 이듬해에 그는 곧 이 답사와 연구의 결과물을 담은 『혜초의 길을 따라』라는 저서를 출간하였다. 그는 혜초에 관한 연구를 끊임없이 이어갔는데, 1987년에는 문화재관리국에서 직접 촬영한 영인본을 기초로 「왕오천축국전해제解題」를 작성하였다. 그는 이어서 「혜초의 인도왕로印度往路에 대한 고찰」, 「왕오천축국전 본문本文의 교감校勘」, 「혜초의 인도순례印度巡禮」, 『동아교섭사의 연구』 등등 활발한 연구를 이어나갔다.

양한승梁翰承은 1961년에 원문原文과 역문譯文으로 구성된 『왕오천축국전 − 혜초기행문慧超紀行文』을 출간했는데, 그는 미국에 유학하면서 1984년에 잔웬화Jan Yün-hua를 비롯한 2명의 학자들과 함께 영어로 『혜초의 여행기 − 인도의 다섯 지역에 대한 순례기The Hye Ch'o Diary : Memoir of the Pilgrimage to the Five Regions of India』를 출간했는데, 이 것이 『왕오천축국전』에 대한 최초의 영어 번역본이다.

이석호李錫浩는 『왕오천축국전』을 한글로 번역했는데, 원문과 역문으로 구성한 데다 자세한 역주를 덧붙여 독자들의 독해에 많은 도움을 준 것으로 보인다. 이어서 김규성「왕오천축국전」(외),『한국의 사상 대전집』1, 1973, 한정섭『왕오천축국전』(외), 1986, 김찬순「왕오천축국전」,『조선고전문학선집』제21권, 1990에 의해서도 한글 번역본이 출간되었다. 또 1984년에는 혜초의『왕오천축국전』이『한국불교전서韓國佛敎全書』제3책에 수록되어 출간되었다.

1992년 2월에 문화관광부에서는 혜초를 "이 달의 문화 인물"로 선정하고, 이를 기념하기 위해 학술세미나까지 개최하였는데, 가산불교문화연구원이 주관하고, 문화관광부와 한국문화예술진흥원 및 대한불교조계종이 후원한 큰 행사였다. 기념문집인『세계 정신世界情神을 탐험한 위대한 한국인 '혜초'』에는 기조강연문「세계 정신을 탐험한 위대한 한국인 혜초」을 비롯한 3편의 논문과『왕오천축국전』의 원문原文, 영인본과 활자본,『일체경음의』의「혜초 왕오천축국전」,『왕오천축국전』의 번역문 등이 망라되어 있다.

변인석은 2000년에『당唐 장안長安의 신라사적新羅史蹟』을 출간했는데, 여기서 저자는 혜초가 기우제祈雨祭를 지냈던 옥녀담玉女潭의 거북바위를 찾아내어 사진으로 실었다. 2004년에는 아랍과 중앙아시아학에 전문가인 정수일 교수가『혜초의 왕오천축국전』을 출간하였는데, 여기서 저자는 기존의 연구 성과를 총망라하였을 뿐만 아니라 자신의 전문적인 연구를 첨가하였는데, 그야말로『왕오천축국전』과 관련된 지식이 집대성된 것으로 보인다.

이 책에서는 자세한 해설과「혜초의 서역기행 노정도」, 생생한 도판, 판독문, 원문을 비롯한 풍부한 주석, 순례에 대한 연표,『일체경음의』의「혜초 왕오천축국전」등 혜초의 여행기 이해에 대한 훌륭한 안내서 역할을 하고 있다. 무엇보다도 정 교수는 이 책에서 혜초가 방문한 40여 개국을 목차로 설정하여, 독자로 하여금 쉽게 접근할 수 있도록 하였다. 정 교수는 이 책을 출간하기 전부터「혜초의 서역장행西域壯行 일고―대식역방大食歷訪을 중심으로」1990,「혜초의 서역기행과 8세기 서역불교」1994,「혜초의 서역기행과 왕오천축국전」2004 등을 발표하는 등, 이 분야에 연구를 계속해왔다.

고려대학교 한국사연구소에 의해 최근에 출간된『왕오천축국전』아연출판부, 2014도 정수일 교수의『혜초의 왕오천축국전』과 유사하게 많은 주석과 해설을 곁들이고 있을 뿐만 아니라 책의 목차를 혜초의 방문한 나라별로, 말하자면 40개의 절로 분류하고, 원래 두루마리로 되어 있는『왕오천축국전』에 쉽게 접근하게 함으로써 독자의 이해에 많은 도움을 주고 있다. 저자 또한 이들의 훌륭한 연구업적에 기초하여 한 걸음을 내디딘 것으로 여긴다.

2009년에는 문화체육관광부가 지원하여『한국전통사상총서 불교편』의 일부가 발행되었는데, 이 총서의 제10권인『정선문화文化』에 혜초의『왕오천축국전』이 수록되었다. 정병삼 교수 또한 혜초에 대해 끊임없이 연구하여 2005년에「8세기 신라의 불교사상과 문화」와「혜초의 활동과 8세기 신라밀교」를, 2009년에는「세계로 향한 길―왕오천축국전」을, 2010년에는「혜초가 본 인도와 중앙아시아」등의 논문을 발표하였다.

남동신 교수는 2009년에 「혜초의 왕오천축국전에 대한 신고新考」를, 2010년에는 「혜초 왕오천축국전의 발견과 8대탑」 등을 발표하는 등 꾸준히 연구를 계속하고 있다. 이정수는 2010년에 「밀교승 혜초의 재고찰―표제집表制集을 중심으로」를, 박현규는 「혜초 인물자료 검증―왕오천축국전 저자, 혜초는 과연 신라인일까?」를 발표하였다. 또 2010년에는 지안이 『왕오천축국전―혜초, 천축 다섯 나라를 순례하다』를, 2013년에는 김규현이 『왕오천축국전』을 출간하였다.

그런가 하면 2010년에는 한국문학번역원의 지원으로 이탈리아의 리오또M. Riotto에 의해 혜초의 『왕오천축국전』이 『인도의 다섯 지방 순례기Pellegrinaggio alle cinque regioni dell' India』라는 제목으로 번역되었는데, 이것은 최초의 이탈리아어 번역본이다.

한편 『왕오천축국전』에 수록된 5편의 오언시漢詩를 비롯해 문학적인 관점에 대한 연구 또한 일찍부터 있었는데, 김운학, 임기중, 이진오 등의 불교문학자들을 비롯해 김일열, 장덕순, 이구의, 정기선, 박기석, 신은경, 이승하, 박상영, 정병헌, 윤병렬 등의 연구업적들이다. 언급된 저자들의 논저는 다음과 같다.

김운학, 「혜초의 시상」, 『석림』 10, 동국대 석림회, 1976.
임기중, 「대당서역기와 왕오천축국전의 문학적 의미」, 『불교학보』 31, 동국대 불교문화연구원, 1994.
이진오, 「『왕오천축국전』 연구의 글쓰기 방식과 저술의도」, 국어국문학회 편, 『고전산문연구』, 태학사, 1998.

김일열, 「왕오천축국전에 관한 문학적 연구」, 『어문논총』 15, 경북대, 1981.

장덕순, 「최초의 이역기행문-혜초의 『왕오천축국전』」, 『한국수필문학사』, 새문사, 1985.

이구의, 「혜초시고」, 『영남어문학』 17, 영남어문학회, 1990.

정기선, 「혜초 『왕오천축국전』 소고」, 『한국의 철학』 28, 2000.

박기석, 「혜초 왕오천축국전의 기행문학적 고찰」, 『고전문학과 교육』 12, 2006.

신은경, 「왕오천축국전에 대한 비교문학적 연구」, 『한국언어문학』 66, 한국언어문학회, 2008.

이승하, 「순례자의 여수와 향수의 시학-혜초의 다섯 한시를 중심으로」, 『한국문예창작』 제8권 제2호 통권 16호, 2009.

박상영, 「왕오천축국전의 담론 특성에 관한 일고찰」, 『한국언어문학』 83, 한국언어문학회, 2012.

정병헌, 「왕오천축국전의 문학적 성격과 삽입시의 이미지 고찰」, 『고전문학과 교육』 25, 한국고전문학교육학회, 2013.

윤병렬, 「혜초의 오언시와 하이데거의 시작詩作 해석」, 『철학연구』 134집, 2021.

특기할 만한 것은 2010년 12월에 국립중앙박물관에서 기획특별전 '실크로드와 둔황'이 개최되었는데, 대통령을 비롯해 각계각

층의 저명한 인사들뿐만 아니라 일반 국민들의 뜨거운 관심과 호평 속에 거행되었다. 이 기획특별전에는 파리국립도서관에 소장된 『왕오천축국전』의 잔간 사본이 전시되었는데, 저자도 또록또록하게 목격할 수 있었다. 이날에 『동아일보』는 11쪽에 달하는 특별호를 발간하여 무료로 배포했는데, 귀중한 정보와 자료들을 많이 소개하였다.

특별기획전의 전시도록인 『세계문명전 실크로드와 둔황─혜초와 함께하는 서역기행』에는 서역과 실크로드에 대한 많은 사진들도 수록되었다. 이 전시도록에는 실크로드와 둔황 및 『왕오천축국전』에 대한 다양한 정보와 안내 외에도 5편의 논고[14]와 유물목록도 첨가되어 있다. 기획특별전에서의 극민적 관심과 호평을 고려할 때, 앞으로도 많은 연구가 이어질 것으로 여겨진다.

막고굴에 오랜 세월에 걸쳐 보관되어 있던 혜초의 『왕오천축국전』은 펠리오에 의해 세상의 빛을 보게 되었지만, 안타까운 것은 아직 원본이 발견되지 않은 것이다. 스타인이나 오브루체프 혹은 일본의 오오다니가 약탈해간 자료에 『왕오천축국전』의 원본이 있을지, 혹은 제3의 장소에 감추어져 있든지, 아직 원본이 발견되지 않은 상태인 것이다. 그러기에 우리는 ─ 원본이 발견되지 않은 이상 ─ 혜초의 사상과 철학에 대한 전모를 알 수는 없는 것이다. 아직 우리는 발견된 필사본으로 혜초의 사상세계를 더듬을 수밖에 없다.

원본의 부재不在에 관한 안타까움을, 그리고 원본을 찾는 게 가장 큰 과제임을 정수일 교수도 다음과 같이 표현하고 있다.

제일 큰 과제는 여행기 원문을 복원하는 것이다. 현존 여행기는 원본을 절략한 필사본으로서 원본과는 내용뿐만 아니라 자구까지도 상당한 차이가 있고 심지어 오차도 있으며, 이로 인해 연구에서 여러 가지 난관과 혼동이 야기되고 있다. 그러므로 원본을 찾아내는 것이 원문 복원의 선결 조건임은 자명한 일이다.[15]

언젠가 원본이 발견되면 혜초의 심오한 사유세계를 들여다볼 수 있을 것이다.

제8장

혜초의 여행과
하이데거의 경험에 대한 사유

미리 안내하지만, 여기 제8장에서부터 제11장까지에는 혜초의 여행기를 하이데거의 사유세계와 관련지어 읽는 부분이 많이 등장한다. 이는 어디까지나 인간의 경험과 현사실적인 삶을 강조한 하이데거의 사유를 통해 혜초를 좀 더 깊이 있게 이해하려는 것이지, 결코 양자를 비교하거나 분석하려는 의도는 전혀 아니다. 탈-형이상학적이고 "다른 시원적 사유das anders anfängliche Denken"의 세계에 귀를 기울이는 하이데거의 사유는 — 하이데거는 스스로 관심을 갖고서 동양적 사유에 심취하였다 — 동양적 사유세계와 긴밀한 관계가 있다. 저자는 2021년에 『하이데거와 도가의 철학』서광사, 2021을 출간한 적이 있는데, 몇몇 전문가들이 하이데거와 동양철학과의 깊이 있는 연구를 하고 있다. 혜초를 단순한 전기나 서지학의 차원을 넘어 세계적 사유의 차원에서 읽을 필요가 있는 것이다.

우리는 혜초의 여행이 단순한 트래킹이나 관광이 아니고 답사 여행의 차원이 아니며, 어쩌면 흔한 '순례 여행'의 차원도 뛰어넘는 그 무엇이 있음을 간파해야 그의 위대성 또한 읽을 수 있다. 우리는 혜초가 상상하기조차 어려운 한계에 대한 경험과 또 한계에 봉착하고 이 한계를 초월했던 경험을 읽어야 한다! 그의 여행기는 우리가 이 사실을 읽어낼 수 있는 힌트를 제공하고 있다.

만약 이 힌트를 참고하는데도 그 무엇을 읽어내지 못하면, 그는 그야말로 눈을 뜬 소경과 같으며, 그의 여행기를 여타의 다른 여행기와 구분도 못하는, 한 마디로 혜초에게서 심오한 철학을 읽지 못하는 까막눈의 처지일 것이다. 혜초 여행기의 서지학에만 머문 이들은 이제 눈을 더 크게 떠야한다. 이제 위에서 언급했던 그 무엇을 찾아보자.

이를테면 혜초가 40여 개국을 이동할 때 "걸어서 세 달 걸려, 두 달 걸려, 한 달 걸려"라는 표현을 우리는 쉽게 목격한다. 예를 들면 혜초는 그의 여행에서 "중천축국에서 3개월 정도 걸어 남천축국의 왕이 머무는 곳에 이르렀다"는 표현이 있다 서천축국에서 북천축국으로의 여행도 마찬가지다. 여기서 우리는 다음과 같은 사항을 물어야 한다. 과연 푹 푹 찌는 남인도의 열대에 우리는 3개월 동안 걸을 수 있는가? 아니 단 일주일이라도 혜초처럼 걸을 수 있는가?

그는 아마도 무거운 배낭을 메고 땀을 팥죽처럼 흘리며 걸었을 것이고, 때론 배고픔과 싸우고 때론 목말라 허우적거리기도 했을 것이며 피로와도 싸우며 한계에 봉착한 경험을 했던 것이다. 더욱이 동남아시아나 인도를 여행해보면, 노천이나 강물을 마실 수 없다는 것을 알게 된다. 그것은 세균이 득실거리고 석회가 많아서 직접 마실 수 없는 물이기 때문이다. 외국인들에게는 더욱 곤혹스럽다.

이런 곤혹스러운 것은 혜초가 히말라야산맥의 나라들을 여행할 때도 마찬가지였다. 모진 추위는 말할 것도 없고, 험산준령에 깎아지른 절벽과 아찔한 낭떠러지에는 생명의 위험에 대한 공포도 도사리고 있었을 터인데, 이 또한 한계의 봉착에 대한 경험이고 — 혜초가 이를 극복한 만큼 — 그 한계에 대한 초월의 경험 또한 가졌던 것이다. 혜초가 토화라국에서 눈을 만나 "어떻게 파미르고원을 넘어갈 것인가"라고 절규하는 곳에서, 그리고 이러한 파미르고원을 악전고투 끝에 넘어가면서 한계와 동시에 한계의 초월을 경험했던 것을 우리는 읽어야 한다.

　오죽했으면 혜초는 그의 4번째 시詩에서 "평생에 눈물 흘리는 일이 없었는데 / 오늘만은 천 줄이나 뿌리도다"라고 읊었을까! 이 눈물에는 한계의 경험이 전제되어 있고, 또 그럼에도 한계의 극복 또한 일구어 내었던 것이다. 혜초가 타클라마칸사막을 지나면서 생명의 위험을 느끼는 것도 — 누구나 이런 사막을 배낭 하나 짊어지고 건넌다면 생명의 위험을 느낄 뿐만 아니라 실제로 목숨을 잃은 사람도 있다 — 한계의 경험이고 또 이 한계를 넘는 경험도 성취한 것이다.

　한계에 다다른 인간의 모습과 이 한계를 초월해 가는 혜초의 모습을 우리는 적나라하게 읽을 수 있으며 또한 그의 실존의 모습을 읽어야 한다. 그의 여행을 '피안 여행'이라고 할 때, 차안의 경계를 뛰어넘는 경험과 더 이상 차안의 세계에 얽매이지 않는 경험도 지평 위로 떠오르는 사실을 읽어야 한다.

부언附言 1

마라톤을 뛰어보면 한계에 봉착하는 경험을 할 수 있으며, 피로와 우여곡절을 극복하고 완주를 하면, 한계에 대한 극복의 경험을 맛볼 수 있다. 대체로 아마추어의 경우 약 30킬로미터의 지점에 이르면 엄청 힘든 경지에 이르며, 오르막 언덕길을 달리면서 숨이 헉헉 차오르면 어떤 한계상황을 느끼게 된다. 도무지 힘에 부쳐 약간 걸어가면서 허파에 산소를 조금 더 공급하고 다시 정신을 가다듬고 뛰면서 — 경우에 따라서는 다리에 문제가 생겨 절뚝거리며 걷는 사람도 있다 — 목적점에 이르면, 극에 달한 힘겨움과 동시에 묘한 성취의 환희도 느낀다. 이 환희는 한계를 극복한 것에 대한 대가일 것이다. 더욱이 귀가길에 꼭 막걸리를 마시는 것도 그 환희에 대한 인증샷일 것이다.

부언附言 2

대한민국의 육군 장교가 되기 위해서는 최소한 동복 유격장에서 한 달 동안의 유격훈련을 받게 된다. 광주 상무대에서 이 유격장까지 약 200킬로미터의 거리를 행군하게 된다. 장교 후보생들은 새벽 2시에 기상하여 군장을 하고 출발하여 오후 6시에 도착하는 거리다. 그런데 중간에서 발이 부르트거나 삐거나 절뚝거리는 사고도 일어나고, 낙오자도 있는 걸 저자는 목격했다. 10분간 휴식이 주어지면, 피로에 지쳐 허우적거리는 것은 예사였고, 무거운 발을 군장 위에 놓아 피가 상체로 흐르도록 하는 이들도 더러 있었다. 약 16시간 동안의 행군으로 목적지에 도착하면, 대부분이 그로기 상태에 빠져 허우적거리는 것이다. 이것 또한 작은 규모의 한계 체험인 것이다. 혜초가 열대와 사막 및 설산에서 3개월씩, 2개월씩, 1개월씩 걸었다고 하는데, 과연 우리는 1주일이라도 따라할 수 있을까.

이리하여 우리는 혜초의 한계와 한계 극복에 대한 경험을 자연스럽게 파악할 수 있으며, 이 경험을 하이데거 철학에서의 경험에 대한 논의와도 자연스럽게 관련지을 수 있다. '경험'이나 '사유의 경험'이란 용어가 하이데거의 사유에는 빈번히 등장한다. 그가 틈틈이 적어놓은 단상들을 모아서 출간한 『사유의 경험으로부터*Aus der Erfahrung des Denkens*』[1]도 삶 가운데서 경험한 단편들이다.

하이데거는 자신의 전집에 대한 표기를 '작품' 혹은 '업적opus, Werke'으로 하지 말 것을, 그 대신 '길들'로, 말하자면 "작품들이 아니라 길들Wege-nicht Werke"[2]로 표기할 것을 주문한 것이다. 그런데 독일어의 '경험하다erfahren'의 어원엔 er-fahren, 즉 '가다' 혹은 '달려가다'의 의미를 갖는 fahren이 결합되어 있어, 더욱 실천적 의미가 부각되어 있다.

이제 혜초의 순례 여행을 좀 더 보편화하여 생각해보자. 한계에 대한 경험뿐만 아니라 여행이 갖는 독특한 경험의 세계를 음미해보는 것이다. 여행은 주변세계와 직접적으로 맞부딪쳐 경험하는 것이기에, 여기에는 관념론이나 형이상학이 끼어들 틈이 없는, 그

야말로 현사실적인 삶이 녹아 있는 것으로부터의 경험을 목격한
다. 변화무쌍한 주변세계와 직접 온몸으로 응대하는 혜초의 현사
실적인 여행은 새로운 세계와 존재자들이 존재의 밝음 가운데 개
현하는 존재의 진리비은폐성를 경험할 수 있는 획기적인 계기인 것
이다. 따라서 그의 행보는 그 자체로 반-형이상학적이고 반-관념
론적이어서 직접적으로 낯선 세계와 맞부딪치는 경험을 체득하게
되는 것이다.

　이토록 현사실적인 삶행보로 이루어진 경험은 데리다의 범텍스
트주의적인 명제, 즉 "텍스트 밖에는 아무것도 없다"[3]는 주장과는
오히려 반대의 위치에 서 있다. 말하자면 혜초에게서 철학적 사유
를 읽을 수 있는 곳은 텍스트 안이 아니라 바깥인 것이다. 여행기
의 문장들 속에도 또 그가 이동한 거리를 나타낸 지도책에도 숨을
헉헉거리며 수고와 고통으로 경계를 넘는 혜초는 보이지 않는다!
그에게서 역동적이고 구체적인 삶과 경험은 텍스트 바깥에 존재
하고 있다! 텍스트는 온몸으로 부딪치는 경험과는 어쨌든 이차적
이고 부차적이기 때문이다. 또한 텍스트가 실제에 대해서 말하는
것은 실제 그 자체와는 다르기 때문이다. N. 볼츠도 밝히듯 "텍스
트 속에서는 현실과 같이 전달할 수 없다".[4]

　반-형이상학적인 철학적 성향을 가진 하이데거의 사유는 인간
현존재가 현사실적인 삶을 통해 경험하고 체득하는 것을 지향하
고 있다. 그에게서 현사실적인 경험에 대한 이해는 관조적이고 이
론적이며 인식론적인 전통형이상학을 극복하고 새로운 존재 사유

로 나아가는 토대가 된다. 물론 전통형이상학에서도 인식론과 관련된 경험을 범주화하고 체계화하여 명제로 드러내는 과정에서 이를 중요시 여긴다. 그러나 전통형이상학은 현사실적인 삶의 경험을 근원적으로 통찰하지 못하여, 경험을 가능하게 하는 존재 그 자체의 의미를 읽지 못했다.

하이데거는 역동적인 경험에 대한 이해를 바탕으로 자신의 존재 사유를 전개했다. 그에 의하면 "철학으로 가는 출발점은 현사실적인 삶의 경험이다".[5] 그는 전통형이상학이 경험 너머의 존재자의 근거원리나 절대자존재-신론 : Onto-Theologie 및 추상적인 관념추구에 치우친 것을 "존재망각Seinsvergessenheit"으로 규명하였다.

이런 형이상학에 반해 하이데거는 인간의 삶과 불가분의 관계에 있는 경험을 주목하였는데, 경험이 갖고 있는 역사성과 시간의 맥락을 통해 이 경험을 가능하게 하는 조건이자 발생근거인 존재에로 방향을 돌린 것이다. 존재가 드러나는 과정으로서의 경험은 주객도식 이전에 일어나는 현상이기에 어떤 표상작용에 의해서도 포획되지 않는다. 그러기에 이러한 경험은 오히려 시라든가 예술적 표현들이 온전히 담아낼 수 있는 것으로, 혜초의 5편의 시는 "정적의 울림das Geläut der Stille"과 같은 존재 언어를 듣고서 글로 옮긴 것이라고 여겨진다.

혜초는 ― 마치 도道에서 발하는 노자의 '희언希言'과도 같은 ― 존재 언어를 듣고서 시작詩作했던 것이다. 노자는 인간의 언어가 아닌 언어, 즉 도에서 발원하는 자연언自然言을 언급하는데, 그것은

"희언자연希言自然"『도덕경』, 제23장이다. 이러한 도에서 발원하는 자연언어는 마치 하이데거에게서 "정적의 울림"으로서의 "언어가 말한다Die Sprache spricht"는 경우와도 유사하게 우리가 쉽게 들을 수 없다.

희언은 들으려고 하여도 들을 수 없는, 도에서 나오는 말이다.『도덕경』, 86~87장

노자는 이와 같이 도에서 발원하는 언어를 『도덕경』 제35장에서도 지적한다.

도에서 나오는 말은 담박하여 맛이 없다. 보려고 해도 볼 수 없고, 들으려고 하여도 들을 수가 없다.남만성 역

"도에서 나오는 말", 즉 '희언'은 하이데거의 "정적의 울림"으로서의 '침묵 언어sigetische Sprache'와 유사한 것으로 보인다.

그런데 구체적인 경험이 가능하기 위해서는 무엇보다도 경험되어져야 할 존재자가 존재해야 하고, 경험하려는 존재자인간 또한 존재의 열린 장場에 드러나야 한다. 물론 이외에도 한계에 대한 경험이라거나 수고와 고통에 대한 경험은 존재자처럼 드러나는 것은 아니지만, 존재의 열린 장에 드러난다. 그런데 엄격히 고찰하면, 혜초가 이런저런 4대 성지에서의 유적들을 비롯해 여행을 하면서 경험하는 것들은 단순한 존재자사물에 대한 경험이 아니라, 존재자를

존재자로 경험하는 것 혹은 존재자의 존재를 경험하는 것이다. 이는 우리가 어떤 존재자를 경험할 때도 마찬가지다. 우리는 이러한 사실을 보통 묵살해버린다.

하이데거에게서 경험되어지는 존재자는 근대사유에서처럼 주체의 손아귀에 사로잡혀 구성칸트에게서는 'Konstruktion', 후설에게서는 'Konstitution' 되어지는 그런 수동적인 질료에 그치는 것이 아니라, 미리 존재하면서 이런 혹은 저런 존재자로 경험이 가능하도록 뭔가를 촉발하고 있다.

어떤 사물이든 사람이든 혹은 신이든, 이들과 경험을 한다는 것은, 이들이 우리에게 다가오고 우리와 마주치며 우리를 엄습하고, 우리를 당혹케 하고 변화시키는 것을 뜻한다.[6]

하이데거는 경험이 — 근대사유에서 주체중심의 주체가 그저 수동적 위치에 있다고 여기는 존재자를 임의로 구성하는 것과는 달리 — 인간 현존재에 의해 주도적으로 이루어지는 것이 아니라, 오히려 존재자가 미리 존재하고 있으면서 인간에게 다가오고 인간을 일깨우는 것임을 분명하게 밝히고 있다. 물론 하이데거에게서 이러한 경험을 주재하는 근원이 존재자가 아니라, 이 존재자를 존재하게 한 존재 그 자체인 것이다. 하이데거에게서 "그 무엇보다도 먼저 '있는 것'은 존재이다was jedoch vor allem 'ist', ist das Sein"[7]일 뿐만 아니라, 존재가 인간과 존재자들을 만나게 해주는 장場을 마련하기 때문이다.

　말하자면 존재의 '밝힘Lichtung'으로부터 — 마치 사물과 사물을 보는 눈이 빛이라는 중매자에 의해 만남이 이루어지는 것처럼 그렇게 존재는 '비춤' 혹은 '밝힘'인 것이다 — 인간 현존재는 존재를 이해하고 존재자를 만나며 사유활동을 하고 경험을 하게 되는 것이다. 특히 하이데거는 존재가 인간 현존재에게 언어로서 다가온다고 한다.

> 존재는 자신을 밝히면서 언어에로 다가온다. 존재는 항상 언어로의 도상에 있다.[8]

　그러기에 하이데거는 "언어는 존재의 집이다. 언어라는 집 안에서 인간은 거주한다. 사유하는 철학자와 시를 짓는 시인은 존재가 거처할 수 있는 집의 파수꾼이다"[9]고 한다. 존재는 "정적의 울림"이라는 언어로서 인간에게로 다가와 자신을 밝히며 자신의 열린 장으로 사물들을 불러 "사방세계Welt-Geviert"를 드러낸다. 그러나 존재는 이토록 자신을 밝히지만 스스로 존재자가 아니기에, 자신을 탈-은폐함과 동시에 스스로 물러나 (은닉하고) 있다.[10] 인간은 시원적인 "정적의 울림"으로서의 언어에 응답하고 존재의 밝힘에로 탈존하는 존재자로서 존재를 이해하고 경험하는 자, 즉 "존재의 진리 안에 탈자적으로 서 있는 자이다".[11]

제9장

혜초의 오언시와 하이데거의 시작詩作 해석[1]

1. 시詩가 있는 혜초의 여행기

혜초의 『왕오천축국전』에는 사실에 입각한 여행기록만 있는 것이 아니라 다섯 편의 시도 있다. 혜초의 여행기는 말하자면 어떤 단순한 지리적 관찰이나 역사서에 머물지 않고 서정적 여행기의 면모를 갖고 있는 것이다. P. 펠리오Paul Pelliot와 같은 이는 이 시들이 특별한 문학적 가치를 갖지 못하고, 심지어 "그것은 아예 수록하지 않은 것만 못하다"는 식으로 혹평을 가했지만, 그러나 이러한 지나친 혹평은 깊이 있게 시를 읽지 못한 처사로 보이며 문학적·철학적 의미를 읽지 못한 소이인 것으로 보인다.

물론 문학사나 예술사에는 천재의 작품을 당대의 사람들이 이해하지 못해 외면 당하고 방치되는 안타까운 사건도 더러 있다. 그렇게 시인 횔덜린이나 화가 반 고흐의 작품은 이해되지 못하다가 후세에 드디어 그 진가가 밝혀진 경우도 있다. 횔덜린F. Hölderlin과 같은 시인은 당대에 괴테와 쉴러로부터도 인정을 받지 못했지만, 철학자 하이데거로부터 "시인 중의 시인"으로 거듭난 사실을 참조할 때, 펠리오 한 사람의 평가에 휘청거릴 필요는 없는 것이다.

펠리오의 견해와는 정반대로, 혜초의 이 다섯 편의 시야말로 그의
『왕오천축국전』을 역사적인 기행문의 차원을 넘어 문학적·철학
적 가치를 읽게 하고 그의 사유세계와 순례 정신을 엿보게 한다.

　주지하다시피 혜초의 순례 여행을 추적해볼 수 있는『왕오천축
국전』에는 다양한 정보와 사실에 입각한 기행문을 읽을 수 있지만,
동시에 (독특하게도) 문학적·시적 향취도 읽을 수 있다. 펠리오는
돈황의 천불동에서 오랫동안 잠자고 있던 혜초의『왕오천축국전』
의 발견에 지대한 공을 세웠지만, 이 기행문에 대한 악평 — 혜초
의 여행기가 지나치게 엄격하고 객관적인 사실에 치중한 기록이
기 때문이었을 것이다 — 또한 대단하다. 한마디로 문학적 감동이
전혀 없다는 것이다.제4절 참조

　그런가 하면 문학계의 일각에서는 "우리 문학사에서 혜초는 미
미한 존재다"라는 통념에 대해 반론을 제기하고 또 변증론을 펼치
는 경우도 목격된다. 펠리오에 반하여 그리고 혜초의 시를 폄하하
는 문학계의 일각에 반해 이승하 교수는 혜초 시의 깊이를 잘 드러
내고 있다.[2]

　펠리오의 경우와 같은 혹평이야 평가자의 주관적 견해이겠지
만, 그러나 그러한 평가는 혜초의 시에 스며 있는 시 정신과 문학
적·철학적 깊이를 읽지 못한 결과인 것으로 보인다. 하이데거의
시작 해석에 입각해 볼 때 혜초의 시에도 의미심장한 메시지를 읽
을 수 있다. 그의 시는 그 어떤 미사여구나 화려한 수식어로 장식
된 문장이 아니라, 시 정신의 충만에 의해 창조된 포에지Poesie, ποίησ

ᅵ로서 그 문학적·철학적 깊이를 읽게 한다. 그의 시들에서 시인에 의해 불러진 존재자들은 존재의 진리 가운데서 존재자로 밝혀지고 있음을 우리는 목격할 수 있다.

주지하다시피 혜초의 『왕오천축국전』에는 ─ 천축국을 여행한 고승들의 다른 기행문에서 쉽게 볼 수 없는 ─ 다섯 편의 시가 들어 있다. 혹자는 이런 시의 존재의미를 퍽 가볍게 여기거나 무시하기도 한다. 그러나 그것은 그의 서정적인 문학과 사유세계를 좀 더 깊이 들여다보게 하는 고귀한 재보財寶로 여겨진다. 그것은 무엇보다도 그의 시 정신과 문학적·철학적 심층을 엿볼 수 있게 하기 때문이다.

더욱이 이들 다섯 편의 시들은 그의 순례 여행과 직접적으로 얽혀 있는, 말하자면 현사실적인 삶여행경험이 녹아있기에, 순례 여행의 고단함, 성지순례에 대한 환희, 나그네가 겪는 향수와 그리움, 험악한 여로에 대한 염려, 설산雪山을 넘어야 하는 힘겨운 여정에 대한 불안과 공포, 타자의 죽음에 대한 고뇌 등등 수다한 파토스의 세계를 목격할 수 있다. 그는 진솔하게 이 파토스의 세계를 받아들이고 있으며, 이게 아무 것도 아닌 것처럼 무시하거나 배척하지 않았다. 고해苦海의 존재를 부인할 수 없는 것처럼 파토스의 존재 자체를 부인할 수는 없을 것이다. 오히려 이를 감내하고 극복해가는 것이 깨달음의 행보이지 않은가!

"인간은 시적으로 거주한다"고까지 규명한 하이데거는 시작과 사유의 근친적 관계를 통찰하고 시적 언어의 특수한 위상과 역할을 밝힌다. 우선 하이데거는 시원적 언어의 의미를 고대 그리스어인 로고스λόγος, logos에서 찾는데, 이 로고스는 존재개현을 가능하게 하는 '보게 함sehen-lassen'이라는 본질적 기능을 갖고 있다. 언어의 이러한 독특한 본질과 기능으로부터 "언어는 존재의 집이다"고 하이데거는 규명한다.

특히 하이데거에게서 시작은 "정적의 소리 없는 울림das lautlose Geläut der Stille"과 같은 존재의 "침묵 언어sigetische Sprache"에 대한 응답하는 행위로서, 이러한 시작에 "존재의 진리"가 개시되는 사건이 일어난다는 것이다. 따라서 시적인 언어는 존재의 경험을 가능하게 하는 언어라는 사실을 염두에 둘 때, 우리는 혜초의 시작세계詩作世界에서 의미심장한 문학적·철학적 의미를 읽을 수 있다. 그런데 하이데거의 시작 해석은 그 어떤 자신의 이론이나 주장을 전개하는 것이 아니라, 시인의 편에서 시구를 심층적으로 읽고 사유하는 것이다.

2. 혜초의 시에 대한 펠리오의 혹평

대부분의 전문가들이 혜초의 『왕오천축국전』에 대해 어떤 형식의 글을 쓰든지 이 책이 펠리오에 의해 돈황의 천불동에서 발견된 경위를 설명하곤 한다. 펠리오에 의해 발견된 『왕오천축국전』은 혜림이 그의 『일체경음의』에서 원래 이 책이 상·중·하 세 권으로

되어 있다는 지적을 고려할 때, 어디까지나 잔간殘簡사본 내지는 절략본節略本임에 틀림없다.³

그러기에 발견되지 못한 혜초의 원본을 참작한다면, 그의 순례 여행에서의 자세한 설명은 말할 것도 없고 철학적 문학적 내용 또한 더욱 풍부할 것으로 추리할 수 있다. 어쨌든 펠리오에 의해 드디어 신라 승려 혜초의 작품이 세상에 알려지게 되었으니, 그의 공로가 대단히 큰 것임에는 틀림없다.⁴ 펠리오는 그러나 이 책에 관해 특별히 문학적 감동을 줄 만한 게 없다고 평하고 다섯 편의 시에 대해선 가혹하리만큼 혹평을 가하였다.

1908년 새로 발견된 이 여행기는 법현法顯의 불국기와 같은 문학적 가치도 없고, 현장玄奘의 대당서역기와 같은 정밀한 서술도 없다. (…중략…) 그의 문장은 평판平版스럽고 (…중략…) 몇 수의 시가 들어 있지만, 그것은 아예 수록하지 않은 것만 못하다. 그의 서술은 절망적으로 간단하고 단조롭다. 그러나 그것은 도리어 동시대적 기록이라는 증좌證左일 것이다.⁵

펠리오의 혹평을 고병익 교수가 번역하고 인용한 이 글은 많은 문학도들에게 큰 파문을 일으켰다. 그것은 혜초의 오언시에서 나름대로 그 깊이와 서정성을 읽을 수 있기 때문이다. 정수일 교수는 펠리오의 저런 비하 발언을 한마디로 "펠리오답지 못한 왜곡이다"⁶라고 평하고 있다. 저자 또한 펠리오의 견해에 반하여 철학자 하이데거의 시작 해석을 통해 혜초 시의 깊이를 새로 읽고자 한다.

펠리오는 그가 발견한 『왕오천축국전』이 혜림의 『일체경음의』에 언급된 원본이 아니라 절략된 잔간 사본 혹은 필사본임을 알고 있으면서도, 혜초의 여행기를 일괄 평가하는 것은 온당하지 못하며, 흠잡을 데 없는 시들에 대해 심한 왜곡은 그의 문학적 지식이 빈약하다는 것과 그릇된 편견을 드러낸 것으로 보인다. 혜초의 시는 그의 문학사상과 그 깊이를 읽을 수 있는 중요한 단서이다.

펠리오의 혹평과는 달리 우리는 혜초의 기행문학적 가치를 발견하며 문학적 철학적 감동과 깨달음을 향한 족적을 읽을 수 있다. 물론 — 앞에서도 언급했지만 — 혜초는 자신의 견문에 대해 되도록 주관적 견해를 절제하고, 사실에 입각하여 객관적으로 서술하였다. 현사실성에 입각한 단조로운 문장이 결코 여행기의 가치를 손상시키는 것은 아니다. 오히려 객관적 사실은 사실 그대로를 받아들이게 하는 긍정적인 요인이 있는 것이다.

혜초는 팩트에 입각한 사실을 기술하는 것에 치중한 나머지, 길고 긴 여행 기간에 무엇을 입고, 무엇을 먹고, 어떻게 숙박을 하였는지, 이동 중에 어떤 신체적 고난을 겪었는지에 관해서는 언급하지 않았다. 그러나 다섯 편의 오언시五言詩에는 그가 체험한 독특한 감회가 문학적 향취로 드러나 있다. 첫 번째 오언시에는 환희의 체험과 보람을, 나머지의 네 편은 향수와 고난 및 무상無常을 읊고 있다.

펠리오는 나아가 『왕오천축국전』에 실려 있는 시들에 대하여 "그것은 아예 수록하지 않은 것만 못하다"고 했는데, 이는 매우 무모하고 잘못된 평가가 아닐 수 없다. 그는 아마도 — 위의 혹평을 고려해볼 때 — 혜초의 시를 존재론적으로 읽을 수 있는 문학적 철학적 안목을 갖지 못한 것으로 보인다. 그는 당대에 문화침탈의 일환으로 세계를 돌아다니면서 돈이 될 만한 고문헌을 수집하여 프랑스로 보내는 수집 전문가였다.

말하자면 — 앞에서도 지적했듯 — 그는 고문헌 수집가로서 천불동에 있는 '값진 문화재' 29상자를 그야말로 천불동의 주지인 왕 도사를 꼬드겨 싸구려로 사서는 프랑스로 옮겼던 것이다. 중국에서 영국의 스타인과 프랑스의 펠리오 및 일본의 오오다니 세 사람을 "중국 문화재의 3대 도둑이라고 부른다"[7]면, 그의 교양과 지성의 정도를 측정할 수 있으리라.

오히려 역설적으로 5편의 시로 말미암아 혜초의 『왕오천축국전』은 역사적 기행문의 차원을 넘어 문학적·철학적 가치를 갖는 것으로 보인다. 정수일 교수도 혜초의 여행이 '느끼는 여행'이고, "그의 여행기는 시가 있는 '서정적 여행기'"라고 한다.[8] 우리는 이 장章에서 하이데거의 시작 해석을 근간으로 하여 혜초의 시를 좀 더 심층적으로 이해하고자 한다.

저자가 어느 학회지에 「혜초의 오언시와 하이데거의 시작 해석」이란 제목으로 논문을 제출했을 때의 일이다. 누군가 논문심사를 통해 이 논문의 "연구 목적이 무엇"인지, "왜 하필 하이데거인가?", 하이데거의 시작 해석은 "모든 시작품에 적용되는, 지극히 상식적인 것이 아니냐?", "혜초가 신라인이 아닐 수도 있지 않느냐?"

등의 의혹을 제기하였다. 저자는 이 진부한 의혹에 대해 퍽 곤혹스러웠다.

그런데 우선 반문을 하지 않을 수 없었다. 하이데거의 시작 해석으로 혜초를 읽으면 안 되는가? 누구나 혜초의 시를 읽고 해석할 수 있다고 본다. 하이데거는 그의 후기사유에서 시작 해석을 많이 시도하였고, 이를 통해 시작세계에 내재한 존재 언어의 소리를 간파하였다. 그러기에 저자는 하이데거의 시작 해석을 통해 오로지 혜초의 시를 좀 더 심층적으로 이해하고자 할 따름이다.

이 글당시엔 논문 형식의 글의 연구목적은 본문에 잘 드러나 있다. 현재 이 장을 주의깊게 읽는 독자라면, 저자가 드러내고자 하는 연구목적을 어렵지 않게 간파할 수 있을 것으로 짐작한다. 펠리오를 비롯한 많은 사람들에게서 논외로 받아들여지는 것과는 달리 혜초의 시작세계에서 심층적인 의미를 발견할 수 있다는 것을 증언한 것이다.

그런데 "왜 하필 하이데거인가?"라는 의혹은 진부한 물음이다. 저자는 결코 꼭 하이데거여야 한다는 것을 말하지 않았다. 더욱이 하이데거의 시작 해석이라고 해서 각별한 이론이나 주장 및 학설에 맞추는 것은 결코 아니다. 오히려 시인의 시구를 심층적으로 읽어주고 사유할 따름이다.

또한 모든 시가 하이데거에게서 주요 관건이 되어 결국 지극히 상식적인 것이 아니냐고 의혹을 제기했는데, 결코 그렇지 않다. 미사여구를 늘어놓거나 적당한 형용사나 수식어로 꾸민 것들은 논의의 대상이 되지 못한다. 존재의 경험을 가능하게 하고 또 존재의 진리를 드러낼 수 있어야 한다. 마지막으로 혜초가 신라인이 아닐 수 있지 않느냐는 것도 진부한 질문이다. 오래 전부터 학계에서 인정되어왔으며, 혜초 또한 그의 『왕오천축국전』에서 그의 고국 계림을 언급하고 있다.

3. 하이데거의 시작 해석

하이데거에게서 시적詩的인 언어는 아예 일상 언어 및 정보 언어와 다르다. 그에게서 시적인 언어는 존재의 경험을 가능하게 하는 언어이다. 하이데거는 망각되어버린 시원적 언어의 의미를 고대 그리스의 로고스 개념에서 되찾았다. 로고스로서의 말은 무엇보다도 선술어적 행위로서 '보게 함sehen-lassen'이라는 본질적 기능을 갖고 있다.[9] 그러기에 시원적 언어 개념과 언어사유는 하이데거의 자의적 해석에 의해서가 아니라 고대 그리스의 로고스 개념에 그 근원을 두고 있는 것이다.

"로고스는 존재Sein를 지칭하는 이름일 뿐만 아니라 동시에 말씀함Sagen을 지칭하는 이름이다."[10] 말로고스의 주재함Walten은 먼저 사물을 사물로 드러나도록 사물화하고, 현존하는 것존재자을 자신의 현존 속으로 데려와 현존할 수 있도록 한다. "이렇게 사유된 말의 주재함, 즉 말씀함Sagen을 지칭하는 가장 오래된 말이 곧 로고스이다. 로고스는 존재자를 가리키면서^{보여주면서} 이 존재자가 자신의 존재 속으로 드러나도록 하는 그런 말씀이다."¹¹ 그러기에 로고스는 말씀함을 지칭하기 위한 말인 동시에 존재를, 즉 현존하는 것의 현존을 지칭하기 위한 말이다.¹²

횔더린의 시작세계에서 하이데거는 존재개현을 가능하게 하는 시원적인^{anfänglich} 로고스를 찾는다. 말하자면 시詩가 언어를 통해 존재에로의 회상을 가능하게 하며 존재를 탁월하게 드러내는 방식이라고 하이데거는 지적한다. 그렇다면 시적 언어는 결코 대상적 언어일 수도 없고 대상에 대한 형용과 지식일 수도 없으며 일상적 커뮤니케이션의 도구도 아닌 것이다. 말하자면 시적 언어는 대화의 수단이라거나 존재자를 표상케 하는 어떤 대상 언어가 아니라, 존재로 향하게 하는 이정표이며 존재의 밝음으로 나아가도록 하는 길안내인 바, 이러한 측면에서 하이데거는 언어가 "근원적인 의미에서 재보"이고 나아가 "인간존재의 가장 큰 가능성을 규정하는 생기사건이다"고 한다.¹³

시는 하이데거에게서 존재자를 표상케 하는 대상 언어가 아니며 명제의 형식으로 사물화 되기 이전의 로고스에 응답하는 양식이다. 잃어버린 원초적 로고스에로의 접근을, 말하자면 존재자 중심의 형이상학에 의해 로고스의 변질 현상이 일어나기 이전의 본래적인 로고스에로의 접근을 하이데거는 시적 통찰을 통하여 가능하다는 것을 목격한다. 즉 언어의 본래적 기능인 존재의 개현이 시적 사유를 통하여 형이상학적 명제 이전의 로고스에 이르는 길이 열린다는 것이다.

그러기에 하이데거에게서 시란 "존재의 소리^{die Stimme des Seins}"에 대한 응답이고, 또 그렇게 응답함으로서 시는 시로서의 위상을 갖는다. 시인의 시 짓기와 말 짓기, 나아가 이름 짓기는 모두 "존재의 소리"에 대한 응답이고 또 그래야만 진정한 의미에서 시라고 하는 것이다. 하이데거는 『횔덜린 시의 해명』에서 고대 그리스와 횔덜린의 시작세계를 해명하면서 시인이 "신들의 윙크"를 붙잡고 또 이를 사람들에게 전하는 이들^{신의 사자, 중간자, 중매자}이라고 규명한다.[14]

신과 인간의 중간자이고 중매자인 시인, 말하자면 신의 사자^{使者}인 헤르메스와 같고 또 디오니소스의 사제와도 같은 시인은 "세계의 밤"이 지배하는 공허 가운데서도 흔들리지 않고 굳게 서서 "궁핍한 시대"에 도피해버린 신들이 남긴 흔적을 뒤밟아 나서는 인간이다. 시인은 어둠이 지배하는 공허 가운데서도 신들의 윙크^{신들의 메시지}를 붙잡아 이를 노래하면서 인간의 언어로 옮기고, 이를 백성들에게 전한다.

횔덜린의 시 「마치 축제일처럼…^{Wie wenn am Feiertage…}」에는 민머리로 서 있는 시인이 그려져 있고, 시인은 "존재의 소리"와도 같은 "신들의 윙크^{천상의 선물}"를 붙잡아 노래로 감싼다고 하는데, 이것이 곧 시인의 시 짓기이고 말 짓기이며 이름 짓기인 것이다.

하지만 우리에겐 마땅하다, 그대 시인들이여,
신^神이 내리는 뇌우 속에 민머리로 서서

아버지가 내리는 번갯불을, 번갯불 그 자체를

제 손으로 잡아서는

이 천상의 선물을 노래로 감싸

백성에게 전해줘야 하는 일이.

그러기에 시인의 시작은 어떤 자의적인 수식형용이나 단어들을 짜 맞추어내는 것이 아니라, "존재의 소리"를 듣고 시작하는 것이다. 하이데거의 『강연과 논문』 속의 소논문인 「사물」과 「…인간은 시적으로 거주한다…」에서 말의 창조시 짓기, 말 짓기, 이름 짓기는 사역das Geviert, 즉 하늘과 땅과 신적인 것과 죽을 자로서의 인간이 함께 만들어내는 말놀이 속에서 탄생된다고 한다.

하이데거의 언어철학이 잘 정리된 후기의 『언어의 도상에서Unterwegs zur Sprache』는 우리가 당연시해버리면서 그 의미를 망각하는 일상 언어의 근원에 대하여 물음을 제기한다. 우리는 일상생활에서 그저 소통의 수단으로 여기면서 어떤 사물들존재자이 ― 이를테면 바다, 태양, 산, 사람, 꽃 등등 ― 왜 '바다'나 '태양'으로 이름 지어졌는지 묻지 않고 그저 당연한 개념으로 여기고 사용한다. 하이데거는 이 당연한 언어사용의 근원, 즉 사물의 존재에 대해 물음을 제기하는 것이다. 도대체 왜, 누가, 무슨 근거로, 어떤 상황에서 다른 것이 아닌, 바로 이 낱말로 ― 즉 바다, 태양, 산, 사람, 꽃 등으로 ― 지칭되게 되었는가!

하이데거는 시인 슈테판 게오르게Stefan George의 시를 인용하면서 이렇게 말한다. "낱말이 부서진 곳에 사물은 존재하지 않으리."[15] 여기서 낱말이 부러졌다는 것은 낱말이 비어 있다는 것, 즉 이름이 없다는 뜻이다. 다시 말하면 이름이 없으면 사물은 존재하지 않는 것이나 다름없다는 말이다. 무엇을 무엇으로 칭하는 이름이 없으면, 그 사물이나 사태는 말해지지도 않고 알려지지도 않으며 알려줄 수도 없다. 그러니 그 사물은 없는 것이나 다름없게 되는 것이다. 이런 내용들은 우리에게 친숙한 김춘수의 「꽃」을 통해서도 쉽게 이해할 수 있다.

내가 그의 이름을 불러주기 전에는
그는 다만
하나의 몸짓에 지나지 않았다.

내가 그의 이름을 불러주었을 때,
그는 나에게로 와서
꽃이 되었다.

내가 그의 이름을 불러준 것처럼
나의 이 빛깔과 향기에 알맞는
누가 나의 이름을 불러다오.
그에게로 가서 나도
그의 꽃이 되고 싶다.

우리들은 모두

무엇이 되고 싶다.

너는 나에게 나는 너에게

잊혀지지 않는 하나의 눈짓이 되고 싶다.

이처럼 김춘수의 「꽃」에서 우리는 시가 사물을 사물로서 존재하게 하는 독특한 위력을 가짐을 간파할 수 있다. 이런 맥락에서 시인의 시 짓기는 사물의 존재를 낱말로 건립하는 일인 것이다. 그러기에 시인의 시작은 자의적이거나 자기 멋대로 단어들을 나열하는 것이 아니라 — 적어도 하이데거의 시론詩論에서는 — "존재의 소리"를 듣고서 여기에 응답하는 식으로 말을 짓고 이름을 짓는 것이다. 하이데거가 "언어는 존재의 집이다"라고 할 때, 언어 속으로 존재가 다가오고 인간은 존재가 온 언어 속에 자신의 거처를 마련한다는 것이다. 시작은 그러기에 시인에게 말 건네온 하나의 "존재사건Ereignis des Seins"인 것이다.

하이데거에게서 언어는 존재를 인간에게 전하는 중매의 역할을 한다. 인간과 세계의 관계가 본질적으로 드러나는 곳이 언어이기에, 언어는 하이데거에게서 곧 '존재의 집das Haus des Seins'[16]이다. 따라서 하이데거에게서 언어는 존재와 인간을 중재하는 '존재 언어', '시적인 언어', 나아가서는 하이데거가 자주 언급하는 '침묵 언어si-getische Sprache'[17]이다.[18] '시적인 언어'는 학문적인 언어와는 달리 존재의 경험을 가능하게 하는 언어이고 말할 수 없는 것을 말하는 언어이다.[19] 즉 말하자면 개념이나 방법이 끼어들지 못하는, 존재경험을 드러내는 '침묵 언어'인 것이다. 그러기에 우리는 무엇보다도 하이데거가 "인간은 시적으로 거주한다"[20]고까지 강조한 내막을 잘 이해해야 하며, 그가 말하는 시를 단순하게 인문학이나 문학의 한 분야로 취급하는 과오를 범하지 않아야 한다.

하이데거에게서 시인은 시작을 통해 우리가 대상 언어와 통속적 삶에 의해 상실하고 망각해버린 존재를 불러일으키고, 이 망각되고 잃어버린 존재에 귀를 기울이도록 재촉하는 것이다. 말하자면 시인은 그의 시작을 통해 우리가 통속적인 삶 속에서 망각하고 잃어버린 존재를 회상케 하고 거기로 되돌아가도록 하며 다시 그것을 회복하도록 한다. 그러기에 이러한 시작세계는 존재개현Seins-eröffnung과 내밀한 관련을 맺고 있다.

하이데거에 의하면 "존재의 진리die Wahrheit des Seins"가 왜곡되지 않으면서 모범적으로 생기하는 곳은 시인의 시작세계다. 말하자면 시작Dichtung에서 존재개현의 사건이 일어나는 것이다. 시작이란 "존재의 언어적인 건립worthafte Stiftung des Seins"[21]이고, 나아가 "존재의 건립Stiftung des Seins"[22]이라고 하이데거는 규명한다. 그는 시작세계에서 존재개현을 가능하게 하는 시원적인anfänglich 언어를 찾는다. 말하자면 시가 언어를 통해 존재에로의 회상을 가능하게 하며 존재를 탁월하게 드러내는 방식이라는 것이다. 이토록 인간에게 존재를 회상케 하는 언어의 본질은 '탈은폐의 구조aletheia-Struktur'를

갖고 있다.[23]

시적 언어는 대화의 수단이라거나 존재자를 표상케 하는 어떤 대상 언어가 아니라, 존재로 향하게 하는 이정표이며 존재의 밝음에로 나아가도록 하기에 "근원적인 의미에서 재보"이고 "인간존재의 가장 큰 가능성을 규정하는 생기사건이다".[24]

시는 하이데거에게서 다른 문학 양식과는 달리 독특한 위치를 점하고 있다. 그는 전승된 미학과 시학을 날카롭게 비판했는데, 그것은 전승된 미학과 시학이 '형이상학적이고 미학적인 표상'[25]에 사로잡혀 있다는 것이고, 시를 문학의 대상으로 삼았으며,[26] 나아가 시를 주체의 업적과 상상력으로 파악했고,[27] 또한 이를 문화 현상으로 받아들이거나 단순한 대화거리의 수단[28]으로 삼았기 때문이다.

하이데거에게서 예술은 시작과도 유사하게 "존재의 진리"를 작품 속에다 정립하는 것으로서, 이는 어떤 이론적인 학문의 영역이라고 하기보다는 오히려 생동하는 진리의 근원적인 본질로 파악된다. 『예술작품의 근원』에서 하이데거는 예술이 전적으로 그리고 오로지 진리의 생기사건Ereignis과 존재에 대한 물음으로 규명된다고 한다.[29] 예술작품을 통해 새로운, 어떠한 이론으로 구축되거나 응고되지 않은, 즉 이제까지 없었던 방식으로 존재의 진리[30]가 생기되고 세계가 형성되며 의미가 생성됨을 하이데거는 밝히고 있다. 이러한 하이데거의 예술철학은 가다머의 『진리와 방법Wahrheit und Methode』에서 광범위하게 개진되고 있다.

혜초는 물론 "정적의 울림"과도 같은 언어를 듣고서 시작을 한 것으로 보이며, 그도 — 하이데거가 밝힌 것처럼 — "존재가 거처할 수 있는 집의 파수꾼"의 일원인 것이다. 그도 여행하면서 사색하고 시작하며, 기도하고 감사하며, 힘들어하면서 존재자의 장벽을 극복하는 가운데 존재를 경험했을 것이다. 존재경험은 무슨 '득도'하는 것처럼 심원한 경지에 이르러서야 가능한 그런 어려운 것이 아니다. 염려하면서 현사실적 삶을 살아가면서 존재자의 경계를 허무는 곳에서, "죽어야 하는 존재$^{Sein zum Tode}$"임을 체득하는 곳에서, 시작하는 곳에서 존재는 경험되는 것이다. 하이데거는 "인간은 사색하고 행위하고 기도하고 감사하는 가운데 자신의 자유로움을 체득하는 곳에서는 언제나 존재의 열린 장으로 인도되었음을 깨닫게 된다"[31]고 한다.

주지하다시피 하이데거는 횔더린과 트라클$^{G. Trakl}$ 및 게오르게$^{S. George}$와 릴케 등등 시인들의 시를 통해 시어詩語의 독특성을 면밀히 드러내었다. 시인에게서 세계와 사물은 추상적으로 사상捨象되는 것이 아니라 근원적으로 경험된다. 여기서 세계와 사물이 근원적으로 경험된다는 것은 이들이 자신의 진리를 개현하면서^{aufgehen} 우리에게 다가와^{angehen} 말을 걸기에^{ansprechen}, 세계와 사물이 존재의 진리 가운데 거하게 되는 현상을 말한다.

물론 세계와 사물이 우리에게 말을 걸 경우 소리 없는 말로서, 하이데거는 이런 말을 "정적의 소리 없는 울림$^{das lautlose Geläut der Stille}$"이라고 한다. 이는 존재자의 존재가 개현되는 사건인 것이다. 시작은 이런 존재의 언어, 즉 "정적의 소리 없는 울림"에 대한 응답entspr-echen이며, 이렇게 응답하는 말이 곧 근원적인 의미의 '시적인 언어'인 것이다. 그러기에 하이데거에게서 시란 경이와 경외에 사로잡혀 존재의 "소리 없는 울림"을 듣는 데에서 발하는 말이며, 그렇지 않은 수다한 말을 시어라고 할 수 없는 것이다.

하이데거의 시−해석을 반영해볼 때, 인간은 언어의 본질에 입각한 시어를 통해서 세계와 사물들과의 근원적인 친밀감과 이들에 대한 '비−은폐성', 즉 존재의 진리die Wahrheit des Seins를 경험할 수 있다. 시인의 시작 가운데서, 시인에 의해 불러진 존재자들은 존재의 환한 밝힘 가운데 서게 된다. 즉 시작에는 존재자가 존재자로서 개시되는 그런 열린 장존재의 진리, 말하자면 비은폐성존재의 진리의 도래가 생기하게 하는Geschehenlassen der Ankunft der Wahrheit 사건이 일어나는 것이다.[32] 그러기에 하이데거는 사유하는 시작을 "진실로 존재의 위상학이다Aber das denkende Dichten ist in der Wahrheit die Topologie des Seyns"고 규명한다.[33] "존재의 위상학"이란 말은 사유하는 시작이 곧 존재가 자신을 드러내는 장소라는 것이다.

포에지로서의 시작은 그러기에 문학의 한 장르로 취급되어서는 안 되고, 무엇보다도 창조하고 만드는 행위인 포이에지스ποίησις임을 망각해선 안 된다. 따라서 포이에지스로서의 시작엔 아무런 의미를 갖지 않았던 예사로운 존재자가 시인의 부름을 받아서 의미 있는 존재자로 거듭 나서 존재의 열린 장 안으로 드러나는 사건이 일어난다. 그러기에 시작은 "존재자의 비은폐성에 관해 말하는 것

die Sage der Unverborgenheit des Seienden"이고, 그런 의미에서 비은폐성의 "진리를 환히 밝히는 기투의 한 방식"인 것이다.[34] 시작은 따라서 "기투하는 말함das entwerfende Sagen"[35] 혹은 "존재자의 비은폐성에 관해 말하는 것die Sage der Unverborgenheit des Seienden"[36]이라고 할 수 있다.

예술은 — 시작을 포함하여 — 비은폐성의 진리가 생성되고 일어나는 하나의 행위ein Werden und Geschehen der Wahrheit인 것이다.[37] 시작은 존재자의 존재가 드러나는 열린 장이 일어나게 한다.[38] "예술작품은 저 나름의 방식으로 존재자의 존재를 열어 놓는다eröffnen. 작품 속에서는 이러한 열어놓음이, 탈은폐함이, 다시 말해 존재자의 진리가 일어난다."[39]

그런데 시어에서 존재자의 비-은폐성을 밝혀주는 사물들은 어떤 존재자들이가? 그것은 그러나 결코 어떤 형이상학적인 이론이 뒷받침된 것이 아니기에, 그리 어렵지 않게 경험된다. 더욱이 시에서 읊어지는 존재자들은 우리가 일상적 삶에서 만나는 그런 존재자들과 다르지 않다. 말하자면 동일한 숲이고 개울이며, 바위, 비, 들녘의 논밭, 샘물, 바람 등등이다. 그러나 우리는 시어에서 만나는 사물들을 시적인 언어를 통해, 말하자면 시인의 존재자들을 불러내는 힘Ruf : 환기력에 의해 우리가 일상적인 삶에서 목격하지 못했던 존재의 진리를 경험하게 되는 것이다. 아래의 시는 하이데거 자신이 지은「사유의 모노그램Monogramm des Denkens」[40]인데, 시에서 존재자들의 특징을 잘 보여준다.

숲은 편안히 누워있고	Wälder lagern
시냇물은 바삐 흘러간다.	Bäche stürzen
바위는 견고하게 버텨 서 있고	Felsen dauern
비가 촉촉이 내린다.	Regen rinnt
초원의 들녘은 묵묵히 기다리고	Fluren warten
샘물이 솟아난다.	Brunnen quellen
바람은 살랑이고	Winde wohnen
축복이 그윽하게 번진다.	Segen sinnt

여기서 지명된 존재자들은 우리가 일상에서, 즉 일상어와 정보 언어의 차원에서는 예사로 여기고서 무심코 넘겨버리지만, 말하자면 존재자를 피상적 존재자의 차원에서만 고찰하지만, 시어의 악센트를 통해 각별하게 부름을 받아 새롭고 경이로운 존재중량을 갖고 거듭난다. 말하자면 이 시에 등장하는 존재자들 — 숲, 시냇물, 바위, 비, 초원의 들녘, 샘물, 바람 — 은 우리가 일상에서 만나는 친숙한 사물들이지만, 더욱이 이들 존재자들이 — 여느 시들에서와 유사하게 — 어떤 유용한 정보를 제공해주지 않지만, 이들은 그러나 시인의 시에서 독특한 부름을 받고 자신의 비–은폐성^{Un-}verborgenheit, 즉 "존재의 진리" 가운데 서게 되는 것이다.

그러기에 우리가 일상에서 예사롭게 존재자의 차원에만 머물러 있던 사물들이 존재의 광채 속에 거하게 되는 것이다. "존재의 진리" 가운데 거하게 된 이들 존재자들은 자연의 가족이면서 이 시의 마지막 행인 "축복이 그윽하게 번진다"를 건립하는 전령들인 것이다. 축복을 건립하는 이들 존재자들은 그러기에 시인의 부름에 응하여 존재의 광채Schein에 휩싸여 의미로 충만한 존재자의 존재가 되는 것이다.

이토록 시인의 부름에 응한 존재자들은 그 이전보다, 말하자면 일상적으로 편재하는 피상적인 존재자의 경우보다 "더 존재하는se-iender"[41] 것이다. 시인은 이토록 시어를 통해서 사물로 하여금 자신의 존재중량을 드러나게 한다. 시어는 존재자를 하나의 존재자로서 비로소 존재의 열린 장 안으로 데려온다.

4. 하이데거의 존재 사유로 읽는 혜초의 오언시

우리는 다른 수많은 시인들의 시에서도 위의 하이데거에게서와 같이 존재의 광채에서 의미로 충만한 존재자들을 목격할 수 있다. 이를테면 혜초의 다섯 편의 시들을 다 이와 같은 존재개현의 장으로 초대할 수 있다. 이를테면 그의 첫 번째의 시에서 석가가 그 아래에서 깨달음을 얻은 보리수菩提樹와 5명의 제자에게 설법한 녹야원鹿野苑, 혜초 앞에 놓인 험한 길, 여덟 탑 등은 혜초가 글이나 말로만 들어왔던 존재자들이다. 이들은 그러나 혜초가 갈망해오던 존재자들이면서 오늘 눈앞에서 목도함과 시작으로 말미암은 독특한 환기력Ruf으로 존재의 진리에 거주하면서 혜초의 깨달음을 불러일

으키고 자극하는 전령들로 거듭나는 것이다. 향수가 물씬 우러나
는 두 번째의 시를 언급해보기로 하자.

> 달 밝은 밤에 고향 길을 바라보니
> 뜬 구름은 너울너울 고향으로 돌아가네.
> 나는 편지를 봉하여 구름 편에 보내려 하나
> 바람은 빨라 내 말을 들으려고 돌아보지도 않네.
> 내 나라는 하늘 끝 북쪽에 있고
> 다른 나라는 땅 끝 서쪽에 있네.
> 해가 뜨거운 남쪽에는 기러기가 없으니
> 누가 내 고향 계림^{신라}으로 나를 위하여 소식을 전할까?⁴²

이 시에서 시인의 부름에 응한 존재자들 — 달 밝은 밤, 고향 길,
뜬 구름, 편지, 바람, 하늘 끝 북쪽, 땅 끝 서쪽의 나라, 기러기 — 등
은 시인의 시작 가운데서 독특한 환기력으로 인해 향수를 건립하
는 전령들로 된다. 이들 존재자들은 — 앞에서 하이데거의 「사유의
모노그램」에서도 마찬가지이지만 — 어떤 유용한 정보를 제공해
주지는 않지만, "존재의 진리"에 거주하면서 향수를 건립하는 존
재자들로 거듭나게 된 것이다. 그리하여 이들은 이역만리 떨어진
곳에서 고향의 존재의미를 갖게 하는데 동참한 것이다.
　이때까지의 논의를 바탕으로 우리는 하이데거가 "인간은 시적
으로 거주한다^{dichterisch wohnt der Mensch}"는 — 다소 낯설게 들리지만

— 메시지의 내용을 이해할 수 있다. 말하자면 인간은 자신과 사물들의 고유한 존재를 드러내면서 그러한 존재의 충만함을 체험하고 "존재의 이웃der Nachbar des Seins"[43]으로 사는 것을 통해서만 진정한 의미로 충족된 삶을 살 수 있는 것이다. 그러기에 하이데거는 자신의 생애가 "존재의 이웃으로 나아가는 길 위에 나그네로서 머물 것이다"[44]고 고백하고 있다.

이러한 시적 언어가 인간에게 존재자의 개시성 가운데에 설 수 있는 가능성을 수여하는 맥락에서, 또 우리로 하여금 망각하고 잃어버린 존재를 회상케 하고 거기에로 돌아가도록 하는 측면에서 인간존재에게 고귀한 재보das Gut이고 가장 큰 가능성을 지시하는 생기사건Ereignis인 것이다.[45] 따라서 인간에게 존재를 회상케 하는 언어의 본질은 '탈은폐의 구조aletheia-Struktur'를 갖고 있고, 또 이 문제와 직결된다.[46] 그러기에 시적인 언어는 인간에게 존재를 불러일으키고 그곳으로 방향을 돌리게 하며 또 "존재의 진리"를 품고 보존하는 방편인 것이다.

잘 알려져 있듯 『왕오천축국전』에는 5편의 시가 수록되어 있다. 첫째는 동천축국에서 불교의 4대 성지를 순례하고서 받은 감동을 한 편의 시로 옮겼다. 혜초는 이역만리를 떠나왔지만, 고단한 여행을 다 잊고서 "내 본래의 소원에 맞아 매우 기쁘므로 내 어리석은 뜻을 대략 서술하여 오언시를 짓는다"[47]고 하였다. 형언할 수 없을 정도의 기쁨을 적절하게 말로 표현하기조차 어려워 "내 어리석은 뜻을 대략 서술"한다는 표현에는 문학적이고 철학적윤리적인 심성이 묘하게 조화되어 있다.

그런데 "매우 기쁘다"는 표현은 그의 깨달음을 향한 여행목적에 상응한 체험이 눈앞에서 펼쳐지고 있음을 감격한 것으로 보인다. 아마도 혜초는 언제부터인지는 몰라도 지금 여기 눈앞에서 8탑을 목격하기까지 부처의 생생한 행적에 대한 실상을 그려왔을 것으로 보인다. 여기엔 혜초의 구도 여행에 대한 태도가 잘 드러난다. 신라의 계림에서 광저우로, 다시 광저우에서 동천축으로, 또한 동천축 안에서 도보로 이리저리 옮겨 다닌 피로는 일순간에 사라지고, 그 대신 깨달음을 향한 순례자에게 부처의 존재와 직접 관련이 있는 성지는 환희의 사건으로 와 닿았을 것이다.

> 보리사가 멀다고 여기지 않는데,
> 어찌 녹야원을 멀다고 하겠는가.
> 가파른 길의 험난함을 시름할 뿐,
> 업풍業風이 몰아쳐도 개의치 않네.
> 팔탑八塔은 진실로 보기 어려운데,
> 오랜 세월 지나면서 타서 널려 있네.
> 어찌 그리 서원이 이루어질 줄이야,
> 오늘 아침에 내 눈으로 보았네.[48]

"매우 기쁘다"는 환희 체험의 사건에서 혜초는 무엇을 생각했을까 (혹은 깨달았을까)? 영적 혜안이 조금 더 밝아졌을 거라고 추리는 해보지만, 그가 스스로 밝히지 않은 이상 정확하게는 알 수 없다. 그러나 우리는 하이데거가 그리스의 신전을 해석한 것을 참고해 볼 때, 즉 신전에서 신의 현존을 체득하는 것처럼 그렇게 자비로 가득 찬, 인간의 고통에 대해 연민의 정으로 가득 찬 부처의 현존을 뼈저리게 체험했을 것으로 보인다.

또 혜초가 여기서 "내 본래의 소원에 맞아 매우 기쁨으로 (…중략…) 오언시를 짓는다"에서도 뭔가 의미심장한 것을 읽을 수 있다. 여기서 '오언시'는 독특한 형식이고 운율이며 시적인 멜로디인 것이다. 물론 동서양을 막론하고 시에 독특한 운율과 형식이 내존하는 것은 거의 보편적 현상이다. 하이데거는 "노래함과 사유함은 시작의 친근한 이웃이다"[49]고 하는데, 혜초의 오언시에는 운율과 사유함이 얽혀 있는 것이다.

또 혜초가 표현한 "내 본래의 소원에 맞아"도 무슨 의미인지 우리는 문맥에 따라 추리해볼 수 있는데, 하이데거의 예술작품 해석에서도 그 답을 얻을 수 있다. 하이데거에 의하면 ─ 앞에서 목격했듯 ─ 〈농부의 신발〉이나 그리스의 신전과 같은 예술건축작품으로서의 "존재자를 참답게 아는 자는, (이들) 존재자들의 한가운데서 그가 원하는 것이 무엇인지를 알고 있다"[50]고 한다. 혜초가 열망을 가득 안고서 이역만리를 마다않고 동천축국의 4대 성지와 8탑이 있는 곳으로 달려온 발걸음에는 그가 원하는 것이 무엇인지를 알고 있는 것이다.

하이데거에 의하면 "이러한 앎과 원함은 실존하는 인간이 존재의 비은폐성 안으로 자기를 탈자적으로 관여시키는 행위das ek-statische Sicheinlassen이다".⁵¹ 혜초는 분명 사유의 근본경험으로부터 자신을 탈자적으로 저 4대 성지와 8탑에 연계되어 있는 부처의 현존에 관여시키고 있는 것으로 보인다. 그의 깨달음을 향한 순례와 열망, 그의 앎과 원함은 존재의 진리^{비은폐성}가 정립되어 있는 건축^{예술}작품에 자기를 내맡기는 **실존하는 초월**das existierende Übersichhinaus-gehen, 즉 실존하면서 존재의 열린 장으로 초월해 가는 냉철한 결단성이 전제되어 있었던 것이다. 그러기에 "내 본래의 소원에 맞아 매우 기쁘므로 (…중략…) 오언시를 짓는다"로 연결된 것이다.

그런데 혜초가 남긴 위의 시에 대하여 다소 무리한 해석도 있는 것으로 보인다. 이를테면 이승하 교수가 이구의 교수의 주장, 즉 "단순히 석가의 영적靈蹟을 순방하는 것이 아니라 석가처럼 득도하고자 하는 마음이 있는 것이다"라고 진단한 것에 대해, 말하자면 후반부의 "석가처럼 득도하고자 하는 마음이 있는 것이다"에 대해 "동의하기 어렵다"고 하는데,⁵² 그 동의하지 않는 이유가 납득되지 않는다. 이승하 교수에 의하면 "혜초가 미지의 땅을 순례하면서 득도를 꿈꾸었다는 것은 갓 스물을 넘긴 나이로 미루어 의구심을 갖게 한다"⁵³는 것이다.

나이가 어리다고 해서 '득도를 꿈꾸는' 것을 할 수 없다는 것은 무리한 주장인 것으로 보인다. 왕필처럼 어린 나이에도 뛰어나게 노자의 『도덕경』을 주석할 수 있는 것이다. 혜초는 신라에서 이미 불교에 입문하여 상당한 경륜과 경지로 정신세계에 밝았을 것으로 보이며, 젊은 나이임에도 불구하고 '치열한 구도 정신'[54]을 겸비하였고, 광저우에서 금강지의 제자로 발탁될 때도 상당한 깊이가 있었을 것으로 보인다. 따라서 이구의 교수처럼 혜초가 "단순히 석가의 영적을 순방하는 것이 아니라"는 식으로 주장하기 어려우며, 또 이승하 교수처럼 혜초가 나이가 어리다는 이유로 "득도를 꿈꾸는" 것을 할 수 없다는 식의 주장은 온당하지 못하는 것으로 보인다. 득도를 이루는 것은 몰라도, 꿈꾸는 것은 할 수 있지 않을까.

『왕오천축국전』에서 혜초의 두 번째 시는 남천축국의 여행길에서 고향에 대한 향수에 북받쳐 읊어졌다. 너무나 멀리 떨어진 시공에서, 너무나 오랜 기간에 걸친 유랑에서 혜초는 고향에 대한 피맺힌 그리움을 저 『왕오천축국전』 가운데에서 하나의 시구詩句로 나타내었다. 화려한 수식어들은 절제되어 있지만, 내용적으로는 정지용의 「향수」에 못지않은 서정성을 갖고 있다. 그야말로 뼈에 사무치도록 절절한 향수가 드러나 있는 것으로 보인다. 이승하 교수는 이 혜초의 시가 "서정성을 상당히 담보하고 있다"고 평하고 또 혜초가 "뛰어난 서정시인"이라고 규명하는데,[55] 이는 온당한 것으로 보인다.

달 밝은 밤에 고향 길을 바라보니
뜬 구름은 너울너울 고향으로 돌아가네.
나는 편지를 봉하여 구름 편에 보내려 하나
바람은 빨라 내 말을 들으려고 돌아보지도 않네.

내 나라는 하늘 끝 북쪽에 있고

다른 나라는 땅 끝 서쪽에 있네.

해가 뜨거운 남쪽에는 기러기가 없으니

누가 내 고향 계림신라으로 나를 위하여 소식을 전할까?[56]

고향에 대한 그리움, 근원에 대한 향수가 없다면, 그건 진정한 순례가 아닐 것이다. 모든 여행엔 필연적으로 귀향이 따르기 때문이다. 일상의 여행과는 달리, 깨달음을 위해선 그 어떤 시간과 공간의 제약도 감내하겠다는 각오에는 그 고달픔을 달래주는 고향의 품이 더욱 그리움과 아픔으로 다가올 것이다. 혜초의 다섯 편의 시詩들 중에서 네 편이 모두 고향과 연관되어 있다. 병든 자에게 건강의 절실함이 갈구되고, 구속된 자에게 자유가 그토록 갈망되듯이 이역만리 떨어진 외진 곳에서의 방랑에는 더더욱 고향의 존재가 그리움의 화신처럼 와 닿았을 것이다.

혜초에게서도 고향은 횔더린과 하이데거에게서처럼 존재의 근간으로 받아들여지고 있다. 그에게서도 고향은 합리적 해명의 범주를 뛰어넘는 신비의 영역이자 동시에 엄연한 자연의 영역이다. "고향은 하나의 마법적 영역이다."[57] 그것은 "어머니 대지terra mater"에서 세상 밖으로 나온 곳이기도 하여 뿌리와 본래성에 대한 특별한 의미를 갖고 있기 때문이다. 고향은 세상의 그 어떤 변화에도 결코 퇴색되지 않는다. 고향은 한 인간을 지상으로 보낸 운명적 사건을 일으켰기에, 그 신비적 마력은 변함이 없다.

삶이 고달프면 고달플수록 또 멀리 떨어져 외진 곳이면 그만큼 더욱 고향은 그리워진다. 그것은 고향이 어머니의 품과 같은 유사한 역할을 수행하기 때문이다. 만약 어떤 한 인간이 타향에서 승리에 가득 찬 삶을 살았다면 그 환희를 전하고 감사해야 하는 장소로서, 또 이와 반대로 실패와 파멸의 삶을 살았다고 해도 이 고달픈 삶을 치유하는 의미로서, 또 이러한 승패와 관계없이 고향은 최후로 돌아가야 할 본향으로서 존재하기 때문이다. 그러기에 전광식 교수의 해명대로 "귀향은 자기의 근원에로의 복귀이고 자기 동일성에로의 환원이다".[58] 고향은 삶의 뿌리와 근원의 개념을 상징적으로 자세히 보여준다.

고향이 없이 지상으로 들어온 자는 아무도 없다. 나그네와 뜨내기도 원초적인 고향이 존재하기 때문에 가능한 것이다. 이러한 신비의 영역으로서의 고향은 내 존재와 삶의 뿌리일 뿐만 아니라 결코 자의적으로나 타의적으로 변경할 수 없는, 어떠한 시간과 공간의 변화에도 변화되지 않는, 절대적인 영역이다. 그래서 이런 고향은 인간의 "제자리"이고 또 "원초적 갈망의 대상"이 되는 것이다.

진정한 의미에서의 고향에서의 정주定住는 우주적 및 사회적 질서에서의 조화이다. 그래서 고향은 단순히 지리적인 공간이 아니라 인간의 '제자리'이고, 따라서 고향에의 동경과 회귀는 인간의 '원초적 갈망'인 것이다. 그리고 고향에로의 이런 갈망은 그의 의식이 건강하고 정상적임을 보여준다.[59]

세계의 어느 민족보다도 한국인은 고향의식故鄕意識이 강하다. "호랑이도 자기 굴에 가서 죽는다"는 속담은 인간의 삶을 마감하는 순간이야 말로 고향에서만 가능하다는 것그것이 본래적이라는 것을 강조한 말이다. 한국인의 시와 음악엔 유달리 '고향'이나 '향수'와 같은 제목이 붙은 게 많다. 『조선지광』 65호1927.3에 실린 정지용의 '향수鄕愁'는 광기에 가까울 정도의 애간장을 태우는 향수를 불러일으킨다.

하이데거는 자신의 후기사유를 전개하는데 있어서 시인 횔더린을 주목하였다. 횔더린은 하이데거의 후기사유에 있어서 결정적인 역할을 하게 된다. 하이데거는 서양의 합리주의나 관념론이며 형이상학과 근대의 이성으로서는 불가능한 "존재 사유"에로의 접근을 시적 통찰로서 시도했던 것이다.

하이데거는 횔더린의 시를 해석하면서 '고향'의 의미를 철학적 '근원'과 '본래성'의 의미로 승화시켰다. 물론 이러한 해석의 가능성은 횔더린의 시작의 깊이에 놓여 있었던 것이다. 횔더린에게서 "고향은 하나의 힘이며 신비이다. 우리는 간단히 고향으로부터 비틀거리며 뛰어 나오지도 않으며 또 그렇게 고향으로 돌아가지도 않는다. 고향으로부터의 이탈은 한 막의 신화적 고별이다. 귀향은 걷잡을 수 없는 환희를 방랑자에게 퍼붓는 축제이기도 하다".[60] 이러한 귀향은 귀향자에게 하나의 거대한 존재론적 사건이 아닐 수 없다.

횔더린은 육체적으로든 정신적으로든 떠돌이로 살았었다. 그래서 그는 늘 "신화적 고별"을 한 실향민으로 살았고, 환희를 퍼부어주는 그런 귀향을 맛보지 못했다. 그러나 죽어서라도, 무덤의 벽을 부수고라도 돌아가고 싶은 그의 고향은 묘비에 쓰여 있다.

폭풍우의
가장 성스런 회오리 속에서
나의 무덤 벽은
붕괴되고 말 것이다.

그리고선
지극히 자유롭고 영광스럽게
나의 영Geist은
아직 알려지지 않은 미지의
나라로 나아가리라.

하이데거는 휠더린의 시를 해명하면서 고향을 "근원에 가까운 곳"이라고 규명하였다.[61] 따라서 '귀향'이라고 하는 것은 하이데거에게서 "근원의 가까이로 돌아감"이다.[62] 그러기에 하이데거에게서 고향은 존재론적 범주로 받아들여지고 있으며, 인간의 본래성, 삶의 본질과 근원Ursprung으로 해독되기도 한다. 휠더린의 시 「귀향Heimkunft」을 해석하면서 하이데거는 고향을 "존재 자체의 근저Nähe"[63]로, 또한 "근원에 가까운 곳"이라고 하였다.[64]

시인과 철학자는 오묘한 고향의 개념을 사용하고 있다. 사실 철학적 성찰의 노력은 본래성과 근원그러니까 '고향'을 찾아가는 몸부림인 것이다. 하이데거는 시인 노발리스의 통찰, 즉 "철학은 본질적 의미에서 하나의 향수병이다. 그것은 전적으로 고향에 머물고자 하는 충동이다"를 진지하게 받아들였다.[65] 하이데거 철학의 본래적 과제는 바로 이와 같이 존재의 의미를 밝혀 "존재의 진리Wahrheit des Seins"가 훤히 드러나는 곳으로의 귀향을 안내하는 노력이라고 해도 무리는 아닐 것이다.

혜초의 세 번째 시는 북천축국의 여행길에서 나가라다나Nagaradhana의 절에 머물렀을 때 시작되었다. 혜초는 여기서 한 승려의 갑작스런 죽음으로 인해 한없는 깊은 수심에 잠겼는데, 그것은 오랜 세월동안 공부하고서 마침내 고향으로 돌아가려던 중에 병들어 쓸쓸히 죽어간 구법승求法僧 : 깨달음을 구한 승려의 이야기를 들었기 때문이다. 그는 이 소식에 '매우 슬퍼져'[66] 낯선 만리타향에서 자신의 운명을 생각하며, 또 저 승려의 저승길을 슬퍼하면서 명복을 빌고서 다음과 같은 시를 남겼다.

고향집의 등불은 주인을 잃고
객지에서 보수寶樹[67]는 꺾이었구나.
신성한 영혼은 어디로 갔는가?
옥 같은 모습이 이미 재가 되었구나.
아! 생각하니 애처로운 생각 간절하고,
그대의 소원 못 이룸이 못내 섧구나.

누가 고향으로 가는 길을 알 것인가?

부질없이 흰 구름만 돌아가네.[68]

구법 여행의 순례객이니 만큼 죽음에 어느 정도 초연해 있었을
지도 모른다. 그러나 아무리 죽음에 초연해도 결코 죽음이 아무 것
도 아닌 것이 아니다. 죽음이 없다면 해탈이니 깨달음이니 윤회
니 하는 것들도 의미 없을 것이다. 혜초는 여기서 철저하게 인간이
"죽음에 이르는 존재Sein zum Tode"하이데거임을, 그리고 자신도 얼마든
지 이 객사한 구법승과도 될 수 있다는 것을 통찰했기에 "죽음으
로의 선주Vorlaufen zum Tode"하이데거[69]를 체득한 것으로 보인다. 여기서
'선주'란 죽음이라는 가장 고유하고 극단적인 존재가능을 이해할
수 있는 가능성, 즉 본래적 실존의 가능성을 향해 미리 달려가 보
는 것이다.

혜초는 구법승의 죽음에 대해 단순한 연민의 정만 가진 것은 분
명 아니고, 자신의 죽음과도 연계시킨 것으로 보이며, 인간이 "종
말로 향한 존재Sein zum Ende"임을 꿰뚫어보고 있다. 죽음은 삶과 별
개의 것이 아니라, 삶의 가운데에 존재하는 것이다. 이 시詩의 마지
막 연인 "부질없이 흰 구름만 돌아가네"는 인간 존재의 무상함과
처절함을 적나라하게 드러내고 있다.

물론 "죽음으로의 선주", 즉 미리 달려가 보는 죽음은 실제적
인 자신의 죽음은 아니며, 죽음의 순간과 존재자의 끝에 대한 순간
을 통해 비로소 체득할 수 있는 "존재가능Seinkönnen"을 위한 선주

인 것이다. 구법승의 죽음을 — 우리가 "죽음으로의 선주"를 구현하는 경우와도 같이 — 공유할 수는 없지만, 자신의 죽음과도 깊이 관련 있는 "타인의 죽음을 통한 경험가능성Die Erfahrbarkeit des Todes der Anderen"[70]은 선취할 수 있으며, 이는 분명 혜초 자신에게 다가올 수 있는 죽음과 종말에 대해 사유하게 한다. 말하자면 죽음으로 미리 달려가 보는 것은 '삶의 최후의 순간에 서 있는 나'의 눈으로 '지금의 나'를 보면서 나의 존재가능과 본래적인 나를 엿보는 것이다.

그런데 위의 시詩 구절에서 "그대의 소원 못 이룸이 못내 섧구나"는 무엇을 지칭하는 것일까? 그것은 무엇보다도 귀향에 이르지 못한 것을 말하고 있다. 그러기에 혜초도 고향과 귀향을 앞에서 언급한 횔더린과 하이데거와 같이 여긴 것으로 보인다. 하이데거에게서 고향은 '근원'과 '본래성'으로, 또 '존재 자체의 근저'로 여겨졌고, 횔더린에게서 귀향은 "걷잡을 수 없는 환희를 방랑자에게 퍼붓는 축제"이고, "고향으로부터의 이탈은 한 막의 신화적 고별"이었는데, 혜초도 이를 대변해주고 있다.

혜초의 긴 여행은 죽음과 싸운 고행이었다고 해도 과언이 아닐 것이다. 앞으로 남은 겨울 추위와 파미르고원을 넘는 행로 또한 언제 죽을지도 모르는 여정인 것이다. 고향에 돌아가지 못하고 객사한 저 구법승은 혜초 자신에게도 얼마든지 반영될 수 있기에, 혹시나 고향에 돌아가지 못하고 객사할까 하는 불안감은 말할 것도 없고 구법의 어려움과 인생무상마저 저 시의 행간에 스며있다. 이 혜초의 시에는 인생무상과 불안 및 죽음과 운명, 삶의 뿌리인 고향과 귀향 등 심오한 존재의 문제가 깔려 있다.

덧없는 인생, 시간의 흐름에 구속되어 있는 인간의 모습, 그저 "도상에 있는 존재Unterwegs-sein"하이데거의 인간 현존재의 모습이 적나라하게 드러나 있다. 깨달음을 얻었다고 해서 소원을 성취하거나 목적을 이룬 것은 아니다. 그래서 혜초는 "그대의 소원 못 이룸이 못내 섧구나"라고 애달파하는 것이다. 아! 그것은 귀향이 뒤따라야 하는 것이다. 혜초의 순례엔 "누가 고향으로 가는 길을 알 것인가? 부질없이 흰 구름만 돌아가네"가 그의 마음을 짓누르게 하고 눈시울을 한없이 붉히게 한다.

이토록 피맺힌 향수의 눈물 같은 시를 뿌리며 사막과 황야에서 유랑했지만, 혜초는 그러나 끝내 고향인 서라벌로 돌아오지 못한 채 쓸쓸하게 만리타향에서 생을 마감했던 것이다. 인생은 지상에서 나그네로 살다가 어디론가 사라지는 존재자일 따름이다. 우리가 앞에서 목격했듯, 언젠가 오랜 세월동안 공부했으나 고향으로 돌아가려던 중에 병들어 쓸쓸히 죽어간 구법승求法僧으로 인해 그가 '매우 슬퍼져' 만리타향에서 자신의 운명을 생각하였다고 하지만, 그러나 그게 결국 어떤 측면에서는 자신의 운명과도 유사한 것으로 보인다. 인간은 떠돌이이고 미완성의 존재이며, "도상에 있는 존재"하이데거일 따름이다. 외롭고 쓸쓸한 혜초의 여행은 고해苦海를 살아가는 인생의 여로를 돋보이게 한다.

혜초의 네 번째 시는 투카라국에서 서번西蕃으로 향하는 중국의 사신이 그 먼 길을 한탄하는 것을 자신의 동방으로의 더욱 먼 길과

대조하여 읊었다. 말하자면 혜초가 러시아와 아프가니스탄의 국
경지대인 당시의 투카라국Tuhkhara에 있었을 때 서쪽 변방으로 가
는 중국 사신을 만났는데, 그가 먼 길을 한탄했을 때 또다시 마음
을 무겁게 하는 향수가 그를 사로잡았던 것이다. 먼 길을 한탄한
이 사신의 거리보다 수억만 리 더 먼 고향이 떠올라, 또다시 향수
에 사로잡혔던 것이다.

> 그대는 서번이 먼 것을 한탄하나
> 나는 동방으로 가는 길이 먼 것을 한하노라.
> 길은 거칠고 굉장한 눈은 산마루에 쌓였는데
> 험한 골짜기에는 도적떼도 많도다.
> 새는 날아 깎아지른 산 위에서 놀라고
> 사람은 좁은 다리를 건너기를 어려워하도다.
> 평생에 눈물 흘리는 일이 없었는데
> 오늘만은 천 줄이나 뿌리도다.[71]

이 네 번째의 시에도 피할 수 없는 현사실적인 눈앞의 여정에
대해 진솔하게 밝히고 있다. 감정을 엄격하게 통제하는 승려이기
이전에, 혹은 교리에 입각하여 사리판단을 하기 이전에, 혜초는 인
간의 근원적 본령에 진솔한 것이다. 그가 맞닥뜨릴 수밖에 없는 상
황과 "심정성Befindlichkeit"하이데거이 적나라하게 펼쳐지고 있다. "한
탄", "탄식", "산마루에 쌓인 눈", "험한 골짜기의 도적떼", "새도 놀

라는 깎아지른 절벽", "사람이 건너기조차 어려운 외나무다리", 평생에 흘린 적 없는 눈물을 천 줄기나 흘렸다는 것 등. 여기엔 구법 여행의 어려움이 고스란히 노출되어 있다. 이승하 교수의 지적대로 "서정적 자아가 자신의 내면을 그리는 것이 서정시라고 할 때, 이 시는 서정시의 본령에 가장 가까이 다가선 작품이다".[72]

혜초의 다섯 번째 시는 위의 네 번째 시와 연계되어 있는 것으로 보인다. 혜초가 눈과 얼음으로 뒤덮인 파미르 고원을 넘기 전에 몸소 겪어야 하는 험난한 귀로歸路에 관련해 읊어졌다. 귀로에서 만나지 않을 수 없는 현사실적인 사태인 것이다. 이 다섯 번째 시에는 현사실적인 사태와 서정성이 조화롭게 엮어져 있는 것으로 보인다. 위의 네 번째 시에서처럼 중요한 용어들을 나열만 하여도, 이전에 객사했던 구법승과 같은 처지에 놓일 수 있음은 자명한 이치다. 그러나 그는 온갖 이런 저런 존재자들로부터의 위협에도 불구하고 각별한 각오와 숭고한 구도자의 정신으로 파미르고원을 넘었던 것이다.

차가운 눈은 얼음과 겹쳐 있는데

찬바람은 땅이 갈라지도록 매섭구나.

큰 바다는 얼어 편편한 단壇이요

강물은 낭떠러지를 능멸하며 깎아 먹누나.

용문엔 폭포조차 끊어지고

정구井口엔 서린 뱀 같이 얼음이 엉키어 있도다.

불을 가지고 땅 끝에 올라 노래를 부르니

어떻게 파미르^{Pamir}고원^{高原}을 넘어갈 것인가?

위의 다섯 편의 시에는 동천축국에서의 성지순례의 감동, 이역에서의 향수^{남천축국을 비롯한 여러 여행지에서}, 구법의 어려움^{객사한 구법승에서}, 귀로에서의 마지막 험난한 여정 등이 진솔하고 절실하게 읊어져 있다. 이 다섯 편의 시에서도 혜초의 인간적이고 현사실적인 삶의 진솔한 모습이 그대로 드러난다. 그는 인간의 현사실적 삶에 맞닥뜨리는 파토스를 하나도 숨기지 않는다. 첫째 시에서 "매우 기쁘다"는 표현과 세 번째 시에서 "매우 슬퍼져"와 같은 표현, 네 번째 시에서 "오늘만은 천 줄이나 (눈물) 뿌리도다"와 같은 표현엔 인간적인 파토스가 잘 드러나 있다. 그가 자유롭게 선택한 고생이고 파토스이다.

물론 혹자는 파토스를 억누르기도 하고 감내하거나 극복할 수도 있을 것이다. 그러나 이 파토스가 마치 없는 것처럼 그 존재 자체를 부인할 수는 없다. 생로병사의 고통은 엄연히 존재하는 것이고 어떻게 이를 극복하느냐가 문제이지 그것이 탕감되는 것은 아니다. "산은 산이요 물은 물이로다"^{성철}처럼 사실은 우선 사실로 받아들여야 한다. 주어와 술어의 관계만으로도 진리임을 알 수 있는 분석 명제를 부인하는 것은 얼간이 짓이고 거짓을 선언하기 때문이다.

그런데 우리는 이런 파토스를 스스로 짊어지는 혜초에게서 묘한 구도자의 정신을, 오히려 자유로운 영혼의 소유자임을 읽을 수 있다. 그는 첫 번째의 오언시에서 "내 본래의 소원에 맞아 매우 기쁘므로"[73]라고 환희를 표명하였는데, 왜 이토록 고달픈 순례 여행을 계속했는지에 대해 우리는 숙고해볼 필요가 있다. 분명 환희의 체험 뒤에 그의 스승 금강지가 기다리는 곳으로 빨리 되돌아갈 수도 있었는데, 왜 피안의 세계를 휘젓고 다니듯 천축국을 벗어나 서역과 중앙아시아까지, 설산과 사막에까지 순례를 계속했을까. 그는 자유로운 결단으로 파토스를 짊어지며 깨달음의 행보를 이어갔던 것이다.

우리는 하이데거의 시작 해석에 입각해 혜초의 오언시에 배태된 존재 사유에 관해 성찰해보고, 그의 순례 여행과 여로에 스며 있는 탈존적 사유를 조명해보았다. 혜초의 시들은 결코 어떤 번지레한 수식어와 형용사들로 짜맞춰진 문장들이 아니라, 시 정신에 입각해 창조되어진 포에지이다. 하이데거의 시작 해석처럼 혜초의 시도 "정적의 울림"과도 같은 존재의 "침묵 언어"에 상응해 창조되어진 것이라고 하지 않을 수 없다.

문학작품이나 예술작품에 대한 평가를 정확하게 하는 논리적 척도는 없다. 그러나 지나친 자의적 평가를 극복할 수 있는 것은 사람들의 공감과 공명에 의거해볼 수 있다. 위대한 예술작품이나 노벨문학상의 작품들은 결코 어떤 자의적 평가에 의한 것이 아니라 사람들의 공감과 공명에 의해 인간성을 승화시키는 위대한 정신적인 작품으로 평가받기 때문이다. 칸트는 그의 『판단력비판』에서 공통감sensus communis에 의해 미적 세계가 보편성을 획득할 수 있다고 하였다. 혜초의 시들도 그렇게 공감과 공명을 불러일으키는 작품이다.

우리는 하이데거의 시작 해석을 통해 — P. 펠리오의 혹평과는 전혀 다르게 — 시가 존재 사유와 긴밀히 연계되어 있으며, 이런 존재 사유에 입각해 세계를 더욱 심층적으로 들여다볼 수 있음을 목격하였다. 하이데거는 구체적으로 횔더린과 트라클 및 게오르게와 릴케 등등 시인들의 시를 해석하면서 시의 위상을 재평가하였다. 특히 하이데거는 시적 언어가 "정적의 소리 없는 울림"과 같은 존재의 "침묵 언어"에 응답하여 창조된 포에지임을 역설하였다.

이런 포에지로서의 시적 언어는 '사물을 보게 하는sehen-lassen' 독특한 기능을 수행하는 것이다. 거기엔 시인의 부름에 의하여 환기된 존재자가 존재의 열린 장에서 존재자로 존재하게 되는 놀라운 사실을 목격하게 한다. 우리는 하이데거의 시작 해석에 입각하여 혜초의 시를 재음미하면서 그의 놀라운 문학적·철학적 시 정신을 엿볼 수 있다.

제10장

『왕오천축국전』의 행간에서 읽는
혜초의 기행문학과 철학

하이데거의 현사실성의 해석학과 존재 사유를 중심으로[1]

1. 깨달음을 향한 여행의 철학

오늘날 여행은 ─ "세계 테마 여행"이나 "깨달음을 향한 여행의
철학"이든 ─ 철학의 한 분야로 자리매김할 정도로 큰 위상을 갖
고 있다. 세계의 주요 도시며 명소들은 말할 것도 없고 인천공항
엔 여행객들로 붐비고 있다. 오늘날에는 이런저런 이유로, 이를테
면 스트레스 해소나 힐링 및 정신질환을 치료할 목적으로 여행을
감행하는 이들도 많다. 물론 여행이 목적이 아니라, 여행을 빙자한
레저나 사치스런 관광을 일삼는 이들도 있다.

여행은 자연스럽고 자유스런 생활세계를 철학과 접목할 수 있
는 절호의 기회다. 여행의 여로에서 깨달음이나 번쩍이는 지혜며
변화와 충동을 체험할 수 있기 때문이다. 여행은 스트레스에 휘말
린 자에게 힐링을 제공하고, 재충전과 새로운 용기, 심지어 "제2의
탄생"괴테 등 놀라운 역할을 수행한다. 무엇보다도 여행은 사유의
샘이 되기에, 철학과 깊은 관련을 갖는다.

그래서 저자는 머리말과 서두에서 이미 파르메니데스의 교훈시와 마르셀의 "순례하는 존재Homo viator", 알랭 드 보통의 『여행의 기술』이며 클라우스 헬트의 『지중해 철학기행』, 마리아 베테티니와 스테파노 포지의 『여행, 길 위의 철학』, 박이문 선생의 『철학의 눈』, 나아가 에릭 호퍼의 『길 위의 철학자』를 언급했었다. 혜초의 여행기도 단연 철학과 친숙한 것으로 보인다.

여행을 철학의 분야로 자리매김하는 것은 근대철학에 대한 반성도 한몫을 한다. 근대에서부터 철학이 지나치게 이론화와 관념화, 추상화와 논리화의 갑옷을 입었기에, 일반 대중은 접근하기 어려운 영역으로 전락되었기 때문이다. 일반 대중은 칸트나 헤겔, 데카르트의 책을 쉽게 접할 수 없다. 여행은 그러나 이론이나 관념 및 논리학이 끼어들 필요가 없다. 그러나 그럼에도 자연스럽게 지혜와 깨달음, 힐링과 놀라운 변화를 체험할 수 있는 계기를 마련한다. 혜초의 『왕오천축국전』은 불교의 교리에 관련된 것도 아니고, 또 교리의 응용에 관한 것도 아니며, 알쏭달쏭한 선문답도 아니고, 모든 사람들에게 어울리는 여행기다.

그런데 혜초와 그의 『왕오천축국전』에 대한 기존의 연구는 대부분 그에 대한 전기나 기행문에 대한 분석과 서지학 및 기행의 행로, 당대의 지리적 상황 등에 집중되어 있고, 문학적·철학적 탐구는 빈약한 상태이다. 저자는 이 소고小考에서 혜초의 구법 여행과 기행문을 하이데거의 현사실성의 해석학과 존재 사유에 입각하여 재조명해본다. 모든 학문적 이론과 관념론 및 형이상학적인 것에서 떠나 인간의 현사실성에 치중한 하이데거의 전기사유는 혜초의 순례 여행을 더욱 심층적으로 이해할 수 있게 한다.

또한 혜초의 4대 성지 여행과 불탑들에 대한 여행경험을 하이데거의 그리스 신전 해석과 관련지어본다. 혜초의 여행목적은 이런저런 존재자를 목격하는 것이 아니라 깨달음을 향한 구법求法 여행이었기에, 그의 행보는 존재자의 세계에 구속되지 않는 여행이었다. 『왕오천축국전』은 물론 논증을 바탕으로한 철학적 텍스트는 아니다. 그러나 문학적·철학적으로 읽고 해석할 수 있는 영역이 있으며, 그러한 해석이 — 마치 칸트가 『판단력 비판』에서 공통감 sensus communis에 의해 보편타당성을 구축할 수 있는 것처럼 — 결코 합리성을 벗어난 추측이 아님을 인식할 수 있다.

우선 구법 여행은 깨달음을 구하는 여행이기에, 깨달음의 의미를 떠올려보자. 우리는 동양의 철학과 종교 및 문화에서 '깨달음'이란 용어에 주목할 필요가 있다. 이 '깨달음'은 서구에서의 '인식 Erkenntnis'과는 그 차원과 깊이에서 차이가 많다는 것을 인지할 필요가 있다. 서구에서의 '인식'은 인식주관과 인식객관 및 의식과 현상이 계기로 주어져서 이를테면 "A는 B다"와 같은 명제로 환원하여 진위를 판단하는 것이다. 그러나 동양에서의 '깨달음'은 이런 단순한 명제로 환원하여 진위판단을 하는 것보다는 어떤 도道를 터득하는 것과 유사한 형태로서 그 깨달음을 성취한 사람의 존재에 심층적 변화가 전제된다. 그러기에 깨달음은 '환하게 됨' 혹은 '비춤enlightenment, Erleuchtung'과 유사한 것으로 보인다.

우리의 국어사전에서 '깨달음'은 "생각하고 궁리하다 알게 되는 것"국립국어원 표준국어대사전, "제대로 모르고 있던 사물의 본질이나 진리 따위의 숨은 참뜻을 비로소 제대로 이해할 수 있게 됨. 모르고 있던 사실을 뒤늦게 알아차림"고려대 한국어대사전 등으로 풀이하고 있는데, 말할 것도 없이 이 '깨달음'은 동양의 철학과 종교 및 문화에서 방대한 주제임이 틀림없다.

이를테면 우리에게 친숙한 헤르만 헤세의 『싯다르타』에는 깨달음의 순례가 잘 드러나 있다. 싯다르타가 온 인생을 쏟아부어 결국 깨달음에 이르는 과정이 전개되어 있고, 이런 깨달음이 싯다르타의 인생에 어떤 변화를 가져왔는지를 음미해보면, 이 개념의 동양적 의미를 터득할 수 있을 것이다.[2]

헤초가 이것 혹은 저것을 깨달았노라고 발설하지 않았지만, 우리는 그의 행보에 필연적으로 따르는 몇 가지의 깨달음을 추리해볼 수 있다. 첫째, 그는 8탑을 목격하고서 "내 본래의 소원에 맞아 매우 기쁘므로 내 어리석은 뜻을 대략 서술하여 오언시五言詩를 짓는다"[3]고 하고, 또 『왕오천축국전』에 상응하게 다섯 천축국을 다 여행했지만, 그러나 그는 천축국을 벗어나는 여행을 감행했던 것이다. 거기에는 더 넓은 세계로, 낯선 문명세계로, 오지奥地로, 사막으로 히말라야산맥으로 나아가겠다는 깨달음이 있었던 것으로 보인다.

둘째로, (평범한 인간들이 도무지 따라할 수 없는) 인간적 한계를 넘고 시공간적 및 지리적 한계와 같은 외부세계의 한계를 초월하는 ─

그래서 우리는 그의 여행을 차안 여행을 벗어나는 피안 여행이라고 한다 — 데에서 선물로 주어지는 해탈의 자유와 같은 깨달음인 것이다. 우리가 혜초와 같이 등짐을 지고 그의 노정을 다 여행한다면, 이는 반드시 체험할 수 있을 것이다.

셋째는, 여행을 감행하고 난 뒤에 가질 수 있는 변화된 인간인 것이다. 즉 여행하기 전의 나에서 떠나 타자와도 같은 다른 나에 혹은 진정한 나에 이르기 위해 내 자신을 "그리로woraufzu"[4] 내던지고 기투한entwerfen 데에서 획득되는 깨달음인 것이다. 여기서 '기투Entwurf : 기획투사'를 어원적으로 풀이하면, 자신의 실존을 위해 존재자의 세계에 있는 자신을 떼어내어ent- 자신이 아닌 것진정한 자신이 될 것을 향해 던짐Wurf으로서의 이해, 즉 기투이다. 그러기에 깨달음을 향한 행보 자체가 이미 탈자적인ekstatisch 성향을 갖고 있다. 밖으로 향했던 초월, 즉 'ek-'은 결국 자신에게로 — 그러나 이전의 나와는 다른 — 돌아오는 것이다.

말하자면 순례 여행을 감행하기 이전의 혜초는 — 비록 아직은 아닐지라도 — 깨달음을 향한 "가능–존재Möglichsein"[5]이고, 이 가능성을 향해 자신을 내던지고 기투하면서 "존재–가능Sein-Können"을 향해 온갖 경계와 존재자의 한계를 넘었던 것이다. "현존재는 그때마다 자신의 가능성이며 가능성으로 존재한다".[6]

혜초가 감행한 구법 여행, 즉 깨달음을 향한 여행은 두 발로 오천축국다섯 천축국, 즉 인도의 옛이름을 비롯하여 그 경계를 넘어 사방의 나라들을 여행한 것에서 잘 드러난다.『왕오천축국전』이란 다섯 천축국을 돌아보고서 쓴 글이라는 뜻이지만, 이 천축국을 넘어 수많은 중앙아시아의 나라들과 서역의 나라 기행도 포함된다. 온몸과 온 인생을 쏟아 부어 두 발로 감행한 그의 여행을 오늘날 현대인은 따라 하기조차 힘겨워할 것이다. 과연 걸어서 한 달 걸려 부처가 열반한 곳인 구시나국에,[7] 또 걸어서 3달 걸려 중천축국에서 남천축국으로,[8] 이어서 2달 걸어서 남천축국에서 서천축국으로,[9] 서천축국에서 3달 걸어 북천축국에[10] 도착하고 등등, 맨몸으로 설산 파미르 고원과 타클라마칸사막을 건넌다면, 과연 죽음까지도 비웃는 피안 여행이 아닐까!

『왕오천축국전』을 남긴 혜초는 열대와 사막, 정글과 야생, 설산雪山을 헤쳐 가며 퍽 외롭고 고달픈 여행을 감행한 것으로 보인다. 극도로 더운 열대에서 한없이 추운 설산으로, 사막에서 험산준령으로 옮아가며 공포와 배고픔과 외로움을 수행의 과정으로 받아들였을 것이다. 그러나 깨달음이라는 항성을 찾아가는 여행이었기에, 그는 끝없는 사막의 한가운데서도 용기를 잃지 않았다.

(물론 처음에 신라에서 상하이의 닝보까지, 그리고 광저우廣州에서 동인도까지는 선박을 이용했지만) 아무런 교통의 도움도 없이, 두 발로 지구의 절반 이상을 걸어서 이 대륙에서 저 대륙으로, 중국과 인도의 군소 나라들과 인더스강과 갠지스강, 카슈미르, 간다라, 바미얀, 카불, 파미르고원, 힌두쿠시산맥, 쿠차, 타클라마칸사막, 둔황, 장안, 히말라야산맥의 크고 작은 나라들, 티벳과 네팔, 아프가니스탄과 중앙아시아, 대식국아랍, 페르시아에까지 닿았던 그의 순례는 차라

리 시간과 공간을 초월한 피안 여행이라고 하는 것이 더 적합한 표현일 것 같다.

타클라마칸과 같은 사막에서 한 인간의 부르짖음은 무엇을 뜻할까? 거기서 모래바람이 불어 덮치거나 방향을 잃었을 때 혹은 목마를 때 인간은 어떤 상태에 놓일까. 그것은 마치 하이데거가 『존재와 시간』에서 못을 박는 데에 망치의 결핍은 망치의 존재가 더욱 선명하게 드러나는 이치와 같이 황야에서의 고단함은 안식의 존재가, 갈증은 갈증 해소의 존재가, 구법의 갈망은 깨달음의 존재가 더욱 드러나는 것이다.

혜초가 천축국과 서역 및 중앙아시아에서 중국의 장안지금의 시안에 돌아온 4년간의 순례거리는 약 2만 킬로미터의 대장정이라고 한다. 정병삼 교수는 의정義淨의 『대당서역구법고승전大唐西域求法高僧傳』을 통해 당나라의 현장과 신라의 혜초와 비슷한 시기에 15인의 구법승들 중에서 여행길에서 생을 마감한 이가 10명이나 되고 중국으로 돌아간 이가 3명, 고국 신라로 돌아온 이는 불과 2명에 지나지 않는다고 한다.[11] 그러기에 혜초의 순례는 생사生死와 시공을 초월한 피안 여행에 가까운 것으로 보인다. 세상에 누가 혜초와 같은 여행을 감행했으며, 누가 감히 그의 4년간에 걸친 도보 여행에 대한 시늉이라도 내어 보았을까.[12]

혜초는 처음에 도착한 동천축국동인도에선 불교에 관한 관심, 붓다의 행적을 추적하는 데 관심이 많았다.[13] 그는 방문한 곳마다 삼보三寶라고 칭해지는 부처와 불법 및 승려에 대한 신앙과 존엄이 지켜지는지 혹은 불경不敬과 불신不信이 행해지고 있는지, 나아가 대승불교인지 혹은 소승불교인지에 대해서도 관찰하였다. 물론 이런 관찰은 어떤 종교이기주의에 입각한 것은 전혀 아니다.

혜초는 자라면서부터 불교 외에는 별다른 종교, 이를테면 천축국과 서역 및 중앙아시아에서 목격했던 자이나교와 힌두교 및 이슬람교와 같은 종교들을 가까이에서 접해본 적이 없었을 것으로 보이며, 동천축국에 도착하자마자 맨발에 벌거벗은 채로 돌아다니는 나체족들, 음식을 보자마자 곧 먹고 재계齋戒도 하지 않는 이교도들을 목격하고서 문명의 쇼크를 받았을 것임에 틀림없을 것으로 보인다.

더욱이 동천축국은 부처와 관련된 유적이 가장 많이 있는 곳인데도 불구하고 불교는 쇠퇴하고 그 유적들은 황폐해 있으며 이교도가 더 번창해 있음을 목격했다. 그러나 혜초는 저 생뚱스러운 생활습관과 태도에 대해 그 어떤 도덕적이거나 종교적인 폄하나 비하의 발언은 하지 않고, 대체로 객관적인 사실만을 쓴 것으로 보인다. 오히려 이들에게서 "사람을 사거나 팔지 않으며 노비도 없다"는 것을 지적하였다. 페르시아에서 어머니나 누이를 아내로 삼는 풍습과 중앙아시아의 지역에서 여러 형제가 한 아내를 공유하는 풍습에 대해서도 그 낯설음에 놀라지만, 결코 그들의 문화를 폄하하지 않았다.

이토록 혜초는 ― 그의 여행기가 잔간과 필사본이라서 그런지 ― 객관적인 사실을 요약하여 서술한 것으로 보인다. 박기석 교수도 혜초의 여행기를 "인도와 서역지방을 여행하면서 견문한 바를 객관적으로 기술한 것이다"[14]라고 지적하고, 정병삼 교수 또한 혜초가 "주관적 편견을 제거하고 여행지의 사실을 객관적으로 기술"[15]했다고 본다.

혜초는 자신의 여행기를 통해 당대의 인도와 중앙아시아 및 서역의 문화와 정치적 상황 및 국제정세와 외교, 경제적 사항 등을 사실에 입각해 객관적으로 기술함으로서 당대의 역사는 말할 것도 없고 동서 문화교류에 대한 이해의 폭을 넓힌 것이다. 강윤봉 선생은 그의『혜초의 대여행기 왕오천축국전』두레아이들, 2011, 141~155쪽에서 혜초의『왕오천축국전』을 "세계적인 문명탐험기"라고 규명하는데, 이는 온당한 표현으로 보인다.

그러기에 혜초의 서역기행이 갖는 문명사적 의미를 정수일 교수는 다음과 같이 표명한다.

혜초는 분명 '위대한 한국인'이고 그의 서역기행은 거룩한 장거壯擧이다. 그리고 그 기록인『왕오천축국전』은 우리의 국보급 진서이자 불후의 고전이다. 따라서 그의 서역기행은 커다란 문명사적 의미를 지니고 있다.[16]

그는 무엇보다도 새로운 세계에 대해 열린 태도와 관심으로 다가갔던 것이다.[17]

그런데 혜초는 천축국과 다른, 서역과 페르시아, 아랍, 중앙아시아에로의 여행을 넓혀 가면서 그의 관심은 불교에만 머물지 않고 이런 여러 나라들의 종교, 정치상황, 외교, 형법, 군사, 경제, 생산물, 사회, 문화는 물론이고 의식주와 풍속, 빈부정도, 가옥, 언어, 나라의 위치와 지형, 일상생활과 풍습, 언어와 지리며 기후 등 자연환경으로 확장하였다. 또한 그가 여행한 중앙아시아의 나라들에는 아랍의 침략 여부와 이슬람 세력의 공세 및 확산에 대해서도 주의 깊게 기술하였다. 그는 여행을 통해 목격한 다양한 정보를 비롯해 인간의 삶과 관련된 내용들을 면밀하게 기록하였기에, 호기심이 가득한 문명탐험가였다.

그런데 천축국을 비롯해 이 나라 저 대륙을 여행하는 고단한 나그네는 그 어떤 지역이나 이런저런 사물존재자을 갈망하기 위해, 혹은 관광하기 위해 발걸음을 옮긴 것은 아니기에, 그는 이미 존재자의 영역에서 초월한, 어쩌면 하이데거가 그토록 강조하는 "존재자와의 작별Abschied vom Seienden"[18]을 이미 성취하고 있었던 것이다. 이 "존재자와의 작별"에서 그의 순례 여행이 구법 여행임을 여실히 드러낸다. 그런 측면에서 나그네는 이미 존재자의 세계에 얽매이지 않은, 즉 탈-형이상학의 영역에서 생생한 존재 사유의 발걸음을 옮긴 것이다.

혜초는 모든 존재자의 세계로부터의 압박을 뒤로하고, 그야말로 "존재자로부터의 작별"을 온몸으로 감행하고서 존재의 세계에 눈을 떴던 것이다. "존재자로부터의 작별"은 다소 섬뜩한 표현이지만, 존재자의 굴레에 갇히지 말 것과 존재자를 존재자로 존재하게 하는 존재에 눈을 뜨라는 것이다. 하이데거는 자신이 존재자들을 멀리하고 높은 곳의 존재를 향해 초월하는 것은 자신을 "심연으로부터 이해하기 위해서"[19]라고 말한다.

혜초는 인간의 한계와 외부세계로부터의 한계를 벗어나, 즉 존재자들의 세계에서 초월하여 무無와 존재의 세계 앞에서 갖는 낯설음과 "섬뜩함Unheimlichkeit"[20]을 체험했을 것이고, 깨달음의 세계로 나아가는 과정에서 겪는 수고와 고통을 온몸으로 받아들였을 것으로 보인다. 그런 과정들에서 새로운 세계와 자신을 심연으로부터 이해했을 것으로 보인다.

2. "현사실성Faktizität"의 구법 여행과 탈−형이상학

여행은 그 자체로 "현사실적인 삶faktisches Leben"의 경험이기에 하이데거의 철학과도 긴밀한 관계를 갖는다. 하이데거의 철학적 노력은 ─ 우리의 상식과는 달리 ─ 그야말로 반−형이상학적이고 반−관념론적이며 반−학문론적이기에, 세계와 직접적인 경험이 이뤄지는 여행과는 친밀한 관계를 갖는다.

순례 여행은 말할 것도 없거니와 대부분의 여행은 실제로 온몸을 세상과 부딪치며 감행하는 것이기에, 거기엔 ─ 하이데거의 현사실성의 해석학Hermeneutik der Faktizität 측면에서 ─ 어떤 이론철학이나 관념론 및 형이상학이 끼어들 틈이 없다. 액면 그대로 세상과 맞부딪쳐 생소한 체험을 한다는 것이다.

여행의 특징은 무엇보다도 여행자의 지성과 감각과 의식으로 세계와 직접 접촉하는 것이다. 여행자는 자신의 주변세계와 직접 부딪치기에 우선은 관념론이나 형이상학이 끼어들 틈이 없다. 여행자는 자신과 만나는 세계를 자신의 의식에 와 닿는 그대로 받아들이기에, 억지로 상상력을 동원하여 왜곡하지 않는다면, 그의 진술은 철저하게 이른바 '사태 자체die Sachen selbst'에 관한 진술인 것이다. 사태 자체가 펼쳐 보이는 것을 있는 그대로 진술하는 것이 곧 후설과 하이데거의 현상학이다.

하이데거에 의하면 "철학으로 가는 출발점은 현사실적인 삶의 경험이다".[21] '존재망각Seinsvergessenheit'으로 귀결되는 관념론과 형이상학에 반해 하이데거는 인간의 삶과 불가분의 관계에 있는 현사실적 경험세계를 주목하였는데, 여행은 그런데 저런 관념론이나 형이상학과는 달리 세계를 현사실적으로 경험하는 것이다. 여기서 직접적인 경험은 주객도식이나 이론적 표상작용 이전에 일어나는 현상이기에, 관념론이나 형이상학으로 굴러떨어지지 않은 것이다.

왕오천축국을 여행하는 그 행위는 온몸으로 세상과 부딪치며 사유하는 것인 바, 그야말로 현사실성 중의 현사실성인 것이다. 그것은 어떤 이론적 교리연구도 아니고, 어떤 누구로부터의 가르침을 전수받는 것도 아니다. 그것은 어쩌면 하이데거가 연구실에서 혹은 강의실에서 이를테면 「현사실성의 해석학」을 쓰는 것보다도 더 현사실적인 문제의 영역에 거주하고 있는 것이다. 이 현사실적인 것 가운데서 온 몸과 마음으로 하는 체험은 그야말로 이미 낡은 형이상학과 관념론의 세계에서 벗어나 있는 것이다.

주지하다시피 하이데거의 전기사유, 특히 그의 기초존재론Fundamentalontologie은 인간 현존재의 현사실적 삶에 치중되어 있다. 그런데 현존재의 현사실적 삶에 대한 철학은 그의 주저라고 알려진 『존재와 시간』의 출간1927보다 훨씬 이전에, 즉 1923년 프라이부르크대학교 여름학기 강의록인 『존재론. 현사실성의 해석학Ontologie. Hermeneutik der Faktizität』에 이미 전개되어 있다.

현사실성이란 하이데거의 규명에 따를 때 "우리의 고유한 현존재의 존재성격Seinscharakter에 대한 표현이다".[22] 또한 '현사실적faktisch'이란 개념 또한 "그 자체로부터 그렇게so 존재하는 존재성격으로 분류되며, 그렇게 존재하는 것을 뜻한다. 사람들이 '삶'을 '존재'의 한 방식으로 여긴다면, '현사실적 삶'이란 그의 존재성격을 어떤 방식으로든 존재에 적합하게 표현하는 '거기da'로서 우리의 고유한 현존재를 말한다".[23]

간략하게 표현한다면, 현사실성이란 바로 우리 자신의 현존재의 존재성격을 일컫는 말이다. 여기서 현존재는 다름 아닌 삶의 존재로서의 현사실성을 의미하는 것이다. 하이데거에게서 현존재는 — 전통철학이 규명하는 "이성적 동물"이나 근대의 주객도식에서의 주체도 아니다 — 매순간적으로jeweilig 거기에 존재한다. 그는 매순간적으로 자기 자신의 처해 있는befindlich 상황 가운데 놓이며, 이

상황의 현장에 있다$^{da-sein}$.

혜초의 순례 여행이 주변세계와 직접 부딪치는 여행이기에 그 야말로 현사실적인 삶이 녹아 있는 것임에 틀림없다. 변화무쌍한 주변세계와 직접 온몸으로 응대하는 혜초의 현사실적인 여행은 새로운 세계와 존재자들이 존재의 밝음 가운데 개현하는 존재의 진리비은폐성를 경험할 수 있는 획기적인 사건으로 보인다.

이토록 현사실적인 삶행보으로 이루어진 경험은 데리다의 범텍스트주의적인 명제, 즉 "텍스트 밖에는 아무것도 없다"[24]는 주장과는 오히려 반대의 위치에 서 있다. 말하자면 혜초에게서 현사실적 삶의 경험을 읽을 수 있는 곳은 텍스트 안이 아니라 바깥인 것이다. 그에게서 역동적이고 구체적인 삶은 텍스트 바깥에 존재하고 있다! 텍스트는 온몸으로 부딪치는 경험과는 다르게 어쨌든 이차적이고 부차적이기 때문이다. 또한 텍스트가 실제에 대해서 말하는 것은 실제 그 자체와는 다르기 때문이다. N. 볼츠도 밝히듯 "텍스트 속에서는 현실과 같이 전달할 수 없다".[25]

하이데거는 인간의 현사실적 삶을 부각시키면서 전통형이상학에서의 인간에 대한 선입견, 즉 딱딱하게 굳어진 형이상학적 규명들을 차단하고 해체한다. 하이데거 철학의 반–형이상학적 경향은 이미 그의 이른 전기사유에서 싹터 있었다. 그리고 그의 전 생애에 걸친 철학적 노력 또한 존재망각과 니힐리즘에 처한 전통형이상학에 대한 해체 문제로 드러난다. "철학은 자신의 부패^{Korruption}를 '형이상학의 부활'로 해석한다"[26]고 하이데거는 일침을 가한다.

존재자만을 탐구하는 형이상학은 줄곧 그리고 오직 "존재자로서의 존재자das Seiende als das Seiende"만을 사유하고 자신을 존재하게 하는 존재, 즉 존재자의 근거로서의 "존재 자체는 사유하지 못하고" 있는 것이다.[27] 존재는 존재자를 존재자로 존재하게끔 만들어주지만, 스스로는 존재자가 아니기에, 은닉의 상태에 있을 수밖에 없다. 형이상학은 이 존재자와 존재의 "존재론적 차이Ontologische Differrenz"를 망각한 것이다.

형이상학은 이처럼 존재자의 질서에 빠져 존재자의 본질이나 존재자성을 존재로 혼동하고 존재의 진리에 대해서는 사유하지 못하고 있는 것이다. 하이데거의 존재 사유는 바로 이러한 존재자에 얽매인 세계, 즉 '~것들'을 넘어서는 것이다. 혜초의 행보 또한 이러저러한 것들이나 그 어떤 존재자를 찾아 헤맨 것은 결코 아니다. 이런저런 '~것들'의 차원에 얽매어 있는 것은 순례 여행이라고 할 수 없다.

하이데거의 "현사실성"은 그 자체로 반–형이상학적인 경향을 강력하게 갖는다. 현사실적 삶은 형이상학적 범주나 이론적 고찰에 의해 규명될 수 없고, 무엇보다도 구체적인 세계와의 만남의 성격으로부터 밝혀져야 한다. "세계는 만나지는 것이다Welt ist, was begegnet."[28] 이토록 만나지는 세계에서, 현존재에게 염려된 것das Besorgte은 자신의 주변세계에서 현사실적 삶을 사는 데서 드러난다.[29] 염려는 현존재의 근본적인 존재방식으로서, 그에게 만나진 세계 자체가 "있다"는 사실에서 뚜렷하게 드러난다. 그러기에 염려된 것으로서의 세계는 '우선', 그리고 '대개' 일상적으로 만나는 주변세계Umwelt로 특징지어진다.

자연공간과 기하학적 공간, 일상적으로 만나는 존재자들은 "주위에 둘러싸인 것Umhaftes"의 유의미성에서 개방된다. 이 유의미성은 '무엇으로서als was' 그리고 만남의 방식으로 특징지어지는데, 이 유의미성이야말로 존재의 한 방식이다. 세계와의 만남의 성격에서, 그 만나진 것은 '열어 밝혀져 있음Erschlossenheit' 혹은 '개방성'의 성격을 갖는다.

또한 유의미성을 획득하는 의미부여함은 만나진 존재자들과의 친숙함Vertrautheit에서 제시된다. 말하자면 현사실적으로 만나지는 것은 그 자체가 친숙함에 의해 독특한 지시연관Verweisungszusammen-hang을 갖는 것으로서 유의미성을 갖게 된다. 이외에도 유의미성을 획득하게 되는 의미부여함에는 — 결코 형이상학과 결부될 수 없는 — 계산 불가능한 것das Unberechenbare과 대비적인 것das Komparativische이 함께 드러난다.

하이데거는 현존재가 세계와 만나는 성격에서 시간성과 염려의 연관성을 밝힌다. 현존재는 어떤 것을 만나게 되는 접근과 교섭에서, 무엇보다도 일상성에서, 그리고 그렇게 만나게 되는 것들을 위한 염려를 앞서 가짐에서 그는 열어 밝혀져 있다.[30] 그러기에 현존재의 존재방식으로서의 "세계-내-존재"는 세계와 자신을 분리할 수 없으며 세계를 형성하는weltbildend 방식으로 존재하는 것이다. 그러기에 "세계-내-존재"로서의 현존재는 그와 만나지는 세계의

주위를 염려하면서 그것에 잠시 머무르며 삶을 영위한다.[31]

　"세계-내-존재"로서의 인간 현존재는 소통이 가능한 개방된 지평에서 세계와 관계 맺는 존재자이다. 그는 자신을 둘러싸고 있는 주위세계 속에서 두리번거리며 세계와 교섭하고서 세계성을 경험하고 또 여기에서 자신의 실존을 획득한다. 그러기에 이러한 '세계'는 주관에 의해 탐구되고 분석되어야 할 물리적 대상이 아니라, 오히려 인간이 그 속에 처해 있으면서 체험하며 살아가는 실존의 공간이다.

　즉 '세계'는 물리적 공간에서 눈앞에 전개되는 "현전의 존재Vorhandensein"가 아니라, 항상 인간의 곁에, 말하자면 인간이 그에 붙들려 있는, 손 가까이 있는 존재Zuhandensein인 것이다. 이러한 세계는 실존하는 인간과 서로 얽혀 있음을 규명하는 것이다. 이러한 세계는 "연장적 실체res extensa"로 사물화된 데카르트의 세계와는 확연히 다르다.

　"세계-내-존재"로서의 인간은 어떤 것을 만들거나 사용하거나 잃어버리거나 얻거나 목격하는 것 등등의 여러 가지 양식으로 세계와 관계를 맺는다. 이러한 인간의 관계 맺음을 하이데거는 세계에 대한 "배려Besorgen"라고 한다.[32] 특히 타자는 하이데거에게서 사물적인 존재자와는 차원을 ― 사물적인 존재자는 인간 현존재와는 달리 자신의 존재이해를 할 수 없고 자신의 실존을 획득할 수 없다 ― 달리하는 '공동현존재Mitdasein'로 받아들여지며 현존재에겐 실존적 이웃으로 경험된다. 인간 현존재가 이처럼 '공동현존재'

인 타자와 서로 실존적으로 얽혀 있으면서 그와 관계 맺는 존재 양식을 하이데거는 "심려Fürsorge"라고 나타내는데, 이때 현존재는 실존적 이웃으로 경험되는 타자를 위해 각별한 마음가짐과 조바심을 갖고서 관계를 맺는다.[33]

혜초는 비록 하이데거의 '배려'나 '심려'며 '염려'와 같은 용어를 구사하지 않았지만, 천축국과 중앙아시아 및 서역의 수다한 나라들을 거닐면서 새로운 세계존재자들, 문화, 언어, 풍속와 만나고 타자들 ─ 승려든 일반인이든 도적떼든 ─ 과 만나면서 이들 '배려'나 '심려'며 '염려'에 대한 근본경험을 했던 세계-내-존재였음에 틀림없을 것이다.

하이데거에게 인간은 세계에 "던져진 존재Geworfensein"로서 일상적인 삶을 꾸려나가다가 대체로 자신의 존재의미를 상실하고 살아가지만, 그러나 특별한 계기들에 의해 이 일상의 삶에서 안주하는 것으로부터 벗어나 진정한 자기 자신을 회복하려는 실존적 기획을 감행하면서Entwerfen 살아간다. 그렇다면 인간은 비록 거대한 지평인 세계에 던져져 때론 일상적이고 비본래적인 삶의 형태'퇴락' : Verfallensein로 살아가지만, 그러나 조바심을 갖고 살면서 본래적인 삶의 형태를 회복할 실존가능성을 가진 현존재이기도 한 것이다.

그는 말할 것도 없이 주변세계와 실천적인 관계를 맺고 있고, 그의 한걸음 한걸음은 조바심으로 점철되어 있다. 과연 추위와 얼음으로 덮인 파미르고원을 넘을 수 있을까, 과연 길고 긴 타클라마칸 사막을 건널 수 있을까, 순례 도중에 죽은 승려를 접하면서 자신은 구도 여행을 마칠 수 있을 것인가, 과연 2달이나 3달 걸려 도착할 수 있는 곳에 무난히 도착할 수 있을까, 과연 도중에 배고픔과 갈증이며 도적떼로부터의 위협에서 벗어날 수 있을까 등등 불안과 염려 및 공포는 늘 열려있었던 것이다. 인간 현존재가 자신의 존재와 관계를 맺으면서 실존을 획득하는 양태를 하이데거는 '염려cura, Sorge'라고[34] 한다. 그래서 "현존재의 존재는 염려"인 것이다. 그는 '염려'가 인간을 다시 자신의 본질로 복원시키는 것 외에 다름 아니라고 한다.[35]

하이데거에게서 '염려'는 인간 현존재의 근본구조인데, 이는 후설의 '지향성'을 존재론적으로 전환시킨 것이다. 그런데 후설의 '지향성'이 항상 의식의 지향성이고 또 이 의식에 의해 지향된 것은 곧 의식의 대상이기에, 그 근본구조가 이미 세계에 처해 있는 현존재의 실존적 상황과는 다소 차이가 드러난다. '지향성'은 인식론의 범주인데 비해, 하이데거의 '염려'는 '실존범주Existenzial'인 것이다.

하이데거는 그의 『존재와 시간』의 제6장의 제목을 통해 아예 "현존재의 존재는 염려Die Sorge als Sein des Daseins"라고 밝힌다.[36] 물론 여기서 '염려'는 인간 현존재의 현사실적 삶에 뿌리를 두기에 존재론 이전의 사건으로서 항상 이미 현사실적인 '관계맺음Verhaltung'과 '처지Lage' 안에 놓여 있다.[37]

현존재의 존재를 '염려'로 규명한 만큼 하이데거는 『존재와 시간』의 §42에서 이 염려가 인간 현존재에게 평생토록 딸린 것일 뿐만 아니라 육체와 영혼의 합성체와 깊이 관련되어 있다고까지 한다.[38] 이 염려는 인간 현존재의 모든 현사실적인 태도와 처지에 실존적으로 그리고 선천적으로apriorisch 선행하고 있다. 그런데 이 염려는 불안Angst이라는 '근본 심정성'에서 분명하게 드러난다.

인간 현존재는 다른 존재자와는 달리 자신의 존재를 문제로 삼고, 자신의 존재를 부채로 안고 살아간다. 하이데거가 인간을 현존재라고 규명한 데에는 각별한 이유가 있다. 그에게서 현존재는 근대의 오만한 주체가 아니며, 데카르트와 후설의 코기토cogito도 아니다. 현존재는 "세계의 근거에 놓인 주체sub-iectum"가 아니며, 거기에da:현 있는sein, 즉 나의 염려와 교섭의 총체로서의 세계 안에 있는 자로서의 인간이다. 현존재는 다른 존재자들과는 달리 자신의 존재를 문제시하고 또 이해할 수 있다.

그런데 인간 현존재는 많은 다른 존재자들처럼 그냥 놓여 있는 전재자前在者가 아니라, 자신의 존재가능Seinkönnen을 묻는 존재자이다. 그는 이미 "던져진 존재geworfenes Sein"로서 세계의 지평에서 자신의 삶을 영위하는 가운데 자기 자신으로 존재하든지 혹은 그렇지 않든지의 방식을 취하고 있다. 즉 그는 실존할 가능성을 갖고 있고 또 그렇지 못할 가능성도 갖고 있다.

그래서 인간 현존재는 자신의 본질을 만들어간다. 미리 주어지거나 굳어져 있는 현존재의 본질은 없다. 말하자면 현존재의 본질은 바로 자신의 실존에 놓여 있는데, 여기서 실존하는 것Existieren은 어디까지나 항상 현사실적으로 실존함이다.[39] 전기 하이데거의

"기초존재론Fundamentalontologie"은 우리로 하여금 마치 정언명법처럼 "너는 실존해야 한다"고 한다. 어떻게 구체적으로 실존하는지는 각자에게 맡겨져 있다. 하이데거의 이러한 인간규명은 대체로 다른 실존철학자들과 견해를 같이한다.

현존재는 비본래적 삶의 형태인 일상의 굴레에서, 존재자들에 얽매인 세계에서 벗어나고, 존재자로서의 자기 자신을 부정하면서 이 모든 경계들을 넘어서야 할 과제를 떠안고 살아간다. 이런 맥락에서 현존재는 "탈자적ekstatisch"[40]이고 그의 진정한 실존은 탈존Eksistenz에 있다. 말하자면 현존재는 비록 존재자의 세계에 살고 있지만, 이 존재자의 굴레에 얽매이지 않아야 할 뿐만 아니라 그 자신이 존재자로 존립하고 있는sisto 상태로부터 벗어나ek- 존재자로서의 자신과는 다른 어떤 것을 향해woraufhin 나아가는 방식으로 존재하는 것이다.

그러나 그가 지향해 나아가는 어떤 것은 그 자신과 완전히 무관한 타자도 아니고, 결코 형이상학적 피안도 아니며, 본래적 자신이 될 타자이다. 말하자면 현존재의 탈존은 '존재자로서의 나'로부터 '나의 존재'로, 비본래성에서 본래성으로, 무실존에서 실존으로의 행보인 것이다. 그의 초월을 이끄는 것은 "존재할 수 있음Sein-Kön-nen"[41]이라는 가능성이다. 혜초의 초월을 이끈 힘은 '깨달을 수 있음'이라는 가능성이었던 것이다.

3. 4대 성지와 불탑들 그리고 하이데거의 예술작품 해석

동천축국에서의 불교4대 성지의 체험은 혜초에게 영성의 충만으로 와 닿았을 것이고 깨달음을 향한 행보에 큰 충격으로 와 닿았을 것이다.[42] 이런저런 불탑들은 하이데거에게서『예술작품의 근원』에 기술된 그리스의 신전에 대한 체험보다도 더 강력했을 것으로 보인다. 왜냐하면 혜초는 성현의 존재에 대한 흔적을 온 몸으로 직접 목격하고 체험했기 때문이다.

혜초가 애초에 천축국을 찾은 주목적이 성지순례를 통한 구법여행이었기에, 동천축국에서의 4대 불교성지에 대한 순례에서 그는 많은 깨달음과 환희를 체험한 것으로 여겨진다. 부처가 득도한 곳인 부다가야Buddha Gaya의 마하보디Mahabodhi, 그가 깨달은 진리를 5명의 제자에게 설법한 녹야원鹿野苑, Sarnath, 불교 최초의 죽림정사竹林精舍가 세워진 왕사성王舍城, Rajgir, 부처의 입멸지인 쿠시나가라Kusinagara, 拘尸那 등을 여행한 감회를 혜초는 오언시와 견문으로 남겼다.[43]

그러나 다른 한편으로 위의 감회와는 전혀 다른 측면도 있음을 혜초는 체험하였다.

> 한 달 뒤에 구시나국拘尸那國에 도착하였다. 부처님이 열반에 드신 곳이다. 성은 황폐되어 사람이라곤 살지 않는다.[44]

혜초는 가는 곳마다 불교가 위축되고 그 유적들이 황폐화된 사실을 그대로 기술했다. 그가 중천축국의 비야리성毘耶離城에서도 "탑은 남아 있으나 절은 황폐되고 중은 없다"[45]고 기록하고 있으며, 부처가 태어난 성城이 있는 가비야라국迦毘耶羅國에서도 "그 성은 이미 황폐되어 탑은 있으나 중은 없고 백성도 없다. 탑은 이 성의 맨 북쪽 끝에 있는데 숲이 거칠게 우거져 길에 도적이 많다"[46]고 술회하고 있다.

그러나 혜초는 위의 동천축국에서의 4대 불교성지에서의 유적 건축물에서의 견문과 같이 건축물에 각별한 관심을 가졌던 것으로 보인다. 그가 중천축국에서 3개월에 걸쳐 걸어서 남천축국에 도착했을 때, 우선 정치적 상황과 국력, 국토의 크기, 생산물, 풍속, 의식주, 삼보三寶에 대한 공경여부를 기술하고 난 뒤에, 산속에 있는 용수보살에 의해 지어진 절에 대해 큰 감동을 받고서 자세히 기술하고 있다. 이 산속의 절은 "용수보살이 야차신夜叉神을 시켜 지은 것이고, 사람이 지은 것이 아니다. 산을 뚫어 기둥을 세우고 삼 층으로 누각을 세웠는데 사방이 삼백여 보步나 된다. 용수龍樹가 살아 있을 때는 그 절에 삼천 명의 중이 먹어도 쌀이 모자라는 일이 없었다고 한다".[47]

용수는 잘 알려져 있듯 2~3세기경 남인도의 브라만 출신으로서 대승불교를 크게 일으킨 보살 혹은 성인이다. 또 '야차신夜叉神'은 '잔인 혹독한 귀신'이라고도 하는데, 강윤봉 선생은 『혜초의 대여행기 왕오천축국전』두레아이들, 2011, 62쪽에서 "모든 귀신을 말함"이라고 번역하였다. 이 건축물을 현대의 언어로 옮긴다면 "혜초는 인간의 한계를 뛰어넘는 이 위대한 건축물에 대해 '신의 건축물'이라는 찬사를 붙인 것이다"[48]라고 해도 무난할 것이다. 아마도 혜초는 이 건축물을 보고서 고향의 황룡사 9층 목탑을 떠올렸을 것으로 보인다.

4대 성지나 불탑들은 그리스신전들과 마찬가지로 결코 예사로운 존재자가 아니다. 물론 엄격하게 따져들면 그리스의 신전과 불탑들은 미묘한 차이가 있다. 그리스신전은 신화적 작품에 의한 신화적 인물들에 대한 신전이고, 부처의 4대 성지나 불탑들은 세상에 구체적으로 살아 있었던 성현과 깊이 관련되기 때문이다. 그러나 성스러움을 불러일으키는 차원에서는 서로 유사한 측면이 있다.

혜초가 목격한 4대 성지의 건축물이나 탑들, 용수보살에 의해 건립된 절과 같은 것들은 어떤 영감에 의해 건축된 예술작품이라고 할 수 있다. 하이데거가 지적하듯이 모든 예술작품들은 말할 것도 없이 사물적 성격das Dinghafte : 존재자적인 측면을 갖는다. 그러나 우리는 이러한 각별한 작품에 대해 — 이들은 결코 예사로운 존재자들이 아니기에! — 사물적이고 피상적인 안목을 가져서는 안 된다.[49] 하이데거도 그 이유를 밝힌다.

예술작품은 사물적 성격을 넘어서 존재하는 어떤 것이기 때문에, 이러한 물음을 되물어 나간다는 것은 어쩌면 쓸데없이 혼란만을 일으키는 것일지도 모른다. 예술작품에 결합되어 있는 이 다른 것이 예술적 성격

das Künstlerische을 형성한다. 물론 예술작품은 제작된 사물이다. 그러나 그 것은 단순한 사물 자체와는 달리 '다른 어떤 것을 말하고 있다ΛΛο γορε ει. 작품은 다른 것을 공개적으로 알려주고, 다른 것을 개시한다. 작품은 알 레고리Allegorie, 비유이다.[50]

하이데거에 의하면 "작품은 근본적으로 사물과는 완전히 다른 어떤 것이어서 결코 한갓된 사물이 아니다"고 규명된다.

예술작품은 비유나 상징을 통해 자신이 무엇인지 스스로 말하고 밝히는 것이다. 우리는 말하자면 자신이 무엇임을 밝히는 존재자의 존재에 입각하여 예술작품으로서의 존재자 자체를 사유해야 한다. 이러한 예술작품으로서의 존재자에 가까이 다가갈 때, 우리 또한 일상적으로 있는 곳과는 전혀 다른 곳에 존재하고 있는 것이다.

그런데 하이데거가 밝히듯 예술작품은 자신이 무엇을 말하는 지 스스로 드러내고 있다. 이를테면 반 고흐의 그림에서 한 켤레의 농부의 신발이 무엇으로 존재하는지was ist를 스스로 밝혀주고 있는 것이다. 그리스의 신전이나 혜초에게서 4대 성지의 건축물 또한 마찬가지다. 작품 속에서 반 고흐의 신발이라는 존재자가 — 자기 가 무엇을 말하는지를 밝힌 채 — 자기 존재의 비은폐성 가운데로 나타난heraustreten 것이다.

말하자면 고흐의 "농부의 신발"이라는 이 존재자는 어떤 미학적 이론을 끌어들일 필요도 없이 자기가 무엇을 의미하는지를 스스 로 밝히고 있는 것이다(그래서 누가 봐도 하이데거와 유사하게 읽어낼 수 있다는 것이다). 하이데거는 반 고흐의 이 농부의 신발이 진실로 무엇이며 무엇으로 존재하는가를 밝히고 있다. 말하자면 예술작품으로서의 농부의 신발이라는 이 존재자가 자기 존재의 비은폐성_{진리}을 스스로 드러내고 있는 것을 밝히고 있다. 말하자면 "농부의 신발"이라는 이 존재자가 — 어떤 미학적 이론을 끌어들일 필요도 없이 — 자기 존재의 비은폐성으로 드러나 있는 것이다.

그러기에 만약 예술작품 속에서 어떤 존재자가 무엇이며 또 어떤 방식으로 존재하는지가 드러난다면, 말하자면 자신이 무엇을 의미하는지를 스스로 밝힌다면, 그것이야말로 예술작품엔 비은폐성으로서의 진리가 현현함을 목격하게 하는 것이다.[51] 여기서 하이데거가 말하는 '비은폐성'은 원초적 진리 개념으로서의 알레테이아^{A-letheia, Unverborgenheit}인데, 이 진리는 존재자를 존재자로서 환히 밝히며 드러내는 그런 존재이다.

이 예술작품으로서의 '농부의 신발'이 무엇임을 말해주고 있는가? 농부의 낡아빠진 신발에서는 노동의 역정에 대한 고단함이 버티고 있다. 적적한 농토 위에서 수없이 밭이랑을 오가며 때론 짓궂은 날씨와 모진 풍파를 견디어내면서, 딱딱한 대지와의 만남은 물론 이 대지와 무언의 싸움^{고단한 노동과 휴식 등}을 벌여왔던 것도 드러낸다. 그러면서 대지의 부름에 응하기라도 하듯 익은 곡식이 선물로 주어진다. 그러기에 '농부의 신발'이라는 이 도구–존재에는 안정된 식량을 마련하기 위한 농부의 근심걱정이 배어 있고 가족의 안녕과 궁핍을 극복하는 기쁨도 스며있다.[52]

이 농부의 신발에 드러난 존재의 진리는 결코 학문적이고 이론적인 그런 진리가 아니라 존재의 진리^{비·은폐성}인 것이다. 즉 예술작품으로서의 '농부의 신발'은 학문적이며 이성적인 사실과 그러한 진리에 대해선 아무것도 알려주지 않지만, 이 신발이 지닌 역사성과 인간과의 관계, 그 기여성 및 신뢰성을 그대로 드러내 주고 있다.

그러기에 "예술작품은 저 나름의 방식으로 존재자의 존재를 열어 놓는다^{eröffnen}. 작품 속에서는 이러한 열어 놓음이, 말하자면 탈은폐함이, 다시 말해 존재자의 진리가 생기하는 것이다. 예술작품 속에서는 존재자의 진리가 작품 속으로 스스로를 정립하고 있었던 것이다. 예술은 진리가 작품-속으로-스스로를-정립하고 있음이다".[53] 그러기에 "진리가 일어나는 방식들 가운데 하나가 작품의 작품존재이다".[54] 즉 '농부의 신발'이나 그리스의 신전, 혜초가 목격하고 있는 4대 성지와 불탑들에는 비은폐성으로서의 진리가 형태 속에 확립되어 있음을 뜻한다.[55]

우리가 앞에서 고흐의 '농부의 신발'이 무엇을 말하는지에 대해 숙지했다면, 혜초가 눈으로 목격한 4대 성지와 불탑들이 석가의 탄생 및 열반, 깨달음을 얻고 가르침을 베푼, 살아 있는 증거라는 것을 체득하게 된다. 바로 이러한 증거들을 목격하고서 혜초는 "내 본래의 소원에 맞아 매우 기쁘므로 내 어리석은 뜻을 대략 서술하여 오언시를 짓는다"[56]고 했던 것이다.

하이데거가 밝히듯 고대 그리스에서는 저러한 '농부의 신발'처럼 비은폐성 가운데로 환히 드러난 것을 알레테이아^{Aletheia}, 즉 존재의 진리Wahrheit des Seins라고 불렀다. 하이데거에 의하면 원래 고대 그리스의 진리 개념Aletheia은 A-letheia, 즉 비은폐성으로 읽힌다. 그러나 그 이후 진리 개념은 이 원초의 개념이 망각되고 일치 개념으로 전락되어 오늘날까지 사용되고 있다.

이토록 왜곡된 진리 개념은 "진리는 우리의 지성과 사태의 일치이다veritas est adaequatio intelectus et rei"라는 규명에 잘 나타나 있다. 그러나 그 어떤 진리이든 무엇보다도 우선적으로 존재의 열린 장으로 드러나야즉 비은폐되어야! 하는 것이다. 일단은 우선적으로 존재의 비은폐성이 미리 전제되어야 하는 것이다. 이러한 미리 앞서 전제되어야 하는 비은폐성, 혹은 존재의 진리는 하이데거의 사유를 이해할 수 있는 이정표이다.

비은폐성Aletheia로서의 진리는 있는 것을 있는 그대로 드러내는 것이다. 여기서 있는 것이 있는 그대로 드러났을 때, 이렇게 드러난 진리를 존재자의 진리die Wahrheit des Seienden라고 하는데, 이는 존재자가 있는 그대로 비은폐되어 있다는 것이다. 또 이러한 존재자의 진리를 있는 그대로 드러내는 진리를 존재의 진리die Wahrheit des Sein라고 한다. 진리는 존재자를 존재자로서 환히 밝히며 드러내는 그런 존재이다.

반 고흐의 '농부의 신발'처럼 그리스 신전과 같은 건축물에도 하이데거는 존재의 진리가 현현한다고 한다. "신전도 하나의 작품인 이상, 이 작품 속에는 진리가 작품 속으로 정립되고 있다"는 것이다.[57] 그러기에 혜초에게서의 4대 성지와 불탑 등 작품 속에서 이들 작품이 무엇이며 무엇으로 존재하는지가 열어 밝혀지고 있다면^{즉 비은폐되고 있다면}, 이들 작품 속에서 존재의 진리가 일어나고^{Geschehen der Wahrheit} 있음을 간파할 수 있다.

하이데거는 저 '농부의 신발'처럼 그리스의 신전을 해석하는데, 여기서도 존재의 진리가 현현함을 밝힌 것이다. 그런데 우리가 신화 속의 인물들인 신전의 신들 대신에 깨달음에 이른 성현으로서의 부처를 예술작품^{건축물, 4대 성지와 불탑들}과 연계하면, 우리는 무리하지 않게 존재의 진리에 대한 하이데거의 해석을 유비로 받아들일 수 있다.

그리스의 신전은 "산산이 갈라진 험난한 바위계곡 한가운데 우뚝 서 있을 뿐이다. 이 건축작품은 신의 모습을 간직하고 있으며, 이렇게 은닉된 그 모습을 열려진 주랑을 통해 성스러운 신전의 경내로 드러내고 있다. 이러한 신전을 통해 신은 신전 속에 (본원적으로) 현존하고 있다. 신의 이러한 현존^{Anwesen}은 그 자체 성스러운 영역으로서의 경내를 확장하는 동시에 그것을 경계 짓는다. 그러나 (그렇다고 해서) 신전과 그 (성스러운) 영역이 무규정적인 것 속으로 사라지지는 않는다. 이러한 신전으로서의 작품이 비로소 자기 주변에 (인간들이 살아가야 할 삶의) 행로와 (헤아릴 수 없을 만큼 다양한 삶의) 연관들을 모아들여 이어주는 동시에 통일한다".⁵⁸

이 대목에서, 즉 이토록 성스러운 신전에서 신의 현존을 체득하는 것처럼, 그렇게 우리는 혜초의 동천축국 4대 성지에 대한 체험을 연결해볼 수 있다. 그는 분명 영감에 사로잡혀 부처의 존재를 체험했을 것이다. 혜초는 여기서 "내 본래의 소원에 맞아 매우 기쁘므로 (…중략…) 오언시를 짓는다"[59]고 했는데, 그는 부처의 현존을 뼈저리게 체험했던 것이다.

하이데거의 논의에 의하면 예술 작품 안에는 존재의 진리가 자리하고 있다. 그에게서 예술의 본질은 "존재의 진리가 작품 가운데로 스스로 정립하는 것das Sich-ins-Werk-setzen der Wahrheit des Seins"으로 파악되는 것이다.[60] 예술은 존재의 진리가 스스로를 예술작품 안에 정립하는 사건이기에, 예술에서 존재사건Ereignis이 일어나는 것이다.

예술작품이 아름다운 것도 존재의 진리가 작품 안에 정립하기 때문이고 존재의 빛을 조명하기 때문이다. "아름다움과 진리는 둘 다 존재와 관련되어 있는데, 그것은 이들이 존재자의 존재를 드러내는 방식에서 그렇다."[61] 그러기에 예술가의 창작활동은 존재의 진리를 존재자 앞으로 데려오는 활동이다.

하이데거의 논의에서 예술작품으로서의 '농부의 신발'이나 그리스의 신전이 무엇임을 말해주고 있는지, 혹은 무엇으로 존재하는지was ist는 스스로 밝혀지기에, 이토록 인간의 이런저런 이론적 왜곡이 개입되지 않는, 즉 스스로 자신의 무엇임이 밝혀지는 데에서 하이데거는 원초적 현상학Phänomenologie의 개념을 끌어들인다.

'현상학'의 어원은 고대그리스어 '파이노메논φαιν μενον, das Sichzeigende, das Offen-bare' 혹은 '파이네스타이φα νεσ αι, sich zeigen'에 기인한다. 그런데 이 개념은 그 낱말 뜻이 밝히듯 현사실적인 것의 자기 해석인 것이다. 말하자면 하이데거가 어원에 입각해 풀이하듯 현상학^{Phänomenologie}이라는 개념은 '파이노메논' 혹은 '파이네스타이'와 '로고스$^{\lambda óγος}$'라는 단어의 합성어에 근거한다. 여기서 '파이네스타이'란 "스스로 드러내 보임", '파이노메논'은 "드러난 그대로 자신을 보여주는 것"을 의미한다. 그러기에 "있는 그대로 드러남"이라는 현상학에서의 '현상^{Phänomen}'은 어떤 것을 있는 그대로, 즉 현상하는 그대로 보여주는 것을 말한다.

또 현상학에서의 어미^{語尾}인 '-학'은 잘 알려져 있듯 '로고스'가 그 어원인데, 이는 '말함'과 '밝힘^{δηλοῦν}', 즉 "말함에서 언급되고 있는 것을 드러냄"이란 의미를 갖고 있다. 그러기에 원초적 어원에 입각한 현상학이란 "스스로를 드러내는 것"으로서의 현상을 말하고 밝히는 것, 그것을 "있는 그대로 드러내는 것"으로 규명된다.

말하자면 고대 그리스어의 어원에 입각한 현상학 개념은 어떤 주어진 것을 전통적 이론이나 선입관 및 인위적 구성이나 통념에 의해 왜곡하지 말고 그것이 있는 그대로, "사태 그 자체"를 있는 그대로 드러나게 하는 학문인데, 하이데거의 존재론적 현상학은 이러한 원초적 어원에 입각하고 있다. 그런데 하이데거의 이러한 현상학 개념에 대한 고대 그리스의 어원에 입각한 해석은 이미 『존재와 시간』 이전부터, 이를테면 전집 제63권$^{Ontologie. Hermeneutik der}$ ^{Faktizität}, 제2부 1장에서부터 자세하게 밝혀지고 있다.

이러한 현상학에서 우리는 중요한 귀결을 목격하게 되는데, 그것은 "드러나는 것" 혹은 "드러나야 하는 것"은 사태 그 자체의 존재론적 현현apophansis으로서 진정한 이해의 본질이야말로 사태 그 자체가 스스로를 드러내는 힘에 의해 주어지는 것이고, 우리의 인위적 '구성'에 의해서가 아니라는 것이다. 그러기에 현상학은 원래 은폐되어 있는 것을 드러내고 밝혀주는 탈은폐적 개시의 특징을 갖고 있다. 이런 맥락에서 현상학은 어떤 텍스트에 대한 하나의 해석이나 이론 및 이해가 아니라, 주어진 사태Sache를 은폐로부터 탈은폐시키는 근원적인 행위를 말한다.

이 현상학 개념의 그리스적 어원에 입각하여 진리 개념도 알레테이아존재의 진리로서, 즉 사태자체의 비-은폐성Un-verborgenheit으로 사유되고 있음을 하이데거는 강조한다. 여기서 알레테이아는 사태 그 자체의 비-은폐성, 즉 사태 그 자체의 자기-현시로서 사유되고 있는 것이다. 그러기에 하이데거는 현상학의 원리에 따라 "사태 그 자체die Sachen selbst"가 비-은폐되고 또 경험되어야 하는 것이 무엇보다도 우선적인 것이라고 한다.

제11장

혜초의 여로와 탈존적 사유

혜초의 여로에 탈존적 사유가 있다는 것을 직관하기 위해서 우리는 제8장 혜초의 여행과 하이데거의 경험에 대한 사유에서 논의한 사항을 재음미할 필요가 있다. 혜초의 여행을 우리는 단순한 트래킹이나 관광이며 답사 여행으로, 나아가 흔한 순례 여행의 차원으로도 이해해서는 안 되고, 그야말로 차안의 경계를 넘는 피안 여행의 차원에서 읽어야 할 것을 주문했었다.

그런데 이런 주문과 상관없이, 예리한 지성으로 그의 여행기를 읽으면 누구나 동의할 수 있는 보편적 사실을 깨닫게 되는데, 그것은 혜초가 상상하기조차 어려운 한계에 대한 경험과 또 한계에 봉착하고 이 한계를 초월했던 경험을 쟁취했다는 것이다. 만약 그래도 혜초가 겪었던 이러한 한계와 한계 초월에 대한 경험이 절실하게 와 닿지 않는다면, 궁여지책으로 다음과 같은 상황을 떠올려봐야 한다.

이를테면 혜초가 40여 개국을 이동할 때 "걸어서 세 달 걸려, 두 달 걸려, 한 달 걸려"라는 표현을 우리는 재음미해야 한다. 말하자면 "중천축국에서 3개월 정도 걸어 남천축국의 왕이 머무는 곳에 이르렀다"라는 글월에서 다른 지역으로의 여행에도 마찬가지다! 우리는 문장 이해의 차원을 넘어 다음과 같은 사항을 물어야 한다. 과연 푹푹 찌는 남인도의 열대에 우리는 3개월 동안 걸을 수 있는가? 아니 단 일주일이라도 혜초처럼 걸을 수 있는가?

그는 아마도 무거운 배낭을 메고 땀을 팥죽처럼 흘리며 걸었을 것이고, 때론 배고픔과 싸우고 때론 목말라 허우적거리기도 했을 것이며 극단적 피로와도 싸우며 한계에 봉착한 경험을 했던 것이다. 그가 히말라야산맥의 나라들을 여행할 때도 모진 추위는 말할 것도 없고, 험산준령에 깎아지른 절벽과 아찔한 낭떠러지에서 생명의 위험에 대한 공포도 경험했을 것이고, 이런 한계와 동시에 한계를 초월한 (혜초가 이를 극복했기에) 경험 또한 가졌던 것이다. 그가 토화라국에서 눈을 만나 "어떻게 파미르고원을 넘어갈 것인가"라고 절규하는 곳에서, 그리고 이러한 파미르고원을 악전고투 끝에 넘어가면서 한계와 동시에 한계의 초월을 경험했던 것을 우리는 간파해야 한다.

더욱이 혜초가 그의 4번째 시에서 "평생에 눈물 흘리는 일이 없었는데 / 오늘만은 천 줄이나 뿌리도다"라고 했을 때, 이 눈물에는 한계의 경험이 전제되어 있고, 또 그럼에도 한계의 극복 또한 깔려 있다는 사실을 읽어야 한다. 혜초가 타클라마칸사막을 지나면서 생명의 위험을 느꼈을 경우도 마찬가지다! 여행기의 문장 속에서는 수고와 고통을 느낄 수 없기에, 무거운 짐을 지고 발걸음을 옮기는 그의 발걸음에서 읽어야 한다.

혜초의 여행은 그러기에 차라리 눈으로는 확인하기 어려운 '피안 여행'이라고 규명하는 것이 온당한 것으로 보인다. 그것은 그야 말로 더 이상 차안의 세계에 얽매이지 않는, 차안의 경계를 뛰어넘 는 여행이기 때문이다. 그는 자신의 인생을 쏟아 부어 이중으로 한 계를 뛰어 넘었다. 그것은 그의 주관적인 측면에서, 남들이 단 일 주일도 수행하기 어려운 여행길을 걸어갔기 때문이며, 수고와 고 통을, 배고픔과 목마름과 추위며 더위를 이겨내었기 때문이다. 혜 초 외에 아무도 2만 킬로미터를 4년 동안 걸으며 감행한 여행자가 있는지를 우리는 아직 못 보았다. 또 객관적으로는 시간과 공간의 경계를 초월했다는 데에 있다. 그는 시간에도 또 지리적 공간에도 얽매이지 않았다. 한 마디로 시공의 제약으로 못 가는 데가 없었던 것이다.

혜초의 여행을 '피안 여행'이라고 하는 데는 그럴 만한 이유가 있었던 것이다. 그런데 이 모든 시간과 공간의 장벽과 경계를 허물 고 그 경계를 허문 피안 여행에는 그만큼의 해탈과 자유도 주어진 다. 그것은 아마도 모든 경계를 허물고 초월을 감행한 곳에 주어지 는 보편적인 현상일 것이다. 철학에서는 플라톤의 『동굴의 비유』 에서, '어둠의 집'에서 우여곡절 끝에 "태양의 왕국"으로 나아간 파 르메니데스에게서, "비본래적" 세계로부터 "본래적" 세계로의 초 월을 감행한 하이데거의 현존재에게서 목격할 수 있다.

혜초의 피안 여행은 해탈의 자유와 기쁨을 펼친 하나의 거대한 사건인 것이다. 혜초의 여행을 흔히 '구법求法 여행'이라고 하는데, 그렇다면 그가 구한 법法, 즉 깨달음은 여행기의 문장 속에 있지 않고, 바로 차안 여행의 경계를 허물면서 쟁취한 해탈과 자유인 것이다. 경계를 허물면서 감행한 초월로부터 해탈의 자유와도 유사한 것이 주어지는 경우를 플라톤의『동굴의 비유』를 통해, 비본래성의 세계로부터 본래성의 세계로의 초월을 감행한 하이데거의 현존재 해석학에서 그 모범을 들여다보자.

플라톤의『동굴의 비유』에서 읽는 엑소더스Exodus와 하이데거에게서의 현존재의 초월은 서로 유사한 근본구조를 갖고 있다. 어쩌면 하이데거가 플라톤의『동굴의 비유』를 원용하고서 함구했는지도 모른다. "그하이데거의 존재론을 플라톤의 동굴의 비유에 대한 가장 충실한 코멘트"[1]라는 김창래 교수의 지적은 옳다고 여겨지는데, 저자 또한 오래 전부터 그렇게 여겼다. 플라톤은 동굴세계의 경계를 넘어 동굴 밖으로의 초월을 감행하여 존재와 진리가 거처하는 곳에 거하는 것을 비유로 밝히고, 하이데거 또한 비본래성존재자의 세계에 얽매이고 '세인(das Man)'의 지배 속에 있는 곳의 세계에서 본래성존재 속에 거하는 세계에로의 초월을 요청한다.

플라톤의 이데아는 모든 현상들의 근거이면서 스스로 현상이 아니며, 하이데거의 존재 또한 모든 존재자를 존재하게 하는 근거이면서 스스로 존재자가 아니다. 이러한 근원과 근거의 세계야말로 우리가 돌아가야 하는 '고향'[2]인 것이다. 그러기에 내가 아지트라고 생각하는 동굴의 세계는 잘못된 거주지이고 '세인'이 지배하는 세상 또한 이런저런 '~것들'로 가득 찬 비본래적 거처이기에, 이들 세계의 경계를 넘어가야 하는 것이다.

플라톤의『동굴의 비유』는 그야말로 비유의 차원으로서 — 물론 내용상 실천적 행위와 직접적으로 연결된다 — 동굴 안에서부터 동굴 밖으로의 엑소더스를 펼쳐 보이고, 하이데거 또한『존재와 시간』에서 현존재의 "비본래성"으로부터 "본래성"으로의 실존적 비약을 밝히고 있지만, 혜초는 자신이 직접 수고와 고통을 감내하며 시공의 경계를 허문 '피안 여행'을 감행했던 것이다.

글로 쓰진 여행기에서는 수고와 고통이 적혀 있지도 않을 뿐만 아니라, 느껴지지도 않는다. 그래서 여행기의 기록을 힌트로 삼아 혜초가 경계를 허물면서 흘렸던 땀과 눈물, 거친 호흡과 고통을 읽어내어야 한다. 내가 배낭을 짊어지고 남인도의 열대를 3개월 걷는다고 생각해보라! 또 그렇게 사막과 히말라야의 설산을 오르내리며 그가 체험했던 한계와 이 한계를 이겨낸 고통을 읽어야 한다.

플라톤과 하이데거 및 혜초에게서 공통적으로 읽을 수 있는 것은 경계를 넘는 경험이 다. 이 경계를 넘는 데는 익숙한 세계에서 안주하던 삶에서 벗어나는 '고통'[3]과 온갖 장애물을 초월하는데 동반되는 '알을 깨는 아픔' 및 실존적 '비약Sprung'과 "섬뜩함Un-heim-lichkeit"[4]에 대한 체험이 따른다.

플라톤의『동굴의 비유』에서 동굴 안의 세상은 허상을 실상으로 여기는 곳이지만, 이런 세상에서의 실상은 동굴 밖의 세계에서 그러나 적나라하게 허상으로 탄로나고, 모든 것이 뒤틀린 것으로 드러난다.[5] 그런데 플라톤에 의하면 허상을 실상으로 우기는 동굴 세계가 바로 인간 세상인 것이다. 허상과 허위가 판을 치는 세상에서 벗어나려면 동굴 밖을 탈출하는 것만이 유일한 가능성이다.

동굴세계의 주민이 자기 인생을 걸어 동굴이란 경계를 넘어 설 때, 빛이 이글거리는 존재와 진리의 세계이데아의 세계에 이른다. 이데아의 세계는 그러나 ― 하이데거의 존재의 세계도 마찬가지다 ― "우리가 아닌",[6] 우리의 타자로서의 세계이다. 『동굴의 비유』는 우리로 하여금 동굴의 아지트를 부인하고 타자를 향해, 동굴 밖을 향해 전향하고periagoge, 상승하며anabasis 초월하라고 한다.

플라톤의 『동굴의 비유』와 유사한 상황을 하이데거의 『존재와 시간』에서도 목격한다. "비본래성"이 지배하는 세상은 현존재의 진정한 자기가 아닌 '세인'의 일상성Alltäglichkeit에 휘감긴 세계이다. 이곳에는 현존재가 이런저런 '~것들존재자들'에게 "마음을 빼앗기고 있는"[7] 세상이고 '잡담Gerede'과 '퇴락Verfallenheit'이 일상화되어 있다.

여기서 현존재는 그러나 어떤 특별한 계기이를테면 불안과 같은 어떤 한계상황에서에 의해 세상을 달리 보게 되는데, 여태껏 신뢰해오던 존재자에 비해 아무것도 아닌 것으로 여겼던 무Nichts가 도리어 이 존재자들의 근거로 밝혀지고,[8] 저 존재자들은 도리어 무겁게 무의미 속으로 가라앉고 만다.[9] 말하자면 참이라고 여겼던 것과 아무것도 아니라고 여겼던 것이, 유의미한 것이라고 붙잡았던 것과 무의미한 것이라고 외면된 것이 서로 자리를 바꾸는 역사가 일어난 것이다. 이런 변화된 세계를 경험하는 자만이 본래적 관점인 존재 가운데 서게 된다.

하이데거에게서 인간은 이런저런 '~것들'로 가득 찬 세상에서 오히려 이러한 존재자들로 얽매인 세계를 벗어나 "그 때문에worum-willen"[10] 그리고 "그리로woraufhin",[11] 즉 존재 속에 거하기 위해 스스로를 내어 던져sich entwerfen 초월하는 현존재이다. 다시 말하면 "기획투사Entwurf"란 현존재가 비본래성에 처한 자신을 떼어내어ent- 이런 비본래적인 자신이 아닌 것을 향해 던지는 것Wurf으로서의 초월을 감행하여 존재 가운데 거하는 것이다. 존재는 선의 이데아와 유사하게 초월의 궁극적 이유인 것이다.[12]

현존재는 비본래적 삶의 형태인 일상의 굴레에서, 즉 존재자들에 얽매인 세계에서 벗어나고, 존재자로서의 자기 자신을 부정하면서 이 모든 경계들을 넘어서야 할 과제를 떠안고 살아간다. 비본래적 자기에서 벗어나ek- 본래적 자기에로 초월하는 현존재는 "탈자적ekstatisch"[13]이고 그의 진정한 실존은 탈존Eksistenz에 있는 것이다. 말하자면 탈존이란 현존재가 존재의 환한 밝힘Lichtung 속에 탈자적으로 서 있는 것을 의미한다. 현존재는 비록 존재자의 세계에 살고 있지만, 이 존재자의 굴레에 얽매이지 않아야 할 뿐만 아니라 그 자신이 존재자로 존립하고 있는sisto 상태로부터 벗어나 존재자로서의 자신과는 다른 어떤 것을 향해woraufhin 나아가는 방식으로 존재하는 것이다.

그러나 그가 지향해 나아가는 어떤 것은 그 자신과 완전히 무관한 타자도 아니고, 결코 형이상학적 피안도 아니며, 본래적 자신이 될 타자이다. 『동굴의 비유』에서 동굴안의 세계를 벗어나는 동굴 주민의 경우도 이와 같고, 인간의 차안적 한계를 벗어나는 혜초의 경우도 마찬가지다. 하이데거에게서 현존재의 탈존은 '존재자로서의 나'로부터 '나의 존재'로, 비본래성에서 본래성으로, 무실존에서 실존으로의 행보인 것이다. 그의 초월을 이끄는 것은 "존재할 수 있음Sein-Können"[14]이라는 가능성이다.

존재에로 탈존해 가는 현존재의 행보는 작고 큰 해탈과 깨달음을 향해 발걸음을 옮기는 혜초의 구법 여행과도 유사한 방식을 취하고 있다. 더욱이 존재자의 세계를 초월하는 방식에는 양자 사이의 공통된 속성으로 보인다. 혜초의 초월을 이끈 힘은 온갖 한계와 경계를 넘어 작고 큰 규모의 해탈을 이룰 수 있음 혹은 '깨달을 수 있음'이라는 가능성이었던 것이다.

온갖 지리적 환경적 제약을 뚫고서, 사막과 정글과 파미르고원과 같은 산악과 40여 개국의 경계를 넘는 것, 배고픔과 피로, 더위와 추위 등등 온갖 제약을 뚫고 나간 혜초에게 적절한 화두는 무엇일까. 그야말로 한 마디로 규명하기가 쉽지 않다. 그러나 하나의 분명한 화두는 경계를 허물고 꿰뚫고 나가는 — 그야말로 내가 세상의 중심에서 벗어나는 '탈존'이란 용어의 '탈'과 유사하다 — 것으로서의 통通이라는 개념이 적절한 것으로 보인다.

그야말로 고대 그리스의 신화에서 헤르메스처럼 경계를 허물고 넘나들면서 세계와 세계 밖의 또 다른 세계로 나아간 것이다. 헤르메스야 신화적 인물로서 하늘과 땅이며 지하세계를 오갔지만, 혜초는 인간이었기에, 인간으로서 모든 경계와 제약을 뒤로 하고 시공을 초월하여 피안 여행에 가까운 여행을 감행한 것이다.

'해동의 첫 번째 세계인, 혜초'[15]라는 제목의 〈역사 스페셜〉에서도 "젊은 구도자 혜초가 풀고자 하는 화두는 무엇이었을까?"라고 묻고 이렇게 답하였다.

내가 세상의 중심이라는 틀에서 벗어나 경계를 허무는 그것, 그것은 세상이었다. 아니, 세상 밖의 또 다른 세상이었다.

"내가 세상의 중심이라는 틀에서 벗어나" 경계를 허물고 세상 밖의 또 다른 세상으로 나아가는 것이야말로 철학적으로는 의미심장한 의미를 갖고 있다. 혜초가 궁극적으로 추구한 것은 "경계를 넘는 것通"이라고 볼 수 있다. 그는 이런 "경계를 넘는 것"을 사유로만 한 것이 아니라 온 몸을 통해 현사실적으로 감행한 것인데, 그것도 그 어떤 존재자의 세계로부터의 압박과 도전에도 굴하지 않고 감행한 것이다. 그에게서 초월의 지향점은 이런저런 '~것들'로 얽매인 존재가가 아니라, 깨달음으로서 "모든 존재자를 넘어서 있음"[16]이다. 이런 맥락에서 그는 분명 깨달음을 추구하는, "지혜를 사랑하는 사람philosophos : 그리스적 의미의 철학자"이라고 할 수 있다.

이 존재자의 세계로부터의 제약과 경계를 허물어버린 것을 하이데거의 언어로 옮길 때 '존재자로부터의 작별Abschied vom Seienden'과도 같기에, 혜초는 이를 온몸으로 실현한 것이라고 하지 않을 수 없다. 하이데거의 존재 사유는 전통형이상학이 거기에 빠져서 헤어 나오지 못한, 그야말로 '~것들', 즉 존재자들에 대한 사유가 아니고, 이 존재자의 절대적 부정으로서의 존재 내지는 무無를 사유하는 것이다. 경계를 넘어, 존재자의 세계로부터 끝으로 밀고 나간 혜초는 무와 존재의 세계를 체험한 것으로 보인다.

무는 하이데거에게서 "존재의 면사포Schleier des Seins"로 받아들여지며, 이 무가 존재자가 아니라는 점에서는 존재와도 같다. 그러나 주의할 사항은 이 존재와 무가 저 존재자들과 결코 무관하다거나 상반적이지는 않고, 오히려 모든 존재자들을 — 도가道家의 무개념과도 유사하게 — 담아내고 또 환히 드러내는 역할을 수행한다는 것이다. 어쩌면 철학은 — 특히 하이데거와 플라톤의 철학을 고려할 때 — 이런 저런 것들, 즉 존재자들의 세계와 그 한계를 벗어나 존재와 무며 이데아의 세계로 나감일 것이다.

각별히 김창래 교수는 하이데거와 플라톤의 철학이 존재자들의 세계와 그 한계를 벗어나 존재와 무며 이데아의 세계로 나가는 것임을 밝히며, 이들의 철학 개념을 다음과 같이 규명하고 있다.

한계에로의 또는 한계에서의 사유실험 Denkexperiment an die oder an der Grenze. 철학자는 분명히 존재자들의 길의 중간에 서 있다. 그럼에도 그를 움직이는 힘은 끝을 향한 욕망, 지금-여기의 나를 내가 아직도 아닌 것, 나의 '단적인 타자'로부터 이해하려는 욕망이다.[17]

이토록 존재자들의 세계와 그 세계의 한계를 벗어나 존재와 무며 이데아의 세계로 나가는 하이데거와 플라톤의 사유를 그는 "끝

으로부터 철학하기"라고 규명하고 있다.[18]

우리가 Ek-sistenz^{탈존}이라고 할 때의 Ek은- 그리스어의 ἐκ- 으로서 그야말로 '탈-', 혹은 "밖으로 초월해 나감"을 의미한다. 좀 더 구체적으로는 나의 중심이라는 틀에서 벗어나고 존재자의 세계에 얽매인 데서 벗어나 초월해 나가는 의미가 들어 있는 것이다. 그러기에 위에서 논의한 혜초의 화두, 즉 "내가 세상의 중심이라는 틀에서 벗어나" 경계를 허물고 세상 밖의 또 다른 세상으로 나아가는 것이야말로 이 '탈-'에 아주 상응하는 것으로 보인다. 그의 여행이 '피안 여행'이라고 하는 것도 이 '탈-'에서 적확하게 해명되는 것이다.

물론 이 밖으로 초월해 나가는 '탈-'은 결코 밖으로의 상승이나 초월만을 의미하는 것은 아니다. 상승한 만큼 혹은 초월한 만큼 되돌아온다는 의미도 함축하고 있는 것이다. 즉 초월을 체험한 만큼 변화된 자신으로 되돌아오는 것이다. 실존적 '비약'으로 본래성으로 초월해 나간 '탈-'은 진정한 자기 자신으로 "되돌아옴"[19]이다. 플라톤의 『동굴의 비유』에서 잘 밝혀져 있듯, 누군가 동굴의 세계에서 우여곡절 끝에 동굴 밖으로 나아갔다면, 그것은 결코 단순한 거리의 이동이 아니라, 바로 이데아의 세계를 경험한, 변화된 자신으로 되돌아온 것이다.

혜초의 구법^{求法} 여행에도 변화된 자신의 모습으로 되돌아온 족적이 엿보인다. 모든 시간과 공간이며 장애물의 경계를 극복하고 초월한 만큼 더 이상 이러한 시공과 장애물에 얽매이지 않는 자유인으로 변했기 때문이다. 거기에는 작고 큰 해탈의 기쁨과 환희의 체험이 동반한다. 불교에서의 수행은 곧 해탈의 과정이고, 출가 때부터 세인들이 희구하는 존재자의 세계를 초월하겠다는 '탈-'을 감행하는 데에서 시작한다.

인간은 탈존의 방식으로 존재하는데, 이 탈존은 그러나 초월만을 의미하는 것은 아니다. 왜냐하면 탈존은 곧 존재의 진리에로 "나가-서-있음"이기에, 또한 이 존재의 진리는 탈존한 자가 체험하는 것이기에, 결국 존재의 진리에로 나가-서-있은 만큼, 말하자면 초월한 만큼 그 초월을 안고 자신에게로 되돌아온다는 것이다.

특히 하이데거며 플라톤이 천명하는 초월은 늘 되돌아옴이 전제된 그런 초월이다. 플라톤의 『동굴의 비유』가 밝히듯 태양의 세계로 상승한 이깨달음을 얻은 자는 존재와 진리로 이글거리는 이데아의 세계를 체험한, 말하자면 변화된 자신으로 되돌아오는 것이고, 하이데거에게서 비본래성의 세계에서 벗어나 본래성으로 '비약Sprung'한 현존재 또한 변화된 자신으로본래적 자기로 되돌아온 것이며, "죽어야 하는 존재Sein zum Tode"로 규명된 인간이 죽음으로 미리 달려가 보고는 (그 죽음의 관점만을 취한 채) 삶에로 되돌아오는 것이다.

헤르메스처럼 '경계를 넘어通' 세상 밖으로, 세상 끝으로, 온갖 제약을 뚫고서, 타클라마칸의 사막과 천축국 및 히말라야의 정글과 파미르고원, 40여 개국의 경계를 넘는 것, 배고픔, 피로, 더위와 추위 등등 온갖 제약을 아랑곳하지 않고 두 발로 감행한 여행은 그야말로 초월을 온몸을 통해 보여준 것이라고 하지 않을 수 없다.

그를 지배한 힘은 경계를 허무는 열정플라톤적 의미의 에로스(Eroos)을 가진 초월의 파토스였다. 이 파토스는 그로 하여금 존재자들, 즉 '~것들'을 떠나 이 '~것들'의 경계와 끝을 향해 "초월"[20]하도록 한 것이다.

혜초가 이런저런 존재자들~것들의 경계를 초월한 세계에서 만나는 것은 무엇인가? 그것은 무엇보다도 모든 제약과 시공의 경계를 넘는 데서 오는 작고 큰 해탈이며, 이런저런 존재자들'~것들'을 존재하게 하고 또 이들 존재자들을 초월해 있는 존재의 세계인 것이다. 이토록 경계를 넘는 데서 오는 해탈과 자유로움이 체득되는 곳은 다름 아닌 존재의 열린 장으로 인도된 곳이다.

우선 하이데거는 탈존이라는 개념을 다음과 같이 규명한다.

존재의 밝음 안에 서 있음을 나는 인간의 탈존이라고 명명한다.Das Stehen in der Lichtung des Seins nenne ich die Ek-sistenz des Menschen [21]

말하자면 탈존의 'Ek-'은 인간 현존재의 존재에로의 초월 또는 '존재사건Ereignis'에로의 진입을 의미하는 것이다. 하이데거는 인간이 탈존할 수 있는 데에서, 말하자면 "존재의 밝음" 가운데 설 수 있는 데에서 인간의 인간다움humanitas을 찾는다.

이러한 하이데거의 인간규명은 전통형이상학이 인간의 동물성과 존재자성Seiendheit에 머문 것과는 판이하게 다르다. 주지하다시피 전통형이상학은 인간을 "이성적 동물animal rationale"이라고 하여 동물적 차원에서 규명하고 있는데, 하이데거에 의하면 이런 규명은 인간의 인간다움을 사유하지 않는 것이라고 하였다.[22] 이에 반해 하이데거에게서 인간은 존재가 건네는 말에 입각해서, 즉 언어를 통해 "존재의 집das Haus des Seins"에 거주할 수 있는데, 이 언어야말로 인간의 "탈자적인 것das Ekstatische"을 보호해주는 집이다.[23]

인간은 "존재의 집"인 언어를 통해 자유롭게 존재의 밝음 안으로 들어설 수 있다. 하이데거에게서 "존재의 집"으로 받아들여진 언어는 우리가 일상적으로 생각하는 언어 개념과는 확연히 다른, 원초적 로고스λόγος임을 전제로 해야 한다. 그에게서 언어는 단순한 의사소통을 매개하는 봉사자도, 공공성의 독재 하에 놓인 도구도, 유기체의 언표Äußerung eines Organismus도, 기호와 표현도 아니다.[24] 이리하여 하이데거는 원초적 언어 개념의 망각에 따른 "언어의 황폐화Verödung der Sprache"와 "언어의 타락Sprachverfall"에 대해 경고한다.[25]

하이데거에게서 "언어는 자신을 밝히면서 — 은닉하는 존재자 체의 도래이다Sprache ist lichtend-verbergende Ankunft des Seins selbst".[26] 여기서 도래하는 존재 자체가 은닉한다는 것은 존재가 존재자를 존재자로 밝히고 드러내지만, 자신은 결코 존재자가 아니기에 은닉의 상태에 있을 수밖에 없는 것이다. 말하자면 존재는 존재자의 나타남에 대해서는 은폐되어 있지만 (존재자가 아니기에) 이 존재자가 나타나기 위해서는 탈은폐되어 있다존재에 의해서만 탈은폐된다.[27] 하이데거의 존재사Seinsgeschichte에 입각한 "언어는 존재에 의해 고유하게 생기된, 또한 존재에 의해 철저히 결합된durchfügte 존재의 집이다".[28]

그러기에 하이데거에게서 인간은 다른 여러 능력들과 함께 언어까지도 소유하고 있는 그런 생명체가 아니다. "오히려 언어는 존재의 집이며, 인간은 그 안에 거주하면서 탈존한다. 왜냐하면 인간은 존재의 진리를 수호하면서 그것존재의 진리에 속해있기 때문이다."[29] 로고스로서의 언어가 "존재의 집"으로서 인간의 소유물이 결코 아니지만, 인간은 사유숙고적 사유 : besinnliches Denken를 통해 이 언어에 도달할 수 있는 것이다. 사유의 사태는 곧 존재의 진리에 관여하는 것이다.

모든 것은 오로지 존재의 진리가 언어에로 다가온다는 것과 사유가 이러한 언어에 도달한다는 것에 달려있다.[30]

그러기에 사유는 — 하이데거도 지적하듯이 — 사유하는 동안에는 행위하고 있는 것이다. 그런데 이런 행위는 "가장 단순 소박한 것이면서 동시에 가장 지고한 것das Einfachste und zugleich Höchste"[31]으로 받아들여지는데, 그것은 이 사유 행위가 "존재와 인간의 관련에 관여하기 때문이다".[32] 이토록 행위하는 사유는 존재의 진리를 말하도록 존재에 의해 요청을 받고, 그 요청을 완성한다.[33]
탈존 가운데에, 즉 존재의 밝음 가운데 설 수 있는 존재 양식은 인간에게만 가능하다.

오직 인간의 본질과 관련해서만, 말하자면 인간적인 방식으로 존재하기 위해서만, 탈존이 말해질 수 있다. 왜냐하면 우리가 경험하는 한, 오

직 인간만이 탈존의 역사적 운명Geschick에 관여하기 때문이다.[34]

그러기에 인간의 본질은 — 하이데거에 의하면 — "자신의 탈존에 기인한다beruht in seiner Ek-sistenz". 물론 여기서 탈존의 '탈–'은 단순히 어원에만 입각해 "안으로부터 밖으로"만 나감을 의미하는 것이 아니라, "존재의 밝음" 혹은 "존재의 진리 안으로 나아가 서 있음Hinausstehen in die Wahrheit des Seins"[35]이다.

그런데 "존재의 밝음" 안으로 다가서는 것, 즉 탈존하는 것이란 어떤 비상한 진리의 세계를 득도하는 것처럼 그렇게 어려운 것은 아니다. 오히려 존재가 인간에게로 다가와 인간에게 탈존하도록 요청하는데, 이를 통해 인간은 본질적인 경험을 체득하게 된다. 인간은 이러한 탈존을 통해 비로소 인간이 된다고 하이데거는 역설하는데, 이는 인간이 존재자의 세계에 감금되고 얽매어 있다면 인간의 본질과 고귀함에서 벗어나 있다는 것이다. 하이데거는 단도직입적으로 인간이 탈존함으로써indem er eksistiert 비로소 인간이 된다고 한다.[36]

하이데거에게서 인간의 본질적 고귀함은 그가 존재자의 주체라는 점에도, 또 존재자의 실체라는 점에도 있지 않고, 오히려 인간이 존재 자신에 의해 존재의 진리 안으로 던져지고, 그리하여 존재의 밝음 안에서 탈존하면서 존재의 진리를 수호하는데 있는 것이다.[37]

하이데거는 주지하다시피 『존재와 시간』에서 "현존재Dasein의 본질은 자신의 실존existenz, existence에 있다"고 하였는데, 이는 결코 그의 후기 인간규명인 "인간의 본질은 자신의 탈존에 기인한다Das We-sen des Menschen beruht in seiner Ek-sistenz"와 다른 규명이 아닌 것이다. 어쩌면 좀 더 자세한 규명이라고 할 수 있다. 그의 전기사유에서 '실존'이란 개념은 중세 라틴어에서 기원한 '현존existentia' — 가능성으로서의 '본질essentia'과 구별되는 — 과는 전혀 다른 용어임을 고려해야 한다.[38] 말하자면 "인간은 탈존한다"는 말은 인간이 현존, 즉 현사실적으로 있는가 혹은 없는가를 의미하는 것이 아니다.

하이데거에게서 "현존재Dasein의 본질은 자신의 실존에 있다"는 규명은 "인간 현존재가 현Da, 거기으로서, 말하자면 존재의 밝음die Lichtung des Seins으로 존재하는 그런 방식으로 현성하는west 것이다. 이러한 '현'의 존재Sein des Da가, 오직 이것만이 존재의 진리 안에 탈자적으로 서 있음이라는 탈존의 근본특징을 갖는다".[39]

그러기에 하이데거에게서 탈존이란 — 모든 전승된 현존이나 사르트르가 말하는 실존과는 근본적으로 구별되는 것으로서 — "존재와의 가까움 안에서 탈자적으로ek-statische 거주함을 의미한다. 탈존은 존재에 대한 파수꾼의 역할을 떠맡는 것이며, 이는 존재를 위한 염려이다."[40] 말하자면 "탈존하는 자로서의 인간은 존재의 밝음인 현을 '염려Sorge' 속으로 받아들임으로써 거기에-있음Da-sein을 감내하는 것이다".[41] 이 "'존재의 밝음'이 존재로의 가까움Nähe을 베풀어준다. 이러한 가까움 안에, 현Da의 밝음 안에 인간은 탈존하는 자로서 거주한다".[42]

이 장章을 맺으면서 우리는 혜초와 플라톤 및 하이데거에게서 초월이 묵직한 테마로 등장함을 목격하였다. 어찌 보면 철학이 이론적이고 추상적이며 관념적인 측면이 강한 것으로 보이지만, 실제로는 실천적인 측면의 초월이 더 강한 주제임이 역력하다. 단지 우리의 철학사가 지나치게 전자에게만 관심을 기울인 게 문제인 것이다. 엄밀하게 고찰하면 전자는 후자를 위한 하나의 방편인 것이다.

혜초와 플라톤 및 하이데거는 초월이라는 화두에서 서로 만난다. 혜초에게서 피안 여행이란 평범한 여행 혹은 차안 여행을 초월한 것, 말하자면 우리의 상식으로는 도무지 상상하기 어려운 피안 여행을 감행했기 때문이다. 거기엔 작고 큰 규모의 자유와 해탈의 환희가 동반되었을 것이다. 만약 남동신 교수의 지적대로 혜초의 여행 동기와 목표를 '8대탑 순례'에 한정된다면,[43] 혜초는 왜 이 목표를 달성하고서 스승이 기다리던 중국의 광조우로 돌아가지 않았는가! 혜초는 그러나 여기에서 여행을 마감하지 않고 두 발로 40여 개국을 향해 나아갔고, 불교의 구법수학求法修學을 넘어 문명 탐험을 향해 나아갔으며, 종교적 아집을 초월해 이교지異敎地로도 기꺼이 발을 옮겼다. 혜초는 인간의 한계를 초월했고 시공의 경계를 넘어 세계 밖의 세계로 나아갔던 것이다.

'초월transzendenz'이란 의미는 원래 '넘어섬'이다. 이 말에는 '공간적인' 의미가 내포되어 있기에, '여기서 저기로'라는 초월을 자연스럽게 읽을 수 있다. '여기서 저기로', 이곳에서 한계 밖의 세계로, 차안에서 피안으로 나아가고 넘어선 혜초의 여행은 초월이라는 개념과 잘 어울린다. 혜초와 플라톤 및 하이데거의 초월에는 '넘어섬'만 있는 것이 아니라 넘어선 만큼의 변화된 상태로 되돌아옴도 내포되어 있다.

하이데거의 현존재는 세계와 유리될 수 없는 "세계-내-존재"[44]이지만, 그가 넘어서는 '그리로woraufhin'의 세계는 이 세계가 아니라, "전체성의 세계"이고 "존재자가 아닌'ist' kein Seiendes" 어떤 세계이다.[45] 현존재는 따라서 '~것들'로 가득 찬 존재자의 세계에 사로잡혀 있거나[46] 이 존재자의 '곁에'[47] 머물러 있는 자기 자신을 넘어서야 하는 것이다. 말하자면 현존재의 초월은 '세인'의 일상성에 파묻힌 비본래적인 자기에서 벗어나 본래적인 자기에로 회귀하는 과정인 것이다.

플라톤의 『동굴의 비유』에서 동굴 밖으로 초월한 인간은 말할 것도 없이 빛으로 가득 찬 이데아의 세계를 경험하게 되고, 본래성을 쟁취한 하이데거의 현존재 또한 존재의 광휘환한 밝힘, Lichtung 속에 거하며, 피안 여행을 감행한 혜초 또한 해탈의 자유를 체험한 것이다. 이런저런 존재자의 세계를 극복하고 시공의 한계를 넘는 것과 인간의 한계마저 초월한 곳에는 해탈의 자유와 존재자의 얽매임에서 벗어난 존재 경험이 동반되었을 것으로 보인다.

맺음말

오천축국과 카슈미르, 간다라, 둔황, 바미안, 카불, 파미르고원, 힌두쿠시산맥, 히말라야산맥, 타클라마칸사막, 티베트와 네팔, 아프가니스탄과 중앙아시아의 나라들, 대식국^{아랍}과 페르시아를 두 발로 4년 동안이나 여행하면서 혜초는 무슨 사유의 세계에 침잠했을까. 왜 그는 천축국의 경계를 넘어 — 아마도 애초의 계획과는 달리 — 무려 40개국에 이를 정도의 나라들로 두 발로 걸으며 순례 여행을 계속했을까. 그는 도대체 그 기나긴 행보를 이어가면서 무슨 사유의 세계에 침잠했을까.

그도 『왕오천축국전』에서 술회하듯 한 지역에서 다른 지역으로의 여행이 도보로 한 달, 두 달, 세 달이 걸리는 곳도 얼마나 많았던가. 그런가하면 그의 앞길은 열대와 사막, 정글과 야생, 험악한 길과 가파른 설산^{雪山}, 피로와 배고픔, 불쑥 닥치는 도적떼들 등등 수많은 장애물로 가득 찼다. 물론 우리는 혜초의 독특한 여행에만 주목하는 것이 아니라 그의 구법 여행에 동반된 철학적 사유에 초점을 맞추는 것이다. 실로 여행은 철학과 긴밀한 관계가 있다. 그래서 우리는 파르메니데스의 단편과 마르셀의 인간규명, 알랭 드 보통^{A.d. Botton}의 『여행의 기술』과 K. 헬트의 『지중해 철학기행』, M. 베테니티와 S. 포지의 『여행, 길 위의 철학』을 언급했다. 혜초의 구법 여행에도 깨달음을 향한 철학적 성찰이 깊게 관련되어 있다.

그의 기나긴 행보가 이런저런 존재자만을 찾아 나선 여행이 아니라 깨달음을 구하는 구법 여행이었기에, 그는 발걸음을 옮기면서 사유하고 기도하며, 때론 감격하고 감사하며 때론 염려와 불안에 휩싸이면서 존재 사유의 장으로 깊이 이끌렸을 것이다. 인간의 한계를 넘고 시공을 초월한 피안 여행에는 — 반드시 수고와 고통이 따르는 실천적 의미를 전제로 해야 이해할 수 있다! — 해탈의 자유도 동반한다! 혜초는 이것을 온몸으로 펼쳐보였다. 그의 피안 여행은 해탈의 자유와 기쁨을 펼친 하나의 거대한 사건인 것이다. 그런데 이러한 깨달음은 여행기의 문장 속에 있지 않고, 바로 경계를 허물면서 쟁취한 해탈과 자유에 있다.

혜초는 깨달음에 이르렀을까 라고 묻는 것은 성급하고 어리석은 질문이다. 그런 질문에 섣부른 답변은 더 어리석다. 깨달음에도 여러 단계가 있기에, 혜초가 구도 여행 후에 더 맑고 밝은 영적 혜안을 가졌음에는 틀림없는 것으로 보인다. 그가 "깨달았노라"라고 발설하지 않았다고 해서 깨달음에 이르지 못했다고 한다면, 그건 아주 경솔한 판단으로 보인다. 깨달음이 위치하는 곳은 텍스트 안이 아니라 깊은 영혼 속이고, 또 그것은 속인생의 문제이기에, 발설을 해야 할 하등의 이유도 없는 것이다. 염화시중의 미소처럼, 혹은 헤르만 헤세의 『싯다르타』에서 싯다르타의 미소처럼 그렇게 깨달음의 증표가 될 수도 있는 것이다.

깨달음은 어디 어디에 도달되어야 할 규격화된 것이 없다. 이것은 실존체득과도 유사한 방식을 취하고 있다. 하이데거도 우리에게 정언명법처럼 "너는 실존해야 한다"고만 하지, 이렇게 혹은 저렇게 실존하라고는 하지 않는다. 그것은 각자에게 달려 있는 것이다. 그는 "본래의 너, 그것이 되어라^{werde, was du bist}"[1]고 한다.

피안 여행을 감행하고서 그는 더 맑고 밝은 영적 혜안을 가진 인간으로 변화되어, 즉 예전순례 여행에 오르기 이전의 자아가 아니라 변화된 자아로서 깨달음이 존재하는 곳중국 불교의 4대 성지 가운데 하나인 오대산에 머물다가 생을 마감하였다.

혜초가 뼈에 사무치도록 그리던 고향을 뒤로하고 깨달음의 장場이 펼쳐진 — 이것 또한 일종의 고향이다! — 오대산으로의 행보에도 어떤 깨달음이 전제되지 않고서는 이루어지지 않았을 것이다.

혹자는 혜초가 고향에 돌아오지 못한 것에 대해 안타까움을 표하기도 한다. 한편으로는 단연 그렇게 여겨지기도 한다. 그러나 인생살이가 전부 나그네의 길이고 여기나 저기나 다 나그네의 한 지점에 불과하다는 것을 체득한다면, 아픔으로 고향을 끌어안으면서 극복할 수도 있지 않을까. 아픔으로 이중의 출가를 이룬다면초월한다면!, 나그네로 생을 마감할 수도 있을 것으로 보인다.

---

1   M. Heidegger, *Sein und Zeit*, Tübingen : Max Niemeyer Verlag, 1984, p.145.

주석

제1장

1 Hermann Diels, *Die Fragmente der Vorsokratiker*, Hamburg : Rowohlt, 1957, pp.40~48 참조.

2 강윤봉, 정수일 감수, 『혜초의 대여행기 왕오천축국전』, 두레아이들, 2011, 5·145쪽; 정수일, 『혜초의 왕오천축국전』, 학고재, 2004, 17쪽.

3 한정섭, 『왕오천축국전』, 불교대 교재편찬위원회, 1996, 24쪽.

4 혜초, 李錫浩 譯, 『往五天竺國傳』, 을유문화사, 1984, 13~16·32~34쪽; 강윤봉, 앞의 책, 30~31쪽; 곽승훈, 「혜초, 『왕오천축국전』」, 『한국사 시민강좌』 42집, 2008.5, 42쪽; 『동아일보』, 2010.12.10.

5 타클라마칸사막은 중앙아시아의 사막으로 신장위구르에 있으며, 이 사막의 이름(타클라마칸)은 위구르어로 "들어가면 나올 수 없다"를 뜻한다.

6 밀교에 관해서는 강윤봉, 앞의 책, 26~27쪽 참조.

7 정수일, 앞의 책, 32쪽에서 재인용.

8 모리야스 다카오(森安孝夫), 「당대 불교적 세계지리와 '호'의 실태」, 중앙아시아학회 편, 『실크로드의 삶과 종교』, 사계절출판사, 2006, 133쪽.

9 위의 글, 133쪽.

10 마리아 베테티니·스테파노 포지 편저, 천지은 역, 『여행, 길 위의 철학』, 책세상, 2017, 서문.

11 이경덕, 『우리 곁에서 만나는 동서양 신화』, 사계절, 2006, 153쪽 참조.

12 김교빈, 『한국철학 에세이』, 동녘, 2003, 36~37쪽 참조.

13 에릭 호퍼, 방대수 역, 『길 위의 철학자』, 이다미디어, 2005, 겉표지의 글. 강조는 저자에 의한 것임.

14 '철학'의 그리스적 개념은 philosophia(philia + sophia), 즉 '지혜에 대한 사랑'이다.

15 니체의 방랑에 대해서는 베테티니·포지의 『여행, 길 위의 철학』 외에도 이진우 교수의 『니체의 차라투스트라를 찾아서』(책세상, 2010)에서 자세하게 다루어지고 있다.

16 미하이 칙센트미하이, 노혜숙 역, 『창의성의 즐거움』, 북로드, 2008, 106쪽 참조.

17 위의 책, 99~100쪽 참조.

18 위의 책, 167쪽 참조.

19 윤병렬, 「배낭 속에 담아온 여행의 기쁨」, 『배낭 속에 담아온 철학자의 사유 여행』, 나무자전거, 2018, 201~212쪽 참조.

·····································

제2장

1 高柄翊, 「慧超의 印度往路에 대한 考察」, 『佛敎와 諸科學―開校八十週年紀念論叢』, 동국대 출판부, 1987.
2 강윤봉, 정수일 감수, 『혜초의 대여행기 왕오천축국전』, 두레아이들, 49쪽.
3 위의 책, 74쪽.
4 위의 책, 75쪽.
5 위의 책, 80쪽 참조.
6 위의 책, 128쪽.

·····································

제3장

1 김상영, 「慧超의 求法行路 檢討」, 『世界精神을 탐험한 위대한 한국인 '慧超'』(문화관광부 선정 1999년 2월의 문화인물 혜초스님 기념 학술세미나 자료집), 가산불교문화원, 1999, 40쪽 참조.
2 정수일, 『혜초의 왕오천축국전』, 학고재, 2004, 89쪽.
3 위의 책, 89쪽.
4 위의 책, 90쪽.
5 혜초, 고려대 한국사연구소 편, 『왕오천축국전(往五天竺國傳)』, 아연출판부, 2014, 95쪽. 이석호도 위와 유사하게, 혜초의 환희 체험과 오언시의 시작(詩作)을 연결하여 번역하고 있다. "내 본래의 소원에 맞아 매우 기쁘므로 내 어리석은 뜻을 대략 서술하여 오언시(五言詩)를 짓는다"(혜초, 李錫浩 譯, 『往五天竺國傳』, 을유문화사, 1984, 37쪽).
6 남동신, 「혜초(慧超)와 왕오천축국전(往五天竺國傳)」, 『실크로드와 둔황』(2010년 국립중앙박물관 기획특별전 전시도록), 국립중앙박물관, 2010, 259쪽.
7 정수일, 앞의 책, 82쪽.
8 위의 책, 90쪽.
9 위의 책, 91~92쪽.
10 위의 책, 93쪽.
11 위의 책, 89쪽.
12 오순제, 『인류문명 전환기와 한류문화의 미래』, 대한사랑, 2022, 133쪽.
13 신채호, 이만열 역주, 『譯註朝鮮上古文化史』, 단재 신채호 선생 기념사업회·단단학회, 1992, 103쪽.

14   위키백과 참조.

15   정병삼, 「慧超와 8세기 신라불교」, 『世界精神을 탐험한 위대한 한국인 '慧超'』,
      가산불교문화연구원, 1999, 21쪽.
....

제4장

1   강윤봉, 정수일 감수, 『혜초의 대여행기 왕오천축국전』, 두레아이들, 137쪽 참조.

2   정수일, 『혜초의 왕오천축국전』, 학고재, 2004, 35쪽 참조.

3   강윤봉, 앞의 책, 152쪽 참조.

4   정수일, 앞의 책, 32쪽 참조.

5   고병익, 「慧超의 往五天竺國傳」, 『韓國의 名著』, 현암사 1969, 48~49쪽.
....

제5장

1   국립중앙박물관, 『실크로드와 둔황』(2010년 국립중앙박물관 기획특별전 전
      시도록), 국립중앙박물관, 2010, 84쪽 참조.

2   자오구샨, 「실크로드 개관」, 『실크로드와 둔황』(2010년 국립중앙박물관 기획
      특별전 전시도록), 국립중앙박물관, 2010, 263쪽.

3   네스토리우스교(경교(景敎))에 대한 유물은 신장위구르 자치구박물관의 〈경
      교석비〉에서 확인할 수 있다. 국립중앙박물관, 앞의 책, 24쪽 참조.

4   자오구샨, 앞의 글, 268쪽.

5   허우쓰신·우옌춘, 「실크로드 상의 고대 서역」, 『실크로드와 둔황』(2010년 국
      립중앙박물관 기획특별전 전시도록), 국립중앙박물관, 2010, 269쪽. 강조는
      저자에 의한 것임.

6   위의 글, 274쪽 참조. 강조는 저자에 의한 것임.

7   민병훈, 「실크로드와 동서문화 교류」, 『실크로드와 둔황』(2010년 국립중앙박
      물관 기획특별전 전시도록), 국립중앙박물관, 2010, 220쪽.

8   위의 글, 220쪽.

9   전인초, 『돈황 실크로드의 관문』, 살림출판사, 2010, 35쪽.

10   M. Heidegger, "Bauen Wohnen Denken", *Vorträge und Aufsätze*, Günther
      Pfullingen : Neske, 1990, p.146 이하 참조.

11   민병훈, 앞의 글, 225쪽.

12   위의 글.

13   김용문, 「신 출토자료에 나타난 소그드 복식」, 중앙아시아학회 편, 『실크로드
      의 삶과 종교』, 사계절출판사, 2006, 76쪽.

14   민병훈, 앞의 글, 226쪽 참조.

15   국립중앙박물관, 앞의 책, 121쪽 참조.

16   민병훈, 앞의 글, 229쪽 참조.

17   김용문, 앞의 글, 87쪽 참조.

18   민병훈, 앞의 글, 230쪽 참조.

19   부사년(傅斯年), 정재서 역주, 『이하동서설(夷夏東西設)』, 우리역사연구재단 2011 참조.

20   윤병렬, 『고구려 고분벽화에 담긴 철학적 세계관』, 지식산업사, 2020 참조.

21   민병훈, 앞의 글, 227쪽 참조.

22   국립중앙박물관, 앞의 책, 208쪽 참조.

23   권오영, 「21세기 고대사 - 5. 신라 황금보검이 왜 카자흐스탄에서?」. https://cafe.daum.net/kelim/r3ZR/375?q=황금보검&re=1. 괄호 안의 글자는 저자가 보완한 것임.

24   위의 글 참조.

25   요시미즈 쓰네오, 오근영 역, 『로마문화 왕국, 신라』, 씨앗을뿌리는사람, 2002, 109 · 153 · 233 · 293쪽 이하 참조.

....

제6장

1   이종호, 『한국 7대 불가사의』, 역사의 아침, 2007, '제2장, 신라의 황금보검' 참조.

2   문화유산채널, 〈신라 황금보검의 비밀〉. https://blog.naver.com/k-heritagetv/222152975668.

3   이종호, 앞의 책, 72~76쪽 참조.

4   권오영, 「21세기 고대사 - 5. 신라 황금보검이 왜 카자흐스탄에서?」. https://cafe.daum.net/kelim/r3ZR/375?q=황금보검&re=1. 괄호 안의 글자는 저자가 보완한 것임.

5   위의 글 참조.

6   허우쓰신 · 우옌춘, 「실크로드 상의 고대 서역」, 『실크로드와 둔황』(2010년 국립중앙박물관 기획특별전 전시도록), 국립중앙박물관, 2010, 270쪽.

7   강인욱, 「인류의 진화 이끈 인간의 '여행본능'」, 『동아일보』, 2022.10.28, A31면.

8   지금의 카자흐스탄은 태고 때부터 스키타이 · 강거(康居) · 서돌궐(西突厥) 등의 유목 세력들에 의해 지배되어 온 곳이다. 동양에는 강거라는 나라의 이름으로 알려졌다.

9   요시미즈 쓰네오, 오근영 역, 『로마문화 왕국, 신라』, 씨앗을 뿌리는 사람, 224쪽. 쓰네오 교수는 당대에 아무도 예상하지 못한 획기적인 저술을 하였는데, 확실한 증빙자료(유물 등)를 통해 설득력 있게 논지를 펼쳤다. 그의 저술은 역사를 새롭게 기록해야 할 동기를 부여한 것으로 보인다.

10 이종호, 앞의 책, 73~74쪽 참조.

11 위의 책, 89쪽 이하 참조.

12 위의 책, 76쪽 참조.

13 위의 책, 106쪽에서 재인용. 이 인용문에 대한 내용(문무왕과 신라 김씨의 내력)은 〈KBS 역사저널 그날〉이나 〈KBS 역사스페셜〉에서도 자주 다루었다.

14 부사년, 정재서 역, 『이하동서설』, 우리역사연구재단, 2011, 42쪽, 제4장 참조.

15 이종호, 앞의 책, 106쪽.

16 〈KBS 역사스페셜〉, 제26회 참조.

17 https://blog.naver.com/10sunmusa/221866004853.

....

제7장

1 김혜원(국립중앙박물관 아시아부 학예연구사), 「둔황과 막고굴」, 『실크로드와 둔황』(2010년 국립중앙박물관 기획특별전 전시도록), 국립중앙박물관, 2010, 248쪽 참조.

2 전인초, 『돈황 실크로드의 관문』, 살림출판사, 2010, 22쪽.

3 장경동의 발견과 그 유물에 관한 사항은 정병삼, 「慧超와 8세기 신라불교」, 『世界精神을 탐험한 위대한 한국인 '慧超'』(문화관광부 선정 1999년 2월의 문화인물 혜초스님 기념 학술세미나 자료집), 가산불교문화연구원, 1999, 16~17쪽 참조.

4 전인초, 앞의 책, 5~6쪽 참조.

5 돈황문서를 비롯한 실크로드의 약탈사에 관해서는 Peter Hopkirk, *Foreign Devils on the Silk Road*(The Search for the Lost Treasures of Central Asia), John Murray Publishers, Ltd., 2006에 그 전말이 자세히 기록되어 있다.

6 민병훈, 「실크로드와 동서문화 교류」, 『실크로드와 둔황』(2010년 국립중앙박물관 기획특별전 전시도록), 국립중앙박물관, 2010, 237쪽 참조.

7 전인초, 앞의 책, 83쪽 참조.

8 김혜원, 앞의 글, 246쪽; 정수일, 『혜초의 왕오천축국전』, 학고재, 2004, 43쪽 참조.

9 M. Paul Pelliot, "Une Bibliothèque Médiévale retrouvée au Kan-sou", *Bulletin de l'Ecole Française D'extrème Orient*, Tome VIII, nos 3-4, Hanoi, 1908.7~12. 여기서는 남동신, 「혜초(慧超)와 왕오천축국전(往五天竺國傳)」, 『실크로드와 둔황』(2010년 국립중앙박물관 기획특별전 전시도록), 국립중앙박물관, 2010, 253쪽에서 재인용.

10 혜초, 고려대 한국사연구소 편, 『왕오천축국전(往五天竺國傳)』, 아연출판부, 2014, 59쪽 참조.

11 혜초, 李錫浩 譯, 『往五天竺國傳』, 을유문화사, 1984, 11~12쪽 참조.

12 혜초에 대한 일본학자들의 연구에 대해서는 혜초, 고려대 한국사연구소 편, 앞의 책, 62~65쪽 참조.

13 정수일, 앞의 책, 19쪽.

14 다섯 편의 논고는 다음과 같다. 민병훈, 「실크로드와 동서문화 교류」; 김혜원, 「둔황과 막고굴」; 남동신, 「혜초와 왕오천축국전」; 자오구산, 「실크로드 개관」; 허우쓰신·우옌춘, 「실크로드 상의 고대서역」.

15 정수일, 앞의 책, 104쪽.

……………………………………

제8장

1 이 책 『사유의 경험으로부터(*Aus der Erfahrung des Denkens*)』는 하이데거가 1910년부터 1976년에 걸쳐 틈틈이 적어놓은 단상들로서 현재 전집 제13권 (GA. 13, Frankfurt a. M. : Klostermann, 1983)에 수록되어 있다.

2 M. Heidegger, *Frühe Schriften* (GA. 1), Frankfurt a. M. : Klostermann, 1978.2, p.437 참조.

3 Jacques Derrida, *De la gramatologie*, Paris : Edition de Minuit, 1967, p.227.

4 N. 볼츠, 윤종석 역, 『구텐베르크─은하계의 끝에서』, 문학과지성사, 2001, 34쪽.

5 M. Heidegger, *Phänomenologie des religiösen Lebens*, Frankfurt a. M. : Klostermann, 1995, p.10. 원문은 다음과 같다. "Der Ausgangspunkt des Weges zur Philosophie ist die faktische Lebenserfahrung."

6 M. Heidegger, *Unterwegs zur Sprache*, Stuttgart : Neske, 1993, p.159.

7 M. Heidegger, *Über den Humanismus*, Frankfurt a. M. : Klostermann, 1949, p.5. 인용문 속에서 '있는 것'이라고 하는 것은 명사로서의 '존재자(das Seiende)'가 아니라, 이 문장 전체를 일컫는 말(한글로 옮길 때)을 뜻한다.

8 Ibid., p.45. 원문은 다음과 같다. "Das Sein kommt, sich lichtend, zur Sprache. Es ist stets unterwegs zu ihr."

9 Ibid., p.5.

10 M. Heidegger, *Holzwege*, Frankfurt a. M. : Klostermann, 1980, p.332. "Das Sein entzieht sich, indem es sich in das Seiende entbirgt(존재는 자신을 존재자 속으로 탈─은폐 하는 한, 스스로 물러나 있다)."

11 M. Heidegger, op. cit., 1949, p.15.

……………………………………

제9장

1 이 장(章)은 『철학연구』 제134집, 철학연구회, 2021에 게재된 저자의 논문을

대폭 확장하고 보완한 것이다.

2 　이승하, 「순례자의 여수와 향수의 시학―혜초의 다섯 한시를 중심으로」, 『한국
　　문예창작』 제8권 제2호 통권 16호, 2009, 151~152쪽 참조.

3 　여기서는 정수일, 『혜초의 왕오천축국전』, 학고재, 2004, 47~49, 58쪽 참조.

4 　혜초, 李錫浩 譯, 『往五天竺國傳』, 을유문화사, 1984, 11~13 · 16~27쪽 참조.

5 　P. Pelliot, "Une Bibliothèque Médiévale retrouvée au Kanson", p.512. 여기선 고
　　병익 교수가 「慧超往五天竺國傳史略」에서 펠리오의 글을 인용한 것을 박기석
　　교수가 그의 「혜초 『왕오천축국전』의 기행문학적 고찰」, 『고전문학과 교육』
　　12, 2005, 47쪽에서 인용한 것을 재인용한 것이다. 정수일 교수도 위의 인용
　　문과 거의 같게 번역하였다(정수일, 앞의 책, 56쪽 참조). 이승하 교수는 앞의
　　글, 154쪽에서 펠리오의 혹평을 다루고 있다. 곽승훈 교수도 그의 논문 「혜초,
　　『왕오천축국전』」, 『한국사 시민강좌』 42, 2008, 9~10쪽에서 펠리오의 혹평에
　　대해 언급하고 있다.

6 　정수일, 앞의 책, 56쪽 참조.

7 　혜초, 李錫浩 譯, 앞의 책, 28~29쪽.

8 　정수일, 앞의 책, 103쪽.

9 　M. Heidegger, *Sein und Zeit*, Tübingen : Max Niemeyer Verlag, 1984, p.34 참조.

10 　M. Heidegger, *Unterwegs zur Sprache*, Stuttgart : Neske, 1993, p.185.

11 　Ibid., p.237.

12 　Ibid..

13 　M. Heidegger, *Erläuterungen zu Hölderlins Dichtung*, Frankfurt a. M. : Kloster-
　　mann, 1951, p.35.

14 　Ibid., p.268 참조.

15 　M. Heidegger, op. cit., 1993, pp.220~221. 원어는 다음과 같다. "Kein ding sei
　　wo das wort gebricht."

16 　M. Heidegger, op. cit., 1949. pp.5 · 22.

17 　M. Heidegger, GA. 65, pp.58 · 78 이하 참조.

18 　하이데거의 언어사상에 관한 포괄적 이해를 『하이데거의 언어사상』(한국하이
　　데거학회 편, 철학과 현실사, 1998)에서 참조 바람.

19 　M. Heidegger, op. cit., 1993, p.241 이하 참조.

20 　하이데거의 저서 『강연과 논문(Vorträge und Aufsätze)』에 나오는 소논문.

21 　M. Heidegger, op. cit., 1951, p.38.

22 　위의 책, p.42.

23 　W. Marx, *Gibt es auf Erden ein Maß?*, Fischer : Frankfurt a. M., 1986, pp.146 ·
　　148.

24 M. Heidegger, op. cit., 1951, p.35.

25 M. Heidegger, op. cit., 1993, p.38.

26 M. Heidegger, *Vorträge und Aufsätze*, p.181 이하 참조.

27 M. Heidegger, *Holzwege*, pp.58·62.

28 M. Heidegger, op. cit., 1951, p.39 이하 참조.

29 M. Heidegger, *Der Ursprung des Kunstwerkes*, Stuttgart : Reclam, 1988, pp.87~92 참조.

30 예술작품과 "진리의 일어남"에 관하여, 그리고 예술과 진리의 관계에 대하여 이수정, 「하이데거의 예술론」, 『하이데거 연구』 제7집, 220~225쪽 참조. 또한 예술과 "존재의 진리"에 관한 논의는 신승환, 「진리이해의 지평으로서의 예술」, 『하이데거 연구』 제7집, 275~306쪽 참조.

31 마르틴 하이데거, 이선일 역, 『이정표』 2, 한길사, 2005, 8쪽.

32 마르틴 하이데거, 신상희 역, 『숲길』, 나남, 2010, 104쪽 참조.

33 M. Heidegger, *Aus der Erfahrung des Denkens*, Pfullingen : Neske, 1965, p.23. '위상학'의 위상은 그리스어 토포스(topos), 즉 장소이다.

34 마르틴 하이데거, 신상희 역, 앞의 책, 106·108쪽 참조. 인용문에서 기투한다는 것은 하이데거가 스스로 밝히듯 "비은폐성이 존재자로서의 존재자 속으로 자신을 보내오는 일종의 던짐(Wurf)을 풀어내는 행위(Auslösen)이다"(107쪽)..

35 위의 책, 107쪽.

36 위의 책, 108쪽.

37 위의 책, 104쪽 참조.

38 위의 책, 105쪽 참조.

39 위의 책, 50쪽.

40 M. Heidegger, op. cit., 1965, p.27.

41 "더 존재하는(seiender)"이라는 존재의 점층법은 처음으로 플라톤의 『국가』(515d)에서 '동굴의 비유'에 나타난다. μᾶλλον ὄντα(말론 온타). 플라톤은 존재론적 점층법의 발견자이다. 그는 진리에 관해서도 점층법을 사용하고 있다. '더 진리인(wahrer)'에 해당하는 ἀληθέστερα(알레테스테라)는 진리의 점층 비교급이다(『국가』, 515d 참조). 하이데거도 그의 저서 *Platons Lehre von der Wahrheit*(Francke : Bern, 1947, p.11)에서 이러한 존재의 점층법을 논의하고 있다.

42 혜초, 李錫浩 譯, 앞의 책, 44쪽.

43 M. Heidegger, *Über den Humanismus*, Frankfurt a. M. : Klostermann, 1949, p.29.

44 위의 책, p.31.

45 M. Heidegger, op. cit., 1951.

46 W. Marx, *Gibt es auf Erden ein Maß?*, Frankfurt a. M. : Fischer Verlag, 1986, pp.146·148.

47 혜초, 李錫浩 譯, 앞의 책, 37쪽.

48 혜초, 고려대 한국사연구소 편, 앞의 책, 96~97쪽.

49 M. Heidegger, op. cit., 1965, p.25. 원문은 다음과 같다. "Singen und Denken sind nachbarlichen Stämme des Dichtens."

50 마르틴 하이데거, 신상희 역, 앞의 책, 97쪽.

51 위의 책, 97쪽.

52 이승하, 앞의 글, 158쪽 참조.

53 위의 글, 157~158쪽 참조.

54 정병삼, 「혜초가 본 인도와 중앙아시아」, 『동국사학』 제49집, 41쪽.

55 이승하, 앞의 글, 159, 161쪽.

56 혜초, 李錫浩 譯, 앞의 책, 44쪽.

57 M. Heidegger, op. cit., 1951, p.18.

58 전광식, 『고향』, 문학과지성사, 1999, 158쪽.

59 위의 책, 47쪽.

60 울리히 호이서만, 장영태 역, 『횔덜린』, 행림출판사, 1980, 17쪽.

61 M. Heidegger, op. cit., 1951, p.21 이하 참조.

62 Ibid., p.23.

63 M. Heidegger, op. cit., 1949, p.25 참조.

64 M. Heidegger, op. cit., 1951, p.21 이하 참조.

65 M. Heidegger, *Die Grundbegriffe der Metaphysik*(GA. 29·30), Frankfurt a. M. 1983, S. 7.

66 혜초, 李錫浩 譯, 앞의 책, 48쪽.

67 보물나무 : 여기선 중국인 구법승을 비유한다.

68 혜초, 李錫浩 譯, 앞의 책, 49쪽.

69 M. Heidegger, op. cit., 1984, p.262.

70 Ibid., p.237.

71 혜초, 李錫浩 譯, 앞의 책, 65쪽.

72 이승하, 앞의 글, 162쪽.

73 혜초, 李錫浩 譯, 앞의 책, 37쪽.

....

제10장

1   이 장(章)은 『철학탐구』 제 65집, 중앙철학연구소, 2022에 게재된 저자의 논

문을 대폭 확장하고 보완한 것이다.

2 　윤병렬, 「헤르만 헤세의 싯다르타와 자아의 존재」, 『존재론 연구』 제24집, 2010 참조.

3 　혜초, 李錫浩 譯, 『往五天竺國傳』, 을유문화사, 1984, 37쪽.

4 　M. Heidegger, *Vom Wesen des Grundes*, Frankfurt a. M. : Klostermann, 1965, p.18.

5 　M. Heidegger, *Sein und Zeit*, Tübingen : Max Niemeyer Verlag, 1984, p.143.

6 　위의 글, pp.42·143·233 참조.

7 　혜초, 李錫浩 譯, 앞의 책, 35쪽.

8 　위의 책, 43쪽.

9 　위의 책, 45쪽.

10 　위의 책, 46쪽.

11 　정병삼, 「혜초가 본 인도와 중앙아시아」, 37~38쪽.

12 　오지탐험가 남영호씨는 "혜초의 여정 되밟고 싶어" 혜초가 감행한 여행의 거의 마지막 구간인 타클라마칸사막을 도보로(19일 동안 450킬로미터) 종단했다고 한다(『동아일보』, 2009.11.2 참조).

13 　혜초, 李錫浩 譯, 앞의 책, 35쪽.

14 　박기석, 「혜초 『왕오천축국전』의 기행문학적 고찰」, 『고전문학과 교육』 12, 2005, 42쪽.

15 　정병삼, 「혜초가 본 인도와 중앙아시아」, 56쪽.

16 　정수일, 『혜초의 왕오천축국전』, 학고재, 2004, 99쪽.

17 　강윤봉은 『혜초의 대여행기 왕오천축국전』, 두레아이들, 13쪽에서 혜초를 "우리나라의 첫 세계인"이라고 규명한다.

18 　하이데거의 "존재자로부터의 작별"에 대한 광범위한 논의는 K. Fischer, *Abschied : Die Denkbewegung Martin Heideggers*, Würzburg : Königshausen & Neumann, 1990 참조.

19 　M. Heidegger, op. cit., 1965, p.53.

20 　M. Heidegger, op. cit., 1984, p.188.

21 　M. Heidegger, *Phänomenologie des religiösen Lebens*, p.10. 원문은 다음과 같다. "Der Ausgangspunkt des Weges zur Philosophie ist die faktische Lebenserfahrung."

22 　M. Heidegger, *Ontologie. Hermeneutik der Faktizität*, Frankfurt a. M. : Klostermann, 1987, p.7.

23 　위의 책, pp.7~8.

24 　Jacques Derrida, *De la gramatologie*, Paris : Edition de Minuit, p.227.

25 N. 볼츠, 윤종석 역, 『구텐베르크—은하계의 끝에서』, 문학과지성사, 2001, 34쪽.

26 M. Heidegger, op. cit., 1987, p.5.

27 M. Heidegger, *Was ist Metaphysik?*, Frankfurt a. M. : Klostermann 1949, p.8. M. Heidegger, *Über den Humanismus*, Frankfurt a. M. : Klostermann, 1949, p.12.

28 M. Heidegger, op. cit., 1987, p.85.

29 Ibid., p.86.

30 Ibid., pp.95~97.

31 Ibid., pp.101~102.

32 M. Heidegger, op. cit., 1984, pp.26・69・79, §15~16.

33 Ibid., §26.

34 위의 책, pp.57・63~65, §39~45.

35 M. Heidegger, op. cit., 1949, p.10.

36 하이데거는 그의 『존재와 시간』의 §41의 제목도 "현존재의 존재는 염려"라고 규명한다.

37 M. Heidegger, op. cit., 1984, p.193.

38 Ibid., §42.

39 Ibid., p.191 참조.

40 M. Heidegger, op. cit., 1949, p.15.

41 M. Heidegger, op. cit., 1984, p.145.

42 혜초, 李錫浩 譯, 앞의 책, 37쪽.

43 위의 책, 37~39쪽. 혜초의 『왕오천축국전』에서 5편의 오언시에 대한 해석은 윤병렬, 「혜초의 오언시와 하이데거의 시작(詩作) 해석」, 『철학연구』 134집, 2021, 1~31쪽 참조.

44 혜초, 李錫浩 譯, 앞의 책, 35쪽.

45 위의 책, 42쪽.

46 위의 책, 42쪽.

47 위의 책, 44쪽.

48 강윤봉, 앞의 책, 62쪽.

49 마르틴 하이데거, 신상희 역, 「예술작품의 근원」, 『숲길』, 나남, 2010, 21쪽.

50 위의 글, 22・23쪽.

51 M. Heidegger, *Der Ursprung des Kunstwerkes*, Stuttgart : Reclam, 1988, p.30.

52 Ibid., pp.27~29.

53 마르틴 하이데거, 신상희 역, 앞의 책, 50~51쪽.

54 위의 책, 77쪽.

55 위의 책, 91쪽 참조.

56 혜초, 李錫浩 譯, 앞의 책, 37쪽.

57 마르틴 하이데거, 신상희 역, 앞의 책, 47쪽.

58 위의 책, 54쪽.

59 혜초, 李錫浩 譯, 앞의 책, 37쪽.

60 M. Heidegger, op. cit., 1988, p.30 참조.

61 M. Heidegger, *Nietzsche* I, Pfullingen : Neske 1961, p.231.

....

제11장

1 김창래, 「철학의 욕망 II. 끝을 향한 형성」, 『철학탐구』 제32집, 중앙철학연구소, 2012, 92쪽. 첨자는 저자에 의한 보완임.

2 M. Heidegger, *Die Grundbegriffe der Metaphysik*, Frankfurt a. M., 1983, p.7.

3 Platon, *Theaetetos*, 155c.

4 M. Heidegger, *Sein und Zeit*, Tübingen : Max Niemeyer Verlag, 1984, p.188.

5 Platon, *Politeia*, 515~516a · 517c.

6 Ibid., 509b; M. Heidegger, op. cit., 1984, p.6.

7 M. Heidegger, Ibid., p.113 참조.

8 M. Heidegger, *Was ist Metaphysik?*, Frankfurt a. M. : Klostermann 1949, p.33 참조.

9 M. Heidegger, op. cit., 1984, p.187 참조.

10 위의 책, p.145.

11 M. Heidegger, *Vom Wesen des Grundes*, Frankfurt a. M. : Klostermann, 1965, p.41.

12 Platon, *Politeia*, 509b; M. Heidegger, op. cit., 1984, p.38 참조.

13 M. Heidegger, op. cit., 1949, p.15.

14 M. Heidegger, op. cit., 1984, p.145.

15 〈KBS 역사 스페셜〉, 2020. 4. 29.

16 M. Heidegger, op. cit., 1984, p.38.

17 김창래, 「철학의 욕망 I – 끝으로부터 철학하기」, 『철학연구』 제41집, 고려대 철학연구소, 2010, 242쪽.

18 위의 글, 233~274쪽; 「철학의 욕망 II – 끝을 향한 형성」, 67~108쪽.

19 M. Heidegger, op. cit., 1965, pp.19 · 45.

20 M. Heidegger, op. cit., 1949, pp.35 · 38.

21 M. Heidegger, *Über den Humanismus*, Frankfurt a. M. : Klostermann, 1949, p.13.

22 Ibid., p.13 참조.

23   Ibid., 참조.

24   Ibid., pp.8~9·16·21 참조.

25   Ibid., p.9 참조.

26   Ibid., p.16.

27   M. Heidegger, *Der Satz vom Grund*, Frankfurt a. M. : Klostermann 1997, pp.111~112 참조.

28   M. Heidegger, op. cit., 1949, p.21.

29   Ibid., p.22.

30   Ibid., p.30. 원문은 다음과 같다. "Alles liegt einzig daran, daß die Wahrheit des Seins zur Sprache komme und daß das Denken in die Sprache gelange."

31   M. Heidegger, op. cit., 1949, p.5.

32   Ibid., p.5.

33   Ibid., p.5 참조.

34   Ibid., p.14.

35   Ibid., p.16.

36   Ibid., p.18 참조.

37   Ibid., p.19 참조.

38   Ibid., p.15 참조.

39   Ibid.. 원문은 다음과 같다. "Der Mensch west so, daß er das 'Da', das heißt die Lichtung des Seins, ist. Dieses 'Sein' des Da, und nur dieses, hat den Grund-zug der Ek-sistenz, das heißt des ekstatischen Innestehens in der Wahrheit des Seins."

40   M. Heidegger, op. cit., 1949, p.29.

41   Ibid., p.16.

42   Ibid., p.25.

43   남동신, 「혜초(慧超)와 왕오천축국전(往五天竺國傳)」, 『실크로드와 둔황』(2010년 국립중앙박물관 기획특별전 전시도록), 국립중앙박물관, 2010, 259쪽.

44   M. Heidegger, op. cit., 1984, p.53.

45   M. Heidegger, op. cit., 1965, p.37; *Die Grundbegriffe der Metaphysik*, Frankfurt a. M., 1983, p.8.

46   M. Heidegger, op. cit., 1984, pp.61·113.

47   Ibid., p.175.

참고문헌

강유봉, 『혜초의 대여행기 왕오천축국전』, 두레아이들, 2011.

강인욱, 「인류의 진화 이끈 인간의 '여행본능'」, 『동아일보』, 2022.10.28.

강학순, 『박이문ー둥지를 향한 철학과 예술의 여정』, 미다스북스, 2014.

高柄翊, 「慧超의 印度往路에 대한 考察」, 『佛敎와 諸科學ー開校八十週年紀念論叢』, 동국대 출판부, 1987.

고병익, 「慧超의 往五天竺傳」, 박종홍 외, 『韓國의 名著』, 현암사, 1969.

국립중앙박물관, 『실크로드와 둔황』(2010년 국립중앙박물관 기획특별전 전시도록), 국립중앙박물관, 2010.

권오영, 「21세기 고대사ー5. 신라 황금보검이 왜 카자흐스탄에서?」. https://cafe. daum.net/kelim/r3ZR/375?q=황금보검&re=1.

곽승훈, 「혜초, 『왕오천축국전』」, 『한국사 시민강좌』 42집, 2008.

김교빈, 『한국철학 에세이』, 동녘, 2003.

김상영, 「慧超의 求法行路 檢討」, 『世界精神을 탐험한 위대한 한국인 '慧超'』(문화 관광부 선정 1999년 2월의 문화인물 혜초스님 기념 학술세미나 자료집), 가산불교문화원, 1999.

김용문, 「신 출토자료에 나타난 소그드 복식」, 중앙아시아학회 편, 『실크로드의 삶과 종교』, 사계절출판사, 2006.

김창래, 「철학의 욕망Iー끝으로부터 철학하기」, 『철학연구』 제41집, 고려대 철학연구소, 2010.

_____, 「철학의 욕망IIー끝을 향한 형성」, 『철학탐구』 제32집, 중앙철학연구소, 2012.

김혜원, 「둔황과 막고굴」, 『실크로드와 둔황』(2010년 국립중앙박물관 기획특별전 전시도록), 국립중앙박물관, 2010.

남동신, 「혜초(慧超)와 왕오천축국전(往五天竺國傳)」, 『실크로드와 둔황』(2010년 국립중앙박물관 기획특별전 전시도록), 국립중앙박물관, 2010.

남만성, 『노자도덕경』, 을유문화사, 1970.

마르틴 하이데거, 이선일 역, 『이정표』 2, 한길사, 2005.

_____, 신상희 역, 「예술작품의 근원」, 『숲길』, 나남, 2010.

마리아 베테티니·스테파노 포지 편저, 천지은 역, 『여행, 길 위의 철학』, 책세상, 2017.

모리야스 다카오(森安孝夫), 「당대 불교적 세계지리와 '호'의 실태」, 중앙아시아학
　　회 편, 『실크로드의 삶과 종교』, 사계절출판사, 2006.
문화유산채널, 〈신라 황금보검의 비밀〉, https://blog.naver.com/k-heritagetv/222152
　　975668
미하이 칙센트미하이, 노혜숙 역, 『창의성의 즐거움』, 북로드, 2008.
민병훈, 「실크로드와 동서문화 교류」, 『실크로드와 둔황』(2010년 국립중앙박물관
　　기획특별전 전시도록), 국립중앙박물관, 2010.
박기석, 「혜초 『왕오천축국전』의 기행문학적 고찰」, 『고전문학과 교육』 12집, 2005.
박이문, 『철학의 눈』, 미다스북스, 2007.
N. 볼츠, 윤종석 역, 『구텐베르크−은하계의 끝에서』, 문학과지성사, 2001.
부사년(傅斯年), 정재서 역주, 『이하동서설(夷夏東西說)』, 우리역사연구재단, 2011.
신승환, 「진리이해의 지평으로서의 예술」, 『하이데거 연구』 제7집.
에릭 호퍼, 방대수 역, 『길 위의 철학자』, 이다미디어, 2005.
요시미즈 쓰네오, 오근영 역, 『로마문화 왕국, 신라』, 씨앗을 뿌리는 사람, 2002.
울리히 호이서만, 장영태 역, 『횔덜린』, 행림출판사, 1980.
윤병렬, 『고구려 고분벽화에 담긴 철학적 세계관』, 지식산업사, 2020.
_____, 『배낭 속에 담아온 철학자의 사유 여행』, 나무자전거, 2018.
_____, 「헤르만 헤세의 싯다르타와 자아의 존재」, 『존재론 연구』 제24집, 2010.
_____, 「혜초의 오언시와 하이데거의 시작(詩作) 해석」, 『철학연구』 134집, 2021.
_____, 「『왕오천축국전』의 행간에서 읽는 혜초의 기행문학과 철학−하이데거의
　　현사실성의 해석학과 존재사유를 중심으로」, 『철학탐구』 제65집, 중앙철학
　　연구소, 2022.
이경덕, 『우리 곁에서 만나는 동서양 신화』, 사계절, 2006.
이승하, 「순례자의 여수와 향수의 시학−혜초의 다섯 한시를 중심으로」, 『한국문예
　　창작』 제8권 제2호 통권 16호, 2009.
이수정, 「하이데거의 예술론」, 『하이데거 연구』 제7집.
이진우, 『니체의 차라투스트라를 찾아서』, 책세상, 2010.
이종호, 『한국 7대 불가사의』, 역사의 아침, 2007.
_____, 「게르만족 대이동을 촉발한 훈족과 한민족의 친연성(親緣性)에 관한 연
　　구」, 『백산학보』 제66호, 2003.
_____, 「고구려와 흉노의 친연성(親緣性)에 관한 연구」, 『백산학보』 제67호, 2003.
_____, 「북방 기마민족의 가야·신라로 동처에 관한 연구」, 『백산학보』 제70호, 2004.
자오구샨, 「실크로드 개관」, 『실크로드와 둔황』(2010년 국립중앙박물관 기획특별

전 전시도록), 국립중앙박물관, 2010.

전광식, 『고향』, 문학과지성사, 1999.

전인초, 『돈황 실크로드의 관문』, 살림출판사, 2010.

정병삼, 「혜초가 본 인도와 중앙아시아」, 『동국사학』 제49집, 2010.

_____, 「慧超와 8세기 신라불교」, 『世界精神을 탐험한 위대한 한국인 '慧超'』, 가산
　　　불교문화연구원, 1999.

정수일, 『혜초의 왕오천축국전』, 학고재, 2004.

한정섭, 『왕오천축국전』, 불교대 교재편찬위원회, 1996.

허우쓰신・우옌춘, 「실크로드상의 고대 서역」, 『실크로드와 둔황』(2010년 국립중앙
　　　박물관 기획특별전 전시도록), 국립중앙박물관, 2010.

혜초, 李錫浩 譯, 『往五天竺國傳』, 을유문화사, 1984.

_____, 고려대 한국사연구소 편, 『왕오천축국전(往五天竺國傳)』, 아연출판부, 2014.

Hermann Diels, *Die Fragmente der Vorsokratiker*, Hamburg : Rowohlt, 1957.

Jacques Derrida, *De la gramatologie*, Paris : Edition de Minuit, 1967.

Kurt Fischer, *Abschied : Die Denkbewegung Martin Heideggers*, Würzburg : Königs-
　　　hausen & Neumann, 1990.

M. Heidegger, *Aus der Erfahrung des Denkens*, Pfullingen : Neske, 1965.

_____, *Der Ursprung des Kunstwerkes*, Stuttgart : Reclam, 1988.

_____, *Erläuterungen zu Hölderlins Dichtung*, Frankfurt a. M. : Klostermann,
　　　1951.

_____, *Die Grundbegriffe der Metaphysik*(GA. 29/30), Frankfurt a. M., 1983.

_____, *Holzwege*, Frankfurt a. M. : Klostermann, 1980.

_____, *Nietzsche I*, Pfullingen : Neske, 1961.

_____, *Ontologie. Hermeneutik der Faktizität*(GA. 63), Frankfurt a. M. : Klos-
　　　termann, 1987.

_____, *Phänomenologie des religiösen Lebens*, Frankfurt a. M. : Klostermann,
　　　1995.

_____, *Der Satz vom Grund*, Frankfurt a. M. : Klostermann, 1997.

_____, *Sein und Zeit*, Tübingen : Max Niemeyer Verlag, 1984.

_____, *Über den Humanismus*, Frankfurt a. M. : Klostermann, 1968.

_____, *Unterwegs zur Sprache*, Stuttgart : Neske 1993.

_____, *Vom Wesen des Grundes,* Frankfurt a. M., 1965.

_____, *Was ist Metaphysik?*, Frankfurt a. M. : Klostermann, 1949.

M. Heidegger, *Vorträge und Aufsätze*, Günther Pfullingen : Neske, 1990.

W. Marx, *Gibt es auf Erden ein Maß?*, Frankfurt a. M. : Fischer Verlag, 1986.

M. Paul Pelliot, "Une Bibliothèque Médiévale retrouvée au Kan-sou", *Bulletin de l'Ecole Française D'extrème Orient*, Tome VIII, nos 3-4, Hanoi, 1908.7~12.

Peter Hopkirk, *Foreign Devils on the Silk Road*(The Search for the Lost Treasures of Central Asia), John Murray Publishers, Ltd., 2006.

Platon, *Sämtliche Werke*(Griechisch und Deutsch), Hrg. von Karlheinz Hülser, Frankfurt am Main · Leipzig : Insel Verlag, 1991.